Betriebs- und verkehrswirtschaftliche Forschungen
Herausgeber:
Prof. Dr. Konrad Mellerowicz, Berlin; Prof. Dr. Paul Deutsch, Leipzig;
Dr. jur. Dr. phil. Walter Rohrbeck, Berlin
Heft 3

Die Finanzierung des Einzelhandels unter besonderer Berücksichtigung der Lieferantenkredite und des Problems ihrer Ablösung durch Bankkredite

Von

Dr. oec. Gerhard Plesse
Diplom-Kaufmann

Walter de Gruyter & Co.
vormals G. J. Göschen'sche Verlagshandlung – J. Guttentag, Verlagsbuchhandlung – Georg Reimer – Karl J. Trübner – Veit & Comp.
Berlin 1937 Leipzig

Archiv-Nr. 131537

Druck von Buch- und Kunstdruckerei Wilhelm Postberg, Bottrop in Westfalen.
Printed in Germany.

Inhaltsverzeichnis.

Vorwort.

Mit der stürmischen Entwicklung der Wirtschaft in den letzten Jahrzehnten, gefördert durch das schnelle Fortschreiten der Technik und die dauernde Erweiterung der vorhandenen Märkte, ist das Streben zum Großbetrieb in solchem Umfange verstärkt worden, daß die Bedeutung der kleinen und mittleren Betriebe für die Gesamtwirtschaft immer mehr übersehen wurde. Diese Einstellung, vielfach verbunden mit einer Geringschätzung des kleinen und mittleren Wirtschaftsbetriebes, hat sich heute grundlegend gewandelt.

Durch die nationalsozialistische Revolution wurde der kulturellen und staatspolitischen Bedeutung des „mittelständischen" Betriebes wieder Anerkennung verschafft. Der größte Teil des Einzelhandels setzt sich aus „mittelständischen" Betrieben zusammen.

In dem Ringen um Erhaltung und Ausbau des Einzelhandelsbetriebes muß die lebenswichtige Frage der Finanzierung im Vordergrund stehen, denn sie ist Voraussetzung für die Aufnahme und Aufrechterhaltung der Betriebstätigkeit. Gerade sie stellt besonders bei den kleinen und mittleren Betrieben, die wir bei unseren Untersuchungen vorwiegend berücksichtigen wollen, die schwierigsten Aufgaben.

Die vorliegende Arbeit will — wie schon aus der Themastellung hervorgeht — das eigentliche Kernproblem der Finanzierung des Einzelhandels untersuchen und an die Stelle der verschiedenartigen, in der Öffentlichkeit verstreuten Meinungen über diese Fragen eine systematische Darstellung der Finanzierungsprobleme des Einzelhandels setzen.

Zu dem Teil über den „Kapitalbedarf des Einzelhandelsbetriebes" galt es, bisher ungesichtetes, umfangreiches Material und die in ständiger Fühlungnahme mit der Praxis erlangten Erkenntnisse zu verwerten.

Der Teil über die „Kapitalquellen", welcher die zukünftige Lösung der Finanzierung des Einzelhandels behandelt, unterliegt augenblicklich starkem Gestaltwandel. Deshalb konnte noch kein auf Zeiten hinaus gültiger Plan gegeben werden, sondern nur versucht werden, die richtungweisenden Wege und Mittel zu entwickeln, mit Hilfe derer nach Überzeugung des Verfassers die Ziele zu erreichen sind.

Die in der Arbeit gekennzeichneten Probleme der Finanzierung des Einzelhandels müssen gelöst werden, damit er zu seiner vollkommenen

Gesundung gelangt und alle die Kräfte daran setzen kann, die notwendig sind, um die schwierige Aufgabe zu erfüllen, welche ihm die Verpflichtung zur volkswirtschaftlich richtigen, geordneten und vor allem billigen Gütervermittlung zwischen der Gütererzeugung bzw. Großhandel und dem Verbrauch im Rahmen des zweiten Vierjahresplanes noch dringlicher als bisher auferlegt hat. Möge diese Arbeit ihren Teil dazu beitragen.

Es ist mir eine angenehme Pflicht, für die Unterstützung, die mir von den verschiedensten Seiten zuteil wurde, meinen herzlichsten Dank auszusprechen. Insbesondere danke ich meinem verehrten Lehrer, Herrn Professor Dr. K. Mellerowicz, unter dessen Anleitung die Arbeit entstand.

Ferner unterstützten mich durch Material und Auskünfte in erster Linie die Forschungsstelle für den Handel und die übrigen Forschungsinstitute, Wirtschaftsgruppen und Kreditinstitute; auch ihnen sei hiermit herzlichst gedankt.

1. Mai 1937. Der Verfasser.

I. Das Problem der Finanzierung.

A. Stellung des Finanzierungsproblems.

Eines der wichtigsten noch zu lösenden Probleme der heutigen Wirtschaftspolitik ist das der Finanzierung des Einzelhandels. Dem Einzelhandel liegt die große Aufgabe ob, als das letzte Glied der Handelskette die direkte Verbindung zwischen dem Fabrikanten bzw. Großhändler und dem letzten Verbraucher, für den also der Erwerb der Ware Selbstzweck ist, herzustellen. Er hat sich somit in den Dienst der großen Käufermassen zu stellen, seine oberste Aufgabe muß dabei immer die möglichst zweckmäßige und billige Bedürfnisbefriedigung des Letztverbrauchers unter Ausschaltung aller überflüssigen Kosten sein.

Dieser Verflechtung mit den Verbrauchermassen zufolge ist der Einzelhandel derjenige Wirtschaftszweig, in dem sich die mittelständische Betriebsform wie auch der mittelständische Geist am reinsten vorfindet, und daher muß, besonders heutzutage, um die Bestrebungen nach Schaffung, Erhaltung und Förderung eines gesunden Mittelstandes, wie es im Programm der NSDAP. Art. 16 gefordert wird, zu verwirklichen, eine ausreichende Kreditversorgung des Einzelhandels gesichert werden. Die Tendenz ist also, die Lage des mittelständischen Einzelhandels gegenüber dem Vordringen großkapitalistischer Unternehmungen wie Warenhäuser, Kaufhäuser, Filialgeschäfte, Konsumvereine . . . zu verbessern, und zwar nicht nur durch allerlei wirtschaftspolitische Maßnahmen in Form von Beschränkungen von Wettbewerbsformen und Restriktionen von Betriebsformen, sondern durch eine Leistungssteigerung des Einzelhandels selbst, d. h. *der Einzelhandel muß im ganzen dadurch leistungsfähiger und vor allem widerstandsfähiger im Konkurrenzkampf gegen die großkapitalistischen Unternehmungen gemacht werden, indem man seiner Finanzierung mehr Beachtung schenkt und die herrschenden Kreditnöte beseitigt.*

B. Die Bedeutung des mittelständischen Einzelhandels im Rahmen der Wirtschaft.

Um die große Bedeutung einer Lösung des Problems der Finanzierung des Einzelhandels noch klarer herauszustellen, ist es notwendig, anschließend an Hand einiger Zahlen zu beweisen, daß der weitaus überwiegende Teil des Einzelhandels zum Mittelstand gehört und eine überragende Stellung innerhalb der Wirtschaft einnimmt.

Jeder wissenschaftlichen Untersuchung muß eine kurze Klarstellung der dabei verwandten Begriffe vorangehen. Deshalb gilt es zunächst den Versuch zu unternehmen, den umstrittenen Begriff: „Mittelstand" zu klären und abzugrenzen.

Der „Mittelstand" ist kein wissenschaftlicher Begriff, sondern der aus dem Leben entsprungene Ausdruck für die „mittlere Schicht", die, unter sich mehrfach zergliedert, eine gemeinsame Stellung in der Mitte zwischen zwei anderen Gesellschaftsschichten einnimmt, welche dargestellt werden einerseits vom Großkapitalismus (Schicht der Vermögenden) und andererseits von der Schicht der kapitallosen Arbeiter.

Diese terminologische Erklärung muß inhaltlich ausgefüllt werden — sie muß Leben erhalten, denn sie geht von einer bloßen Negation aus und gibt uns deshalb noch nicht das Wesen des Mittelstandes.

> Zur weiteren Kennzeichnung ist deshalb zu sagen, daß die Menschen, die dem Mittelstand angehören, sowohl in *sozialer*, seelischer, geistiger als auch *wirtschaftlicher* Hinsicht die „mittlere Schicht" darstellen, zwischen der sogenannten „oberen Schicht" und der „unteren Schicht". Das bedeutet also, daß dem Mittelstand vor allem das zweifache Merkmal einer *sozialen* und *wirtschaftlichen* Sonderstellung im Volk und seiner Wirtschaft anhaftet, eine Erscheinung, die verursacht ist durch die Verschiedenheit der Menschen und der dadurch bedingten Bildung verschiedener sozialer und Wirtschaftsschichten. Der soziologische Begriff des Mittelstandes ist jedoch, da er einfach nur die Schichten mit ähnlichen Konsumgewohnheiten wie Einzelhändler, Handwerker, Angestellte, Beamte und freie Berufe usw. als Einheit zusammenfaßt, für unsere Zwecke nicht brauchbar. *Entscheidend ist nämlich nicht die Frage, wie das Einkommen verwendet wird, sondern wie es entsteht!*

Im folgenden wird daher zur Erörterung wirtschaftspolitischer Fragen der „*ökonomische*" *Begriff* des Mittelstandes zu Grunde gelegt werden. Es werden dazu als Mittelstand alle jene Gewerbe zusammengefaßt, die auf ähnlichen *Existenz*grundlagen beruhen, d. h. im Vordergrund der folgenden Untersuchung werden nur die mittelständischen Erwerbswirtschaften, die Angehörigen des sogenannten „alten Mittelstandes" stehen.

„*In wirtschaftlichem Sinne rechnet man demnach zum Mittelstand Wirtschaftssubjekte, die ihren Lebensunterhalt in einem selbständigen*

Wirtschaftsbetriebe verdienen, der seiner Struktur nach auf die ständige Mitarbeit des meist fachlich ausgebildeten Betriebsinhabers als Leiter und das Vorhandensein eines kleineren oder mittleren Kapitals angewiesen ist. Zum Mittelstand gehören also Besitzer von Klein- und Mittelbetrieben, im Gegensatz zu denjenigen von kapitalistischen Großbetrieben."[1])

Diese wirtschaftliche Formulierung stellt zwar eine Einengung dar, ist aber für unsere Untersuchung die einzigst brauchbare Lösung. Es werden unter dieser Definition nämlich nur Einzelhändler, Handwerker und Gastwirte in Klein- und Mittelbetrieben zusammengefaßt, d. h. alle jene Gewerbe, die Waren und Dienstleistungen in der Hauptsache an letzte Konsumenten absetzen und deren Betriebe grundsätzlich gleiche einfache Organisations- und Rechtsformen besitzen.

Das Vorteilhafte dieser Auffassung beruht darin, eine zur Erörterung von wirtschaftlichen Fragen brauchbare Erklärung für den Begriff „Mittelstand" gewonnen zu haben und vor allen Dingen eine Möglichkeit zu besitzen, mittels des Zahlenmaterials der Berufs- und Betriebszählung zu betrachten, welche Anzahl von Betrieben des zu untersuchenden Wirtschaftssektors — in unserem Falle des Einzelhandels — als mittelständische angesehen werden können.

Gemäß den obigen Ausführungen wollen wir hier unter mittelständischem Einzelhandel denjenigen verstehen, der in mittleren und kleinen Betrieben durchgeführt wird, wobei zur weiteren Abgrenzung die Zahl der beschäftigten Personen maßgebend sein soll, und zwar in der Form, wie sie in der Berufs- und Betriebszählung von 1933 durchgeführt worden ist.[2]) Es handelt sich dabei um eine sehr rohe Einteilung, die besonders in bezug auf die Abgrenzung der Betriebsformen: Mittel- und Großbetriebe nach Personen nicht immer als zutreffend bezeichnet werden kann! Die Tabellen auf S. 6 vermitteln aber trotzdem einen guten Überblick. Diesen Ergebnissen über die Zählung der Betriebsgrößen ist für unsere Zwecke zu entnehmen, daß nicht weniger als 96,4 % aller Einzelhandelsbetriebe Kleinbetriebe (mit bis zu 5 Beschäftigten) sind, die allein 73,7 % aller im Einzelhandel tätigen Personen beschäftigen.

---

[1]) In freier Anlehnung an die Definition von Ruberg in: „Mittelstand und Bankenreorganisation", Abschn. I, „Mittelstand und Mittelstandskredit" in: Bankwissenschaft 1933, H. 5.

[2]) Wirtschaft und Statistik, 1934, H. 7.

Während diese und die nächsthöheren Gruppen mit 6—10 und 11—20 Beschäftigten größtenteils zu den mittelständischen Betrieben zu rechnen sind, bestehen bei den Mittelbetrieben mit 21—50 Personen Schwierigkeiten der Zurechnung.

Die Betriebsgrößengliederung im Einzelhandel.[3])

Nach Betrieben:	Gewerbl. Niederl. mit . . . Personen	Zahl der Betriebe	in v. H. der gesamten Betriebe	
Kleinbetriebe:	1 – 3	762 031	90,3	96,4
	4 – 5	51 156	6,1	
Mittelbetriebe:	6 – 10	20 810	2,5	3.5
	11 – 20	5 957	0,7	
	21 – 50[4])	2 379	0,3	
Großbetriebe:	über 50[4])	1 278	0,1	
Insgesamt		843 611	100	
Nach Personen:		Zahl der beschäft. Pers.	in v. H. der Gesamtzahl der besch. Pers.	
Kleinbetriebe:	1 – 3	1.191.642	62.1	73,7
	4 – 5	221.209	11.6	
Mittelbetriebe:	6 – 10	150.174	7,8	16,0
	11 – 20	83.913	4,4	
	21 – 50[4])	73.274	3,8	
Großbetriebe:	über 50[4])	196 651	10,3	
Insgesamt		1.916 863	100	

[3]) Von den rd. 845 000 Einzelhandelsbetrieben, die die amtliche Statistik im Jahre 1933 zählte, beschäftigten mehr als 96 % nur bis zu 5 Personen. Da es sich bei ihnen durchweg um Unternehmungen mit nur einer offenen Verkaufsstelle handeln dürfte, sind „Betrieb" und „Unternehmung" fast stets als identisch anzusehen!

[4]) Diese Abgrenzung ist nur bedingt richtig; es kommt auf den Charakter des einzelnen Betriebes an, ob man ihn als mittelständischen bezeichnen kann oder nicht.

Berücksichtigt man trotzdem noch die Mittelbetriebe (oder auch nur einen Teil davon, z. B. nur die Gruppe mit 6—10 und 11—20 Beschäftigten) mit dementsprechend 3,2—3,5 % aller Betriebe und 12,2—15 % aller beschäftigten Personen und setzt diese Ziffern für die Klein- und Mittelbetriebe in das Verhältnis zu dem Anteil der Großbetriebe (mit nur 0,1 % aller Betriebe und 10,3 % aller im Einzelhandel beschäftigten Personen), so ist das allein ein klarer Beweis dafür, daß im Einzelhandel der überwiegend größte Teil aller Betriebe mittelständische sind, und dadurch das Problem der Finanzierung des Einzelhandels schlechthin als ein Problem der Finanzierung des mittelständischen Einzelhandels zu bezeichnen ist, wodurch alle hier zu behandelnden Finanzierungsfragen des Einzelhandels innerhalb der heutigen mittelstandsfördernden Wirtschaft noch mehr an Bedeutung gewinnen.

Die obige Abgrenzung des mittelständischen Einzelhandels durch die statistische Bestimmung der Klein- und Mittelbetriebe mag zwar als ein gewagtes Unterfangen angesehen werden, denn sie nimmt auf den Charakter des einzelnen Betriebes keine Rücksicht; jedoch „nur so können — wie es auch Ruberg zugibt — Gruppen herausgestellt und in ihrem Wirtschaftsgebaren beobachtet, analysiert und beurteilt werden".[5]) Das gilt auch für unsere Aufgabe, die zahlenmäßige Vormachtstellung des mittelständischen Einzelhandels gegenüber dem sonstigen Einzelhandel zu kennzeichnen und dadurch die Aufmerksamkeit auf die Notwendigkeit einer Betrachtung der dringlichen Finanzierungsprobleme im Einzelhandel zu lenken. Noch eine Zahl soll zur Ergänzung und Bestätigung der obigen Feststellungen dienen: die Höhe des Umsatzes des mittelständischen Einzelhandels im vergangenen Jahr!

Ruberg[6]) schätzt diesen auf rund 80 % des gesamten Einzelhandelsumsatzes. Der gesamte Einzelhandelsumsatz 1936 betrug 27,7 Milliarden Reichsmark. Danach würde die Höhe des Umsatzes des mittelständischen Einzelhandels allein mit rund 22 Milliarden zu beziffern sein!

Die Abgrenzung des zu betrachtenden Objekts in bezug auf die Betriebsgröße ist damit vollzogen. Es muß nun eine solche hin-

---

[5]) Ruberg: „Die Wettbewerbslage des mittelständischen Einzelhandels in betriebswirtschaftlicher Beleuchtung" in: Die Betriebswirtschaft, 1934, H. 1, S. 4.

[6]) Ruberg: „Die Wettbewerbslage...", in: Die Betriebswirtschaft, 1934, H. 1, S. 4.

sichtlich der zur Untersuchung heranzuziehenden Betriebsform innerhalb des Einzelhandels erfolgen:

Es soll im folgenden insbesondere die Finanzierung derjenigen Betriebsform innerhalb der Letztverteilungssphäre betrachtet werden, die mit Facheinzelhandel bezeichnet wird. Unter Facheinzelhandel versteht man dabei die Zusammenfassung aller Betriebe, die die Waren von einer oder einigen wenigen Branchen an den Letztverbraucher absetzen. Es ist der alteingesessene, meist kleinbetriebliche Spezialhandel, demgegenüber sich die Formen des großbetrieblichen, auf Massenartikel und Massenabsatz eingestellten Einzelhandels (Warenhäuser, Kaufhäuser, Einheitspreisgeschäfte, Konsumvereine usw.) im Laufe der letzten Jahrzehnte immer mehr in den Vordergrund gedrängt haben.

Innerhalb des gesamten Einzelhandels besitzt aber — wie es uns folgende Tabelle aufzeigt — der Facheinzelhandel rein zahlenmäßig noch eine hervorragende Stellung:

Betriebe, beschäftigte Personen und Umsätze des deutschen Einzelhandels im Jahre 1933.[7])

(Auf Grund der vorläufigen Ergebnisse der Betriebszählung vom 16. Juni 1933)

Handelszweig od. Betriebsform	Zahl der		Person.[9]) je Betrieb	Umsatz je beschäftigt. Person 1933 RM	Gesamter Umsatz 1933 Mill. RM.	Anteil am ges. Eh. Umsatz in %
	Betriebe	beschäft. Pers.[9])				
Facheinzelhandel [8])	734.117	1 601.553	2.18	11.000	17.688	85.1
Warenhäuser	237[10])	71.896[10])	303.4	11.000	755	3.7
Kaufhäuser	1.271	42 681	33.6	12 000	512[11])	2.5[11])
Konsumgenossenschaften	9.636[12])	36 747[12])	3.8	16.000	588[12])	2.8[12])
Einheitspreis-Geschäfte	413	16.801[13])	40.7	13.000	218[13])	1.0[13])
Gemischtwaren-Geschäfte	40.370	84.869	2.1	8.500	721	3.5
Trödelhandel	4.786	6.510	1,4	4–5.000	r. 30	0.1
Hausierhandel	52 673	58.951	1,1	4 500	265	1.3
Gesamter Einzelhandel [14])	843.503	1.920.008	2.3	10.800	20.797	100

[7]) Zusammengestellt aus Erhebungen der FfH. und den vorläufigen Ergebnissen der Betriebszählung 1933, veröffentl. in „Wirtschaft und Statistik",

Diese Statistik beweist die obige Behauptung, denn von den durch rund 735 000 (von insgesamt 844 000 vorhandenen) Betrieben des Einzelhandels getätigten Umsätzen entfallen allein 85,1 % auf den Facheinzelhandel. Allein 1 600 000 von 1 920 000 Personen sind im Facheinzelhandel beschäftigt. Damit entfallen 2,2 Beschäftigte auf den einzelnen Betrieb. Diese Ziffer — verglichen mit der Zahl der 303,4 Beschäftigten je Betrieb bei den Warenhäusern — gibt unserer Vermutung recht, daß es sich beim Facheinzelhandel vorwiegend um kleine und mittlere Betriebe handelt. Ein genauer Nachweis ist leider nicht möglich, da es eine Aufgliederung der Umsätze des Facheinzelhandels je nach der Größe der Betriebe noch nicht gibt.

Mit dieser weiteren Abgrenzung ist das Untersuchungsobjekt für unsere Zwecke klar umrissen; d. h. zwar nicht, daß nun alle Betriebe des Facheinzelhandels von den im folgenden zu behandelnden Finan-

---

14. Jahrg. Nr. 15 v. 16. Aug. 1934; entnommen aus der FfH. Mittlg. 1934 Nr. 4, S. 34/35.

[8]) Zum Facheinzelhandel sind hier außer dem seßhaften Fachhandel (einschl. der Spezialkaufhäuser, vor allem der reinen Textilkaufhäuser) und dem ambulanten Fachhandel (einschl. der Großunternehmungen des ambulanten Handels), ein Teil der Massenfilialbetriebe, mit einer kleinen Einschränkung die Verbrauchergenossenschaften, ferner ein Teil der Versandgeschäfte und Abzahlungsgeschäfte gerechnet worden! Nach Abzug dieser Großbetriebsformen und des ambulanten Handels dürfte der Anteil des seßhaften kleinbetrieblichen Einzelhandels immer noch ⅔ vom gesamten Einzelhandelsumsatz ausmachen.

[9]) einschl. der Inhaber und mitarbeitenden Familienangehörigen.

[10]) Nach dem Jahresbericht 1933 der Berufsgenossenschaft für den Einzelhandel. Als Warenhäuser wurden alle Betriebe gezählt, die mehrere, nicht zusammengehörige Warenarten, darunter Lebensmittel führen und mindestens 50 Personen beschäftigen.

[11]) Die Gesamtumsätze aller Kaufhäuser (mit Einschluß derer, die nur Textilwaren führen) müßten bei der vom Statistischen Reichsamt gewählten Abgrenzung der Betriebsgröße (5 und mehr Personen) erheblich höher liegen.

[12]) Die Konsumvereine einschl. der Werkskonsumanstalten konnten bei der Betriebszählung in dieser Gruppe anscheinend nicht restlos erfaßt werden. Ein Viertel bis ein Drittel aller im Jahresdurchschnitt 1933 bestehenden Konsumvereine sind in anderen Klassen gezählt worden, vor allem offenbar bei den allgemeinen Lebensmittelgeschäften. Die Gesamtumsätze der Verbrauchergenossenschaften sind also wesentlich höher als die errechneten 588 Mill. RM.

[13]) Die Berufsgenossenschaft für den Einzelhandel ermittelte für den Jahresdurchschnitt 1933 eine Gesamtzahl von 20 880 Personen, die in Einheitspreisgeschäften tätig waren. Nach diesen Unterlagen würde sich für 1933 ein Gesamtumsatz der Einheitspreisgeschäfte von 271 Mill. RM. ergeben.

[14]) Ohne Kraftfahrzeughandel und ohne Handwerkshandel.

zierungsproblemen berührt werden, es gibt darunter zweifellos Betriebe, die genau so wie fast alle Großbetriebe außerhalb des Facheinzelhandels keine Beziehungen zu diesem Problemkreis haben. Diese werden sich aber bei der Behandlung der verschiedenen Finanzierungsfragen von selbst herauskristallisieren, da die Ergebnisse ihrer Durchleuchtung nach bestimmten Finanzierungsgesichtspunkten grundsätzlich andere Merkmale trägen werden als diejenigen der Vielzahl der kleinen und mittleren Betriebe.

C. Die Schwierigkeiten der Finanzierung des Einzelhandels.

Nachdem das Problem der Finanzierung des Einzelhandels aufgeworfen worden ist und wir das Ziel und den Weg der folgenden Untersuchung, sowie ihr Objekt abgegrenzt und seine Stellung innerhalb der Wirtschaft kurz gekennzeichnet haben, soll zunächst noch eine gewisse Klärung des dabei verwandten Begriffes „Finanzierung" vorangehen, und dann erst abschließend auf die Schwierigkeiten der Durchführung hingewiesen werden.

Unter „Finanzierung" ist die Beschaffung von Kapital für Betriebszwecke zu verstehen. Sie erstreckt sich auf die Beschaffung von Geld- und Sach-, Eigen- und Fremd-, kurzfristigem und langfristigem Kapital.

Im folgenden soll vorwiegend die „laufende" Kapitalbeschaffung im Gegensatz zur „besonderen", d. h. einmaligen, wie sie die: Gründung (Neu- und Umwandlungsgründung), Erweiterung, Konzentration (Fusion und Beteiligung), Sanierung und Auflösung (Liquidierung) darstellt, betrachtet werden, denn die letztere spielt, abgesehen von der Gründung des Einzelhandelsbetriebes, besonders bei den kleineren und mittleren Einheiten keine entscheidende Rolle und birgt daher auch nicht die brennenden Probleme, wie sie gerade bei der „laufenden" Finanzierung, die die zum Zwecke des Aufbaues und der Führung des Einzelhandelsbetriebes auf jeden Fall notwendigen Kapital- und Kreditoperationen zu bewerkstelligen hat, auftreten.

Welche Schwierigkeiten sich der Finanzierung des Einzelhandels entgegenstellen, soll nun kurz betrachtet werden: Sie liegen hauptsächlich in den Unternehmungsformen, die im Einzelhandel auftreten, begründet. Das ist aus der folgenden Tabelle klar zu ersehen.

Rechtsformen im Einzelhandel nach der Betriebszählung 1925.

	Wirtschaftseinheiten		besch. Personen	
	Anzahl	%	Anzahl	%
Einzelunternehmungen	700 605	95,7	1.309.156	78,4
Gesellschaft des BGB.	14.009	1,9	58.152	3,5
OHG.	9.962	1,4	136.341	8,2
Kommanditgesellschaft	691	0,1	13.981	0 8
A.G.	262	0,03	40.893	2,4
G. m. b. H.	3.673	0,5	63.362	3.8
K G. a. A.	6	—	1 355	0,1
eingetragene Genossenschaft	1.943	0,3	41.876	2,5
nicht eingetragene Genossenschaft	66	—	928	—
Eingetragene Vereine	239	0,03	1.205	—
Körperschaft des öffentlichen Rechts	104	0,02	703	
Wirtsch Einh. in öff.-rechtl. Form	144	0,02	998	} 0.3
Gemischtw Unternehmungen	22	—	1.047	—
Andere wirtschaftl. Vereinigungen	20	—	385	—

Verteilung der Rechtsformen auf verschiedene Einzelhandelsbranchen.[15])

	Einzel-kaufleute	Off Handels-Gesellschaft	G. m. b. H.	A.G.
Lebensmittel	278	29	8	1
Textilwaren	355	259	32	7[16])
Hüte	86	9	5	—
Schuhe	62	6	—	—
Drogen	110	13	2	—
Eisenwaren	37	27	4	—
Funkapparate	19	3	16	1
Warenhäuser	84	50	17	13

Die Rechtsformen, die im Einzelhandel am häufigsten vorkommen, sind danach überwiegend die des *Einzelkaufmanns*, dann schließlich der *Gesellschaft des BGB.*, der *offenen Handelsgesellschaft* und der G. m. b. H., während die Aktiengesellschaft äußerst selten, und zwar — wie aus der Tabelle über die branchenmäßige Verteilung der Rechtsformen hervorgeht — nur bei großkapitalistischen Unternehmungen wie Waren- und Kaufhäusern auftritt.

Es handelt sich also bei der Finanzierung des Einzelhandels vornehmlich um eine Finanzierung von *Nichtaktiengesellschaften*. Für die Aktiengesellschaften wie auch Kommanditgesellschaft auf Aktien

[15]) Statistik des Enquete-Ausschusses 1925/26.

[16]) In diese Gruppe fallen die den Warenhäusern eng verwandten Kaufhäuser.

bestehen die Schwierigkeiten in bezug auf die Finanzierung nicht, was wiederum ein Grund ist, sie und mit ihr die Großbetriebe (Warenhäuser, Kaufhäuser ...) aus der weiteren Betrachtung von vornherein auszuschließen und sich auf die mittleren und kleinen Betriebe des Einzelhandels als Untersuchungsobjekt zu beschränken.

Außer den meist kreditwirtschaftlich ungünstigen Unternehmungsformen ergibt die *geringe Größe der Einzelhandelsbetriebe* Schwierigkeiten bei der Finanzierung, weil dadurch eine Inanspruchnahme des offenen Kapitalmarktes nur schlecht möglich ist.

Ebenso wirkt sich auch das Fehlen von *Realsicherheiten* beim Einzelhandel sehr ungünstig auf seine Finanzierung aus.

Auch ist der *Kreditbedarf* des Einzelhandels *infolge der großen Zahl der Einzelhandelsbetriebe sehr zersplittert*, so daß es z. B. sehr schwierig ist, eine Bank zur Kreditversorgung heranzuziehen; doch auf dieses spezielle Problem wird erst später einzugehen sein.

Im folgenden wird es die Aufgabe dieser Arbeit sein, klar und systematisch den *Kapitalbedarf* des Einzelhandelsbetriebes nach der *Beschaffungs-* wie auch der *Absatzseite* hin in vielerlei Hinsicht zu analysieren, dann die *Kapitalquellen* zu untersuchen und anschließend auf die Voraussetzungen für die künftige Lösung des Problems der Finanzierung des Einzelhandels einzugehen. Dabei wird die Bedeutung der Lieferantenkredite für die Finanzierung des Einzelhandels wie auch das Problem ihrer Ablösung durch Bankkredite besondere Berücksichtigung finden.

II. Die Finanzierung des Einzelhandels.

A. Der Kapitalbedarf, seine hauptsächlichsten Ursachen, Abhängigkeiten und seine Ermittlung.

Aus den einleitend dargestellten Schwierigkeiten heraus ist die Kreditversorgung des Einzelhandels besonders mangelhaft. Die für den Einzelhandel typischen Unternehmungsformen mit ihrer äußerst schmalen Kreditbasis sind vorwiegend ursächlich dafür. „Der Kapitalbedarf des Einzelhandels ist aber dementgegen verhältnismäßig groß! Kapital wird vor allem benötigt:

1. zur Errichtung des Betriebes bei der Gründung (Anschaffung der Inneneinrichtung und eines „eisernen“ Bestandes an Waren),
2. zur Finanzierung des Warenlagers (mit Ausnahme des „eisernen“ Bestandes),
3. zur Absatzfinanzierung,
4. zur Finanzierung der laufenden Betriebsausgaben (Löhne, Gehälter, Miete).[1])

1. Die Finanzierung der Errichtung des Betriebes.

Der Anlagekapitalbedarf des Einzelhandels ist — wie im Handel allgemein — nicht so groß wie vergleichsweise in der Industrie.

Die Industrie investiert im Verhältnis zum gesamten Vermögen beträchtliche Kapitalien in den Bearbeitungs- und Antriebsmaschinen und baulichen Anlagen, um diese zur Grundlage der Produktion zu machen.

Der Handel dagegen, dem die Aufgabe zufällt, Güter zu sammeln, aufzubewahren und zu verteilen, braucht zu seinem Geschäftsbetrieb nicht notwendigerweise eigene Gebäude oder Grundstücke, sondern besitzt zunächst in den Einrichtungsgegenständen und auch Transportmitteln die hauptsächlichsten Anlageposten, die er zu finanzieren hat. Das trifft auf den Einzelhandel besonders zu.

---

[1]) Mellerowicz: „Zur Finanzierung des Einzelhandels“ in „Prakt. Betriebswirt“ 1933, Nr. 12, S. 898.

Für den mittelständischen Einzelhandel ist das Vorhandensein von eigenen Gebäuden und Grundstücken nicht unbedingte Voraussetzung, wenn es auch — wie wir noch sehen werden — zur Erlangung von Kredit von unschätzbarer Bedeutung ist.

Um einen Überblick zu bekommen über den ungefähren Umfang des Kapitalbedarfs zur Finanzierung der Anlagen im Einzelhandel ist es notwendig, zahlenmäßige Angaben aus den wichtigsten Zweigen zu machen.

Grundsätzlich bezieht sich die Finanzierung der Anlagen im Einzelhandel nur auf die Kapitalbeschaffung für die Errichtung des Betriebes, d. h. der Anschaffung der Inneneinrichtung (Herrichtung der Geschäftsräume, Einrichtung in Laden und Lager, Ausstattung der Schaufenster, der Ladenfront und der Innenräume), wie auch eines „eisernen" Bestandes an Waren.

Die Mittel, die der Einzelhandel hierzu investieren muß, sind gerade beim Mittel- und Kleinbetrieb — verglichen mit dem gesamten Betriebskapital — nicht sehr erheblich:

Anteil des Kapitalbedarfs zur Finanzierung der Anlagen am Gesamtkapitalbedarf in kleinen und mittleren Einzelhandelsbetrieben ohne eigenes Grundstück und Gebäude.[2])

Eh. Zweig	Betr. gr. (Umsatzgr. kl.) II[3]) III[4])	Gesamtkap. Bedarf in 1000 RM.	Anlagen (ohne Grundstücke und Gebäude; im wesentl. die Ladeneinrichtung) 1000 RM.	in % des Gesamtkap.
Kolonialwaren	II	4,3	1,05	24,4
	III	10,5	1,4	13,3
Textilwaren a. A.	II	9,39	0,2	2,1
	III	23,5	1,5	6,5
Wäsche	II	8,7	0,8	9,5
	III	22,0	2,1	9,8
Schuhe	II	7,6	0,2	2,5
	III	24,4	1,2	4,9
Eisenwaren	II	9,3	0,9	9.4
	III	22,1	2,6	11,9

[2]) Statistisches Reichsamt: Richtzahlen zur Betriebsstruktur u. Besteuerung im Einzelhandel u. Handwerk (Teil I: Einzelhandel) Bln. 35, S. 28.
[3]) II = 5 001—20 000 RM.
[4]) III = 20 000—50 000 RM.

Bei den kleinen und mittleren Betrieben, die in der vorteilhaften Lage sind, ein eigenes Grundstück zu besitzen, nimmt der Kapitalbedarf zu seiner Finanzierung in den einzelnen Branchen einen ganz verschieden hohen Anteil am Gesamtkapitalbedarf in Anspruch.

Anteil des Kapitalbedarfs zur Finanzierung der Anlagen am Gesamtkapitalbedarf in kleinen und mittleren Einzelhandelsbetrieben mit eigenem Grundstück.[5])

Eh. Zweig	Betr. gr. (Ums. gr. kl.) II[6]) III[7])	Gesamtkap. Bedarf in 1000 RM.	Betr. Grundst. u. Geb. (oder auf den Betrieb entfallende Teile)		Sonstige Anlagen (im wesentlichen die Ladeneinrichtungen)	
			in 1000 RM.	in % des Ges. Kap.	in 1000 RM.	in % des Ges. Kap.
Kolonialwaren	II	11 8	7,5	63,7	1,05	8,9
	III	22,5	12,0	53,3	1,4	6,2
Textilwaren a. A.	II	13,8	4,4	31,9	0,2	1,4
	III	37,0	13,45	36,4	1,5	4,2
Wäsche	II	17,5	8,8	50,3	0,8	4,7
	III	44,9	22,9	51,0	2,1	4,8
Schuhe	II	11,7	4,1	35,3	0,2	1,6
	III	38,3	13,9	36,4	1,2	3,1
Eisenwaren	II	19,4	10,1	52,1	0,9	4,5
	III	40,5	18,4	45,3	2,6	6,5
Glas, Porzellan u.	II	25,3	12,0	47,3	2,5	9,7
Haush. Gegenstände	III	46,4	21,5	46,2	3,3	7,2
Nähmaschinen	II	17,0	6,8	40,0	0,9	5,0
	III	44 4	17,3	39,0	1,6	3,5
Drogen	II	15,5	9,0	57,8	2,0	12,6
	III	32,4	15,7	48,6	2,6	8,1
Uhren-, Gold- und	II	24,4	10,8	44,3	1,3	5,5
Silberwaren	III	76,3	31,3	41,0	4,3	5,7

Der Kapitalbedarf zur Finanzierung der Anlagen schwankt sehr stark, denn zwischen und auch innerhalb der einzelnen Branchen bestehen große Unterschiede in der Geschäftsausstattung, bedingt durch die Verschiedenheit der Anforderungen des Kundenkreises in bezug auf den Geschmack und die Kaufkraft. Auch wird die Einrichtung des Betriebes oft in starkem Maße von den Wettbewerbsverhältnissen innerhalb der

[5]) Statistisches Reichsamt a. a. O., S. 22/23.

[6]) II = 5 001—20 000 RM.

[7]) III = 20 000—50 000 RM.

verschiedenen Betriebsgrößen beeinflußt, die je nach dem *Standort* des Einzelhandelsbetriebes eine verschieden hohe Investition von Anlagekapital erfordern. Liegt der Einzelhandelsbetrieb beispielsweise neben einem größeren Wettbewerber (z. B. Warenhaus, Kaufhaus ...), so wird mehr Anlagekapital infolge der zur Erhaltung des Kundenkreises notwendigen Werbemaßnahmen investiert werden müssen, als in einem Betriebe, welcher seine feste Kundschaft besitzt, weil eine Konkurrenz im Umkreise nicht vorhanden ist. Der Grund dafür ist, daß der erstere Einzelhandelsbetrieb dazu gezwungen ist, zweckmäßige, luftige und helle Verkaufsräume einzurichten, um die Käuferschaft durch besondere Ausstattung anzulocken, während der letztere nur die für den Verkauf notwendigsten Einrichtungen benötigt. *Der Anlagekapitalbedarf wird also um so größer sein, je zentraler die Lage des Einzelhandelsbetriebes ist!* Aus diesen Gründen ist es nicht möglich, den Anlagekapitalbedarf des gesamten Facheinzelhandels im Verhältnis etwa zum Betriebskapitalbedarf zahlenmäßig exakt anzugeben. Dagegen lassen sich über den Gesamtumfang der Anlageinvestitionen im Einzelhandel von zuständiger Seite durchgeführte Schätzungen anführen. Das Institut für Konjunkturforschung hat den Anlagewert der Einzelhandelsbetriebe ohne Läger auf etwa 2—3 Milliarden RM geschätzt.[8]) Zahlen über die Anlagen-Neuinvestitionen im Einzelhandel liegen erst seit 1924 vor. Das I. f. K. schätzt die Neuinvestition von Kapital in den Anlagen des Einzelhandels wie folgt.
(Siehe nebenstehende Tabelle.)

Insgesamt sind also in den 8 Jahren 1924—1931 im Einzelhandel (einschließlich Warenhäuser, Einheitspreisgeschäfte, Konsumvereine und sonstiger Einzelhandel) Neuanlagen im Betrage von 1,025 Milliarden RM durchgeführt worden. Davon entfielen rund ⅔ = 615 Millionen auf die Einzelhandelsfachgeschäfte. „Der wichtigste Grund für diese umfangreiche Investitionstätigkeit des Facheinzelhandels dürfte in der starken Konkurrenz innerhalb des Einzelhandels liegen. Durch Verbesserung der Fassaden und des Ladeninneren (Einrichtung moderner Beleuchtungsanlagen, Schaffung ansprechender Verkaufsräume), durch neuzeitliche Reklameeinrichtung u. a. m. sucht der Einzelhändler die Aufmerksamkeit des Kunden auf sich zu ziehen."[9])

Da die Investition von Kapital für die *Anschaffung der Inneneinrichtung* und die *Waren*, die der Betrieb als

---

[8]) I. f. K., Sonderheft 32, S. 29. — „Die Aufwendungen für Ladenneubauten und für den Ausbau von Läden in alten Häusern, bei denen nicht der Einzelhändler der Bauherr ist — und dies gilt für die Mehrzahl der Ladenneubauten, die im Rahmen der Wohnungsbautätigkeit durchgeführt worden sind —, sind hierbei nicht berücksichtigt."

[9]) Sonderheft 32, S. 29.

Anlage-Neuinvestitionen im Einzelhandel.
(Schätzungen in Mill. RM)

	1924	1925	1926	1927	1928	1929	1930	1931
Nahrungs- u. Genußmittel	20	25	24	40	35	35	25	20
Bekleidung	10	25	20	40	45	35	25	15
Hausrat u. Wohnbedarf	3	7	10	13	14	15	10	7
Kult. u. Lux. Bedarf	2	4	4	8	8	8	5	5
Drogen, Seifen . . .	3	5	4	6	5	5	5	3
Kohlen	2	4	3	3	3	2	—	—
Facheinzelhandel insges. (ohne neugebaute Läden)	40	70	65	110	110	100	70	50
Inventaranschaffung für umgeb. Läden d. Fachhandels	2	10	10	15	15	10	10	5
Zum Vergleich:								
Warenhäuser und Einheits-Preis-Geschäfte	5	15	15	40	55	60	30	10
Konsumvereine und sonstiger Einzelhandel mit Waren a. Art, Trödel-, Hausier- und Straßenhandel	3	10	10	15	20	20	15	10
Einzelhandel insgesamt	50	105	100	180	200	190	125	75

„*eisernen Bestand*" immer auf Lager halten muß, auf lange Sicht geschieht, *muß* — das sei an dieser Stelle schon hervorgehoben — die Finanzierung durch langfristige Mittel erfolgen, und zwar, wenn möglich, durch *Eigenkapital*. Das Eigenkapital des Einzelhandels ist aber durch die schweren, hinter uns liegenden Krisenjahre — besonders in der Inflation — sehr stark geschrumpft, so daß zur Finanzierung oft langfristiges Fremdkapital herangezogen werden mußte. Doch in diesem Falle muß die Laufzeit des Kredites genau abgestimmt sein auf die Lebensdauer der Anlagen, d. h. wenn diese frühestens innerhalb von 10 Jahren erneuert werden, dürfen sie nur mit entsprechend langfristigen Krediten finanziert werden, keinesfalls mit kurz- oder mittelfristigen, denn das wäre für den Einzelhandelsbetrieb auf die Dauer untragbar, weil die Kredite zurückgezahlt werden müßten, bevor sich die mit ihrer Hilfe geschaffenen Anlagen amortisiert haben. In welcher Form dem Einzelhändler — im Falle Mangels an Eigenkapital — diese langfristigen Kredite zur Verfügung stehen, wird erst später erörtert werden, nachdem *alle* Ursachen des Kapitalbedarfs im Einzelhandel einzeln untersucht worden sind.

2. Die Finanzierung der laufenden Betriebsausgaben (Löhne, Gehälter, Miete).

Vorweg behandelt werden muß an dieser Stelle die Finanzierung der laufenden Betriebsausgaben, da auch diese nach Möglichkeit mit eigenem Kapital vorgenommen werden soll, denn sie sind zum größten Teil auch dann aufzubringen, wenn keine Umsätze erzielt werden und der Einzelhandelsbetrieb lediglich aufrechterhalten werden muß. Eine Finanzierung mit kurzfristigen Krediten würde den Betrieb in größte Schwierigkeiten bringen, wenn diesen Krediten keine ausreichende Betriebsleistung gegenüberstünde, die als Gegenwert und Deckung für die Kredite gelten könnte. Das ist natürlich nur in denjenigen Betrieben zu beachten, in deren Branche mit starken Saisonschwankungen und damit auch mit Zeiten sehr niedrigen Umsatzes zu rechnen ist. Bei saisonunabhängigen Branchen können dagegen, da der Kapitalbedarf für die laufenden Betriebsausgaben im allgemeinen sehr gering ist, die täglich eingehenden Gelder zu ihrer Finanzierung herangezogen werden.

Ist in angemessenem Umfange Eigenkapital vorhanden — wie es der Fall sein sollte —, so bereitet die Finanzierung der Errichtung des Betriebes sowie die der laufenden Betriebsausgaben dem Einzelhandel keine übermäßigen Schwierigkeiten.

Was Neuerrichtungen von Einzelhandelsbetrieben anbelangt, so dürfte das in Zukunft erreicht werden, denn die nationalsozialistische Einzelhandelsschutzgesetzgebung soll u. a. Gewähr leisten, daß der Einzelhändler neben ausreichenden Sachkenntnissen als Grundbedingung für die Errichtung bzw. Übernahme eines Geschäftes gleichzeitig nachzuweisen hat, daß seine Kapitalbasis so groß ist, um die Anlagen und den „eisernen“ Warenbestand und unter Umständen sogar die laufenden Betriebsausgaben, falls diese nicht — wie es in den meisten Fällen möglich sein sollte — durch die täglichen Einnahmen aufgebracht werden, aus eigenen Mitteln zu finanzieren.

Weit schwerer durchzuführen ist dagegen die Finanzierung der Beschaffung und des Absatzes der Waren, denn dazu ist der Bedarf an kurz- und mittelfristigem Kapital besonders erheblich, die Möglichkeiten diesen zu befriedigen, aber infolge der oben gekennzeichneten Schwierigkeiten außerordentlich gering. Darauf muß im folgenden genauer eingegangen werden.

3. Die Finanzierung des Warenlagers (mit Ausnahme des „eisernen“ Bestandes an Waren).

Dem Handel fällt vornehmlich die Aufgabe zu, das räumliche, zeitliche, mengenmäßige und qualitative Auseinanderfallen von Produktion und Konsumtion zu überbrücken.

Während der Großhandel in erster Linie die zweckmäßigste Überwindung der zeitlichen und großen räumlichen Unterschiede, die Zusammenstellung von Kollektionen für Weiterverarbeiter und Einzelhändler sowie die qualitative Auswahl von Gütern durchzuführen hat, seine Lagerhaltung also ausgleichend wirken soll, gibt der Einzelhandel die in größeren Mengen beschafften Güter in konsumfähigen Mengen, ausgewählt nach verschiedenen Sorten, Qualitäten und Warenarten an den Letztverbraucher ab. Die Folge für den Einzelhandel daraus ist, daß es seine Hauptaufgabe sein muß, ein Lager zu halten.

Es ergeben sich demnach als die Faktoren des Betriebskapitalbedarfes im Einzelhandel: die Beschaffung, Lagerung und der Absatz der Waren, von denen die beiden ersteren im Hinblick auf die Finanzierung zusammenzufassen sind und als Warenlagerfinanzierung im Gegensatz zu der als Sonderproblem anschließend zu betrachtenden Absatzfinanzierung, im folgenden behandelt werden soll. Bevor aber auf die Faktoren eingegangen wird, die den zur Finanzierung des Warenlagers nötigen Kapitalbedarf bestimmen, ist es angebracht, die Bedeutung der Lagerhaltung des Einzelhandels innerhalb der Wirtschaft kurz darzustellen.

Die Lagerhaltung des Einzelhandels nimmt, wie das Institut für Konjunkturforschung[10]) feststellt, im Rahmen der Lagerbestände der deutschen Volkswirtschaft einen großen Raum ein. Das Institut schätzt die Lagerwerte von Industrie, Handwerk, Einzelhandel und Großhandel zusammen für 1931 auf rund 18,8 Milliarden RM. Von den gesamten volkswirtschaftlichen Vorräten (ohne die Läger der Landwirtschaft) entfielen zu diesem Zeitpunkt wertmäßig rund 5,7 Milliarden RM, das sind ungefähr 30 %, auf die Läger des Einzelhandels. Wie das J. f. K. weiter feststellte, betrug das Gesamtlager des Einzelhandels:

[10]) J. f. K.: Sonderheft 32, Benning-Nieschlag: „Umsatz, Lagerhaltung u. Kosten im deutschen Einzelhandel 1924—1932", S. 22.

Lagerhaltung im Einzelhandel (am Jahresende) in Mill. RM.[11])

	1925	1927	1928	1929	1930	1931	1932*	1933*	1934*	1935*	1936
Nahrungsmittel	933.8	1019,8	1039,5	1047.6	896.7	722,5					
Genußmittel	311,3	329,2	335,1	328,7	309,5	218,5					
Bekleidung	2694,3	2934.6	3085,9	2933,1	2536,9	2009.7					
Hausrat und Wohnbedarf	901,3	1019,2	1077,9	1046.5	923,4	762,3					
Luxus- und Kulturbedarf	873,9	932.8	1001.9	996,4	908,6	731,1					
Apothekerwaren, Drogen und andere Artikel	256,4	292,2	312,6	320,3	290,5	241,7					
Kohlen	30,1	38,3	36,5	47,4	42,7	29,9					
Fachhandel:	6001,1	6566,1	6889,4	6720.0	5908,3	4715.7					
Neugegründete Fachgeschäfte	30,0	105,0	155,0	190,0	210,0	220,0					
Zum Vergleich:											
Warenhäuser einschl. Einheitspreisgeschäfte, ohne Lager im Produktionsbetrieb und ohne Zentrallager	243,0	297,0	316,0	358,0	312 0	233,0					
Gemischtwarengeschäft	392,2	461,4	475,3	446,8	397,7	300,0					
Gemischtwarenhandel	635,2	758,4	791,3	804,8	709.7	533,0					
Markt-, Straßen-, Hausier- und Trödelhandel	217,8	249,7	254.7	263,6	237,2	201,7					
Konsumvereine und Werkkonsumanstalten (ohne Lager im Produktionsbetrieb und ohne Zentrallager)	60,2	71,1	83,5	91,9	90,0	70,0					
Einzelhandel insgesamt	6944,3	7750,3	8173,9	8070,3	7155,2	5740,4	4800.0*	5000,0*	5700,0*	5800,0*	

[11]) J. f. K., Sonderheft 32, S. 20 (Teilauszug) und Wochenbericht vom 26. Mai 1937, Nr. 21, S. 116. — Bei den mit * versehenen Zahlen handelt es sich um vorläufige Schätzungen. Genauere Untersuchungen werden gegenwärtig durchgeführt, sind aber noch nicht abgeschlossen. Für 1936 sind selbst vorläufige Schätzungen noch nicht möglich. Die Angaben für die früheren Jahre werden gleichzeitig einer Nachprüfung unterzogen.

Eine andere Untersuchung des J. f. K., die einen Vergleich zwischen Anlageinvestition und Lagerbestand zuläßt, schätzt den gesamten Sachkapitalzuwachs im Einzelhandel in der Zeit von 1924—1928 auf rund 5,1 Milliarden RM. „Diese Neuinvestitionen verteilen sich wie folgt auf die einzelnen Jahre und auf die großen Verwendungsgebiete: in Mill. RM.[12])

Jahr	Lagerveränderung in den bestimmten Betrieben	Lagerzuwachs durch Neuerrichtung von Einzelhandelsgeschäften	Neuanlagen (einschl. Inventaranschaff. f. neue Läden)	Summe der Anlagen und Vorratsinvestitionen
1924	+ 2418	+ 6	+ 47	+ 2471
1925	+ 808	+ 22	+ 103	+ 933
1926	— 248	+ 29	+ 97	— 122
1927	+ 940	+ 73	+ 179	+ 1192
1928	+ 322	+ 67	+ 202	+ 591
1924—1928	+ 4240	+ 197	+ 628	+ 5065

Daraus ist zu ersehen, daß gemäß der Natur des Einzelhandels, der überwiegende Teil der Gesamtinvestitionen, nämlich 4,4 Milliarden RM (88 %) auf den Lagerzuwachs entfallen, woran der Facheinzelhandel, der uns allein interessiert, mit 3,5 Milliarden beteiligt ist, während die Aufwendungen für die Anlageinvestition (Ausbau der Einzelhandelsgeschäfte usw.) für die Zeitspanne von 1924 bis 1928 gemessen nur 630 Millionen RM betragen.

Während die Frage der Finanzierung der Beschaffung von Anlagen nicht von so großer Problematik im Einzelhandel ist, spielt also — wie der obige Gesamtüberblick beweist — das Problem der kapitalmäßigen Sicherung aller Warenbeschaffungstransaktionen die vorherrschende Rolle.

a) Die Abhängigkeit des Lagerkapitalbedarfes von der Art, Größe und Aufgabe des Einzelhandelsbetriebes.

Geht man von der Betrachtung der Lagerhaltung des gesamten Einzelhandels über zur branchetypischen, so ergeben sich folgende Anteile des Kapitalbedarfes am betrieblichen Gesamtkapitalbedarf:[13])

---

[12]) J. f. K. Sonderheft 22 (Kaiser-Benning: „Kapitalbildung und Investitionen in der deutschen Volkswirtschaft 1924—28"), S. 135.

[13]) Stat. Reichsamt: Einzelschriften f. Statistik d. Deutschen Reiches Nr. 30 I, „Betriebsstruktur u. Besteuerung im Einzelhand. u. Handwerk"; eine Sammlg. v. Richtzahlen. Aufgestellt für das Jahr 1931. Berlin 1935. Auszüge aus dem Tabellenwerk S. 22/23 ff. bzw. S. 28.

Einzelhandelszweig	Betr. gr. (Umſ. gr. kl.) II[14]) III[15])	Betr. m. eig. Grundſtück Geſ. Kap. Bed. in 1000 RM	Lagervorräte in 1000 RM	Lagervorräte in % d. Geſ. Kap.	Betr. o. eig. Grundſtück Geſ. Kap. Bed. in 1000 RM	Lagervorräte in 1000 RM	Lagervorräte in % d. Geſ. Kap.
Kolonialwaren	II	11,8	2,5	21,4	4,3	2,5	59,1
	III	22,5	6.7	29,7	10,5	6,7	63,5
Textilwaren a. A.	II	13.8	7,9	57,8	9,4	7,9	84,9
	III	37,0	17,4	46,9	23.5	17,4	73,7
Wäſche	II	17,5	6,2	35,3	8,7	6,2	71,0
	III	44.9	14,4	32,2	22,0	14,4	65,7
Schuhe	II	11,7	6,3	53,7	7,6	6,3	83,0
	III	38.3	20,5	53,4	24.4	20,5	84,0
Eiſenwaren	II	19.4	7,4	38,3	9,3	7,4	79,8
	III	40,5	15,2	37,7	22,1	15,2	68,9
Glas, Porzellan und Haushalt-Gegenſtände	II	25,3	8,7	34,1	13,4	8,7	64,8
	III	46,4	17,7	38,2	25,0	17,7	71,0

Wie aus dieſen Zahlen zu ſchließen iſt, ſchwankt die Bedeutung des Problems der kapitalmäßigen Sicherung der Warenlagerung je nach der Art des Einzelhandelsbetriebes, denn iſt z. B. die Lagerhaltung ſehr klein oder eine ſolche überhaupt nicht vorhanden, wie es oft bei Betrieben der Fall iſt, die erſt einkaufen, nachdem die Beſtellung vom Kunden eingelaufen iſt, ſo ſind die Fragen der Finanzierung viel leichter zu löſen, als wenn es ſich um einen Betrieb handelt, der die Waren in einem gewiſſen Sortiment auf Lager halten muß, um den differenzierten Anſprüchen der Käuferſchaft ſofort gerecht werden zu können. Weiterhin ergeben ſich Verſchiedenheiten für das Problem aus der Größe des Betriebes, alſo aus dem möglichen Umſatz, nach welchem wiederum der Umfang des Warenlagers variiert. Auch iſt der Umfang der Lagerhaltung in den einzelnen Branchen ganz verſchieden. Gemäß dieſen aus einer Vielzahl herausgegriffenen Beſtimmungsgründen iſt die Höhe des Kapitalbedarfs für die Finanzierung des Warenlagers bei jeder Branche, Betriebsart und Betriebsgröße ganz verſchieden groß, und deshalb iſt es notwendig, den Kapitalbedarf und ſeine Abhängigkeiten unter allgemeinen Geſichtspunkten zu betrachten, um dann auf die Möglichkeiten ſeiner Beſtimmung einzugehen. Wie ſeine Deckung erfolgt, wird dann im Teil II C behandelt werden.

---

14) II = 5 001—20 000 RM.
15) III = 20 000—50 000 RM.

b) Allgemeingültige Faktoren für die Bestimmung des Lagerkapitalbedarfes.

aa) Die Umschlagshäufigkeit des Lagers.

Welche Faktoren bestimmen nun hauptsächlich den Kapitalbedarf für die Finanzierung des Warenlagers? Der erste Faktor ist der Umsatz des Einzelhandelsbetriebes. Doch die absolute Umsatzziffer allein sagt noch nichts aus, sie muß in Beziehung zu anderen Faktoren treten.

Als wesentlichste Beziehungsgröße ist der durchschnittliche Lagerbestand des Einzelhandelsbetriebes zu nennen. Diese Größe muß hinzugezogen werden, denn es ist vorstellbar, daß ein Einzelhandelsbetrieb mit einem relativ kleinen Lager oft höhere Umsätze tätigt als ein anderer mit einem großen Lagerbestand. Folglich ist als aufschlußreicherer Faktor, der aus dem Verhältnis von

$$\frac{\text{Umsatz}}{\text{durchschnittlicher Lagerbestand}}$$

errechenbare Lagerumschlagskoeffizient zu nennen, welcher angibt, wie häufig sich der Lagerbestand während einer bestimmten Zeitspanne (meist der Geschäftsperiode) umgeschlagen hat. Die Umschlagsziffer ist — bezogen auf obigen Fall — bei dem Betrieb mit dem kleineren Lager eine größere und deshalb wird dort ein geringerer Kapitalbedarf zur Finanzierung des Warenlagers verursacht als in dem letzteren, wo infolge zu hoher Lagerbestände im Vergleich zum Umsatz größere Investitionen an Kapital vorgenommen werden müssen. Ein Zahlenbeispiel verdeutlicht das: Will ein Einzelhändler z. B. einen Umsatz von 100 000 Mark erzielen und handelt er eine Ware, die er nur einmal während einer bestimmten Periode umschlagen kann, dann muß er soviel Kapital investieren, als der Einkaufswert der Ware — also etwa 70 000 Mark, falls mit 30 % vom Umsatz kalkuliert wird — ausmacht. Schlägt sich aber die Ware zweimal um, so benötigt er bei gleichbleibenden Umständen nur die Hälfte des Kapitals (35 000 RM), weil das vor dem ersten Umschlag investierte Kapital in einer kürzeren Zeit wieder zur Verfügung steht. Schlägt sich das Lager dreimal um, so braucht er nur ca. 23 300 RM Kapital zu investieren.

Dieses auf einfachste Verhältnisse zugeschnittene Beispiel zeigt eindringlich die überragende Bedeutung, die die aus dem Verhältnis von

Umsatz : durchschnittlicher Lagerbestand

innerhalb einer bestimmten Periode sich ergebende, sogenannte Umschlagshäufigkeit für den Kapitalbedarf zur Finanzierung des Warenlagers hat.

Der Einzelhändler muß folglich zum Zwecke einer vorteilhaften Kapitalpolitik die Umschlagshäufigkeit möglichst zu steigern versuchen.

Die Umschlagsgeschwindigkeit ist vom Umsatz direkt, vom Lager indirekt abhängig, woraus folgt, daß eine Steigerung entweder durch Erhöhung des Umsatzes bei gleichbleibendem Lagerbestand, oder durch Senkung des durchschnittlichen Lagerbestandes bei konstantem Umsatz erreicht werden kann.

Die Forschungsinstitute haben — zur Kontrolle der Kapitalpolitik — die Umschlagshäufigkeit des Lagers in den verschiedensten Einzelhandelszweigen ermittelt.

Es wird eine aus dem verstreuten, bisher meist unveröffentlichten Material der Forschungsstelle für den Handel beim RKW zusammengefaßte Aufstellung der neuesten Ziffern im Vergleich mit denen früherer Jahre folgen, wobei eine Aufteilung in sogenannte wertmäßige und mengenmäßige Umschlagsgrößen vorgenommen wurde.

Umschlagshäufigk

(Das Lager wurde jä

	1930		1931		
	w	m	w	m	w
Fachgeschäft für Haus- und Küchengeräte	—	1,8	—	1,8	—
Einzelhandel mit Eisenwaren, Porzellan und Küchengeräte . .		2,1		2,0	
Fachgeschäft für Glas- und Porzellanwaren		1,5		1,6	
Photohandel					
Schuhwareneinzelhandel		2,0		2,0	2,
Lebensmitteleinzelhandel					
Einzelhandel mit Juwelen, Gold- und Silberwaren					
Textileinzelhandel					3,
Kurz-, Weiß- u. Wollwaren .					
Wäsche				2,2	
Herren- und Knabenkleidung .					
Drogeneinzelhandel		2,7		2,7	
Facheinzelhandel	4.2		4,5		
Warenhäuser[17])		4,2		4,7	
Kaufhäuser[17])		4,2		4,7	
Gesamt-Einzelhandel		3,5		3,8	

w = wertmäßig. Unter dem „wertm
kapitalumschlag genannt — will die
Umsatz zu V
Lagerkapital (Ø Lager
verstanden wissen.

m = mengenmäßig. Hier liegen die
Umsatz zu Verkaufswerten
Ø Lagerbest. zu Verkaufswerten bz

vor. Die Differenz des „wertmäßigen" zum „mengen
bestand zu Einkaufspreisen, einmal in Beziehung gese
zum Umsatz zu Einkaufspreisen. In dieser Differenz k
Wertdifferenz zwischen Einkaufs- und Verkaufspreis
mäßige" Ziffern mit „wertmäßigen"
verglichen werden!

---

[16]) Aus unveröffentlichtem Material zum Betrieb
[17]) Ermittlungen des Instituts für Konjunkturfo

… Einzelhandel.[16])

… mal umgeschlagen)

1933		1934		1935		1936	
w	m	w	m	w	m	w	m
2,7	1,8	3,3	2.4	3,4	2,3		
3,2	2,4	4 2	3,0—3,5	3.9	2,8		
2,7	1,7	3,3	2,1	3,0	2.0		
		6,9	rd. 4	6—7	rd. 4		
	2,2	2,2	rd. 1,5	2,6	1,9		
8,1	6,5	8,1		8,9	7,6		
1,2	0,5—0,6	1,7		1,8	1,0		
3,2	2,1			2.6			
		2,9		2,7			
	2,3	2.9		2,3			
		2,9		2,7			
4.1	2,6	4,0	2,8	4.4	2,9		
	4.0		3 9		3,7		
	3,7		3,7		3,6		
	3,5						

…n" Lagerumschlag — auch Lager-
…die Beziehung:
…fswerten
…zu Einkaufswerten)

…hältnisse von:
… Umsatz zu Einkaufswerten
… ∅ Lagerbest. zu Einkaufswerten

…en" Lagerumschlag erklärt sich daraus, daß der Lager-
…d zum Umsatz zu Verkaufspreisen, das andere Mal
… hauptsächlich die in der Handelsspanne verkörperte
… Ausdruck. Es dürfen daher nur „wert-
… „mengenmäßige" mit „mengenmäßigen"

…leich der FfH.
…g.

Aus dieser Übersicht ist zu entnehmen, daß sich in den Krisenjahren 1930—1932 die Umschlagsgeschwindigkeiten der einzelnen Branchen teils auf gleicher Höhe halten, teils sinken (1932), ein Zeichen dafür, daß der Abbau der Läger proportional mit sinkendem Umsatz erfolgte.

Im Jahre 1933 steigt mit zunehmenden Umsätzen und besserer Ausnutzung der Läger die Umschlagsgeschwindigkeit in allen Branchen an.

bb) Die Abhängigkeit der Umschlagshäufigkeit von der Betriebsgröße, Standort und dem Sortiment.

Die Abhängigkeit der Umschlagshäufigkeit des Lagers von der Betriebsgröße:

Die branchenüblichen Lagerumschlagsgeschwindigkeiten und damit der Kapitalbedarf zur Finanzierung des Warenlagers werden ihrerseits wiederum beeinflußt von verschiedenen Faktoren; die hauptsächlichsten Abhängigkeiten sollen im folgenden behandelt werden. Dazu folgende Zahlen: (Lagerumschlag [„wertmäßig"] . . . mal)

Einzelhandelszweig und Betriebsgröße	1932	1933	1934	1935	1936
Textileinzelhandel:[18])					
insgesamt	3,3	3,2			
unter 25 000 RM Umsatz	2,0	2.5	2,0	1,9	
von 25— 40 000 " "	2.3	2,9	2,3	2,0	
" 40— 50 000 " "	2,5	2,7	2,2	2,2	
" 50— 60 000 " "	2.5	2,8	2,7	2,5	
" 60— 80 000 " "	2,8	2 6			
" 80—100 000 " "	2,9	3,2	2,7	2,4	
" 100—125 000 " "	3,2	3,3	3,3	2,7	
" 125—150 000 " "	3,4	3,7			
" 150—200 000 " "	3,8	3,7	2,9	2.7	
" 200—300 000 " "	4,0	3,8	3,2	3,2	
" 300—500 000 " "	4,3	4,6	3,9	3,4	
" 500—1 Mill. " "	4 5	4,4	4,4	4,0	
über 1 Million " "	6,0	5,6			
Kolonialwareneinzelhandel:[19])					
Umsatzgrößenklasse:					
von 5— 20 000 RM Umsatz			6,3		
" 20— 50 000 " "			6,95		
" 50—100 000 " "			rd. 7		
" 100—500 000 " "			7,2		
Eisenwareneinzelhandel:[20])					
bis 150 000 RM Umsatz		2 9		2,7	
von 150—400 000 " "		3,4		4.2	
über 400 000 " "		3,5		4,6	

[18]) Aus dem Material zum Betriebsvergleich der FfH.

[19]) Statistisches Reichsamt: Vierteljahreshefte z. Statistik d. Deutschen Reiches 1936, H. 3, S. 79.

[20]) Aus dem Material zum Betriebsvergleich der FfH.

Daraus ergibt sich eine wichtige Beziehung zwischen der Betriebsgröße und dem Lagerumschlag.

Eine starke Steigerung der Lagerumschlagsgeschwindigkeit mit wachsender Betriebsgröße ergibt sich bei der Untersuchung der Fachgeschäfte für Textilwaren aller Art. Dort schwankte die Ziffer 1935 zwischen 1,9-mal bei den kleinsten Betrieben mit Umsätzen unter 25 000 RM und 2,7-mal bei den mittleren Betrieben mit Umsätzen von 100 000 bis 150 000 RM und stieg dann bei den größeren und größten Betrieben mit Umsätzen zwischen 500 000 und 1 000 000 RM bis auf rund 4mal an. Dasselbe Bild ergibt sich an Hand der Statistik auch für die vorangegangenen Jahre.

In den anderen untersuchten Branchen, dem Einzelhandel mit Eisenwaren und Kolonialwaren, steigt die Umschlagsgeschwindigkeit des Warenlagers ebenfalls von Betriebsgröße zu Betriebsgröße.

Besonders im Einzelhandel mit Eisenwaren, Haus- und Küchengeräten, Glas- und Porzellanwaren ist die Umschlagsgeschwindigkeit in den kleinen Fachgeschäften wesentlich geringer als in den höheren Betriebsgrößenklassen. Das ist in diesem Falle insbesondere darauf zurückzuführen, daß der kleine wie der größere Einzelhandelsbetrieb eine gewisse Auswahl bieten muß. Jedoch überschreitet die Auswahl in dieser Branche, auch wenn sie sich nur auf das allernotwendigste beschränkt, vielfach die dem kleinen Betrieb gegebenen Umsatzmöglichkeiten. Die Ursache dafür liegt in der Vielgestaltigkeit des Sortiments, hervorgerufen durch die von der Eisenwarenproduktion angebotene hohe Sortenzahl, so daß es in dieser Branche nicht die Lagerhaltung der kleinen Betriebe ist, die hinter den Erfordernissen der Warenverteilung zurückbleibt, sondern das Sortenangebot geht in zahlreichen Fällen weit über das Maß hinaus, das unter sachlichen Gesichtspunkten und aus kulturellen Gründen geboten ist.

Beim Kolonialwareneinzelhandel steigt die Umschlagsgeschwindigkeit des Lagers mit wachsender Betriebsgröße (Umsatzgröße) stetiger an als im Eisenwareneinzelhandel.

Aus diesen Ermittlungen ist ganz allgemein zu folgern: Je größer der Betrieb (gemessen am Umsatz) ist, desto schneller schlägt sich das Warenlager um.

Daß die Umschlagsgeschwindigkeit mit zunehmender Betriebsgröße wächst, ist zum Teil bedingt durch die bessere Durchorganisation der Mittel- und Großbetriebe, wobei allerdings hinzugefügt werden muß, daß diese Tendenz in der Praxis nur bei richtiger Führung des Einzelhandelsbetriebes erwartet werden kann. Ein weiterer Grund für das Verhalten des Lagerumschlags liegt darin, daß besonders der kleine und zum Teil auch der mittlere Einzelhandelsbetrieb im Vergleich zu seinen Umsatzmöglichkeiten einen relativ hohen Lagermindestbestand unterhalten muß, wenn er allen Ansprüchen seiner Kundschaft bezüglich der Größe, Qualität und Ausführung der Ware so vorteilhaft als möglich nachkommen will.

Die großen Betriebe dagegen können sehr große Umsätze — infolge ihrer besseren Durchorganisation — bei relativ niedrigem Lager tätigen; steigender Umsatz bei nahezu gleichbleibendem Sortiment schafft aber die Möglichkeit für die größeren Betriebe, ihre Umschlagsgeschwindigkeit zu erhöhen. Das gelingt allerdings auch nur bis zu einer bestimmten — bei Betrieben mit äußerst hohen Umsätzen auftretenden — Schwelle, von wo ab bei weiter zunehmender Betriebsgröße (Umsatzgröße) das Sortiment im Verhältnis zum Umsatz progressiv — zumindest aber proportional steigt, so daß die Umschlagsgeschwindigkeit sich wieder sinkend gestaltet bzw. dieselbe Höhe beibehält.

Durch die schnellere Umschlagsgeschwindigkeit bei den größeren Betrieben ist ihr Kapitalbedarf zur Finanzierung des Warenlagers im Verhältnis ein weit geringerer als derjenige der kleineren Einzelhandelsbetriebe.

Das läßt deutlich den Einfluß erkennen, welchen der Lagerumschlag auf den Kapitalbedarf zur Lagerfinanzierung gerade für die kleinen und mittleren Einzelhandelsbetriebe mit ihrer schwachen Kapitalbasis hat. Die Schwierigkeiten für kleinere Betriebe, diesen zu beschleunigen, liegen in bestimmten Branchen in dem im Verhältnis zum Umsatz zu hohen Mindestbestand, der gehalten werden muß, um den Sortimentscharakter des Lagers zu wahren. Das Ziel muß hier sein, eine Lagerpolitik zu treiben, die ein möglichst vollständiges Sortiment bei minimaler Lagerhöhe gewährleistet.

Eine der wichtigsten Aufgaben bleibt es für kleinere Betriebe aller Branchen, infolge Fehlens an Kapitalkraft, im Rahmen des Möglichen zu versuchen, das Lager schneller umzuschlagen.

Die Abhängigkeit des Lagerumschlages vom Standort:

Ebenfalls lassen sich unmittelbare Beziehungen zwischen dem Standort und dem Lagerumschlag eines Einzelhandelsbetriebes feststellen. Zu diesem Zweck soll an die obige Untersuchung des Kolonialwareneinzelhandels angeknüpft werden, so daß sich folgende vervollständigte Übersicht ergibt:

Die Abhängigkeit der Umschlagsgeschwindigkeit des Lagers von der Ortsgröße.[21])

Gemeinden mit . . . Einwohnern	Lagerumschlag (wertmäßig) . . . mal in den einzelnen Umsatzgrößenklassen			
	5 000 bis 20 000 RM	20 000 bis 50 000 bis	50 000 bis 100 000 RM	100 000 bis 500 000 RM
bis 2 000	4,99	5,71	5,71	5,97
2 000— 5 000	5,44	6,02	5,99	6,23
5 000— 10 000	5,89	6,38	6,29	6,77
10 000— 25 000	6,48	6,81	6,72	7,27
25 000— 50 000	7,03	7,51	7,49	7,79
50 000—100 000	8,02	8,02	8,00	8,15
mehr als 100 000	8.32	8,44	8,50	8,58
Gesamtdurchschnitt	6,30	6,95	rd. 7	7,20

Die Läger von Einzelhandelsbetrieben gleicher Größe schlagen sich in größeren Städten schneller um als in kleineren.

Dieses aufschlußreiche Ergebnis, welches sich ebenso an allen anderen Branchen nachweisen ließe, liegt vorwiegend begründet in dem *größeren* Lager, das der Einzelhändler an kleineren Orten zu halten gezwungen ist, denn dieser kann sein Lager nicht so schnell ergänzen, wie der Einzelhändler in Mittel- und Großstädten, da die Transportmöglichkeiten zu dem Standort seines Betriebes meist viel schlechtere sind. (Der Umsatz im Verhältnis zum Mindestlager ist zu klein!) Das ist zahlenmäßig zu belegen:

Die Abhängigkeit der Lagervorräte des Kolonialwareneinzelhandels je Kopf der im Betrieb tätigen Personen von der Ortsgröße.[22])

Wert der Lagervorräte	RM je Kopf der im Betrieb tätigen Personen			
Gemeinden mit . . . Einwohnern	Umsatzgrößenklasse			
	5 000 bis 20 000 RM	20 000 bis 50 000 RM	50 000 bis 100 000 RM	100 000 bis 500 000 RM
bis 2 000	1 563	2 320	3 308	3 919
2 000— 5 000	1 316	2 233	3 092	3 710
5 000— 10 000	1 261	1 897	2 848	3 216
10 000— 25 000	1 192	1 801	2 477	2 871
25 000— 50 000	1 042	1 717	2 213	2 561
50 000—100 000	918	1 597	2 058	2 363
mehr als 100 000	898	1 543	1 795	2 125
Gesamtdurchschnitt	1 206	1 861	2 442	2 794

[21]) Statistisches Reichsamt: Vierteljahrshefte zur Statistik des Deutschen Reiches 1936, H. 3, S. 79.

[22]) Statistisches Reichsamt: Vierteljahrshefte zur Statistik des Deutschen Reiches 1936, H. 3, S. 76.

In den kleinen Orten bis zu 2000 Einwohnern liegen die Lagervorräte je Kopf der im Betrieb tätigen Personen beispielsweise in der kleinsten Umsatzgrößenklasse (5000—20 000 RM) rund 30 % über dem ermittelten Gesamtdurchschnitt, in den Großstädten mit mehr als 100 000 Einwohnern dagegen rund 26 % darunter. In der Umsatzgrößenklasse 50 000 bis 100 000 RM ist der Unterschied noch krasser.

In Verbindung mit dieser Tendenz steht eine zunehmende Spezialisierung und damit Einschränkung des Warenkreises, was ebenfalls eine Steigerung des Lagerumschlages nach sich zieht. In den größeren Städten herrscht das Spezialgeschäft vor, während in den Kleinstädten mehr die Neigung zum Gemischtwarengeschäft besteht.

Abhängigkeit des Lagerumschlages vom Sortiment:

Die Höhe des Lagerumschlages ist außer von der Betriebsgröße noch von einem weiteren Faktor — dem Warensortiment des Einzelhandelsbetriebes — abhängig. Das bedeutet, daß nicht nur die einzelnen Betriebe des gleichen Handelszweiges mit ihrem Lagerumschlag von der branchetypischen Richtzahl abweichen, sondern daß sich auch innerhalb eines Betriebes Unterschiede ergeben, je nachdem, welche Waren vorwiegend oder in nennenswertem Umfang geführt werden. Beispielsweise wird im Lebensmitteleinzelhandel in einem Betriebe ein starker Umsatzanteil von Konserven und Spirituosen zur Folge haben, daß im Gesamtdurchschnitt der Lagerumschlag wesentlich niedriger ist, als wenn der Anteil Delikatessen und Feinkostwaren wie Butter, Fette und andere lebenswichtige Nahrungsmittel überwiegt, die ihrer Natur nach schneller umgesetzt werden.

Abhängigkeit der Richtzahlen der Drogengeschäfte vom Warenkreis und von der Betriebsgröße.[23])

Betriebsgruppe (Warenkreis und Betriebsgröße[24])	Lagerumschlag . . mal (mengenmäßig)			
	1933	1934	1935	1936
I. **Drogerien mit normalem Warensortiment.**				
1. Kleinere Drogerien mit einem Umsatz unter 30 000 RM und niedrigem Umsatz je Kunde unter 0,70 RM	2,2	2,4	2.6	
2. über 0,70 RM Umsatz je Kunde	2,1	2,5	2,5	
3. über 1,— RM Umsatz je Kunde	2,7	2,9	3,2	
Drogerien mit nennenswertem Umsatzanteil von:				
II. **Kolonialwaren.**				
1. unter 50 000 RM Umsatz	3,3	3.3	3,3	
2. über 50 000 RM Umsatz	3,0	3,5	4,0	
III. **Parfümerien.**				
1. unter 30 000 RM Umsatz	2,2	2,1	—	
2. über 30 000 RM Umsatz	2,4	3,0	3,0	
IV. **Farben und Lacken.**				
1. unter 30 000 RM Umsatz	3,0	2,5	—	
2. über 30 000 RM Umsatz	3,1	2.2	2,4	
V. **Photoarbeiten.**				
1. unter 40 000 RM Umsatz	2,2	2,4	2,5	
2. über 40 000 RM Umsatz	2,2	2,3	2,7	
Alle Betriebe	2,6	2,8	2,9	

Wie sich die Verschiedenheit der Warenzusammensetzung und das Vorherrschen von Umsätzen in bestimmten Artikeln auf die Lagerumschlagsgeschwindigkeit des Einzelhandelsbetriebes auswirkt, läßt sich aus der obigen Zusammenstellung der neuesten Ergebnisse über den von der FfH durchgeführten laufenden Betriebsvergleich des Drogeneinzelhandels klar ersehen, zumal für diesen Handelszweig eine genügend große Zahl von Berichten zur Verfügung stand. Gleichzeitig tritt dabei nochmals der Einfluß der Betriebsgröße auf die Höhe des Lagerumschlags deutlich in Erscheinung.

Der Einfluß des Sortiments auf den Lagerumschlag des Einzelhandelsbetriebes ist jedoch aus dieser Zahlenübersicht nur dann in der

[23]) Zahlen aus dem Material der FfH zum Betriebsvergleich.

[24]) Gemessen an den jeweiligen Jahresumsätzen.

reinsten Form zu erkennen, wenn man aus den Gruppen mit unterschiedlichem Warenkreis jeweils die gleichen Größenklassen in Beziehung setzt. Das ist zwischen den Umschlagsgeschwindigkeiten der Betriebsgruppe I, 1 und 2 und denen der Betriebsgruppen III und IV besonders gut möglich. Die Ergebnisse weichen — um nur ein Beispiel herauszugreifen — beim Vergleich von Gruppe I, 1 mit Gruppe IV, 1 im Jahre 1933 um nicht weniger als 0,8 ab; dabei schlägt sich das Lager bei Gruppe I, 1 mit 2,2mal viel langsamer um als dasjenige bei Gruppe IV, 1. Das verschiebt sich natürlich von Jahr zu Jahr — gleicht sich auch teilweise aus —, die Tendenz der Abhängigkeit des Lagerumschlags vom Warensortiment des Einzelhandelsbetriebes ist mit diesen Zahlen trotzdem bewiesen.

Krasser tritt der Einfluß des Warenkreises auf den Lagerumschlag im Eisenwareneinzelhandel[25]) hervor:

Stabeisen und Träger	1	mal
Saisonartikel	1	„
Haushaltungsgegenstände	2	„
Werkzeuge	2	„
Herde	2	„
Öfen	2	„
Eisenkurzwaren	3	„
Holz	4,5	„
Drahtstifte, Nieten, usw., Schrauben	5	„
Baubeschläge	6	„
Kohle	8	„
Nägel	10	„ .

Nach diesen Ergebnissen der FfH wurde für denselben Einzelhandelszweig aus der Umsatzgröße 142 000 RM und dem jahresdurchschnittlichen Lagerbestand von 67 700 RM die allgemein geltende Richtzahl für den Lagerumschlag in Höhe von 2,1 festgestellt; für die einzelnen Artikel des Eisenwareneinzelhandels schwankte der Koeffizient aber laut obiger Tabelle von 1—10. Stabeisen, Träger, Saisonartikel, Haushaltungsgegenstände, Werkzeuge, Herde und Öfen blieben unter der Durchschnittszahl, während Eisenkurzwaren, Drahtstifte, Nieten, Schrauben, Holz, Baubeschläge, Kohle und Nägel diese teilweise stark überschritten, wodurch sich naturgemäß je nach der Zusammensetzung des Warenlagers eines Einzelhandelsbetriebes aus diesen einzelnen Artikeln Abweichungen im Lagerumschlag der Durchschnittsziffer, sowie auch in anderen Betrieben der gleichen Branche gegenüber ergeben.

[25]) Schriftenreihe der FfH (Der Eisenwarenhandel), Heft Nr. 3, S. 9.

Beeinflußt durch die bisher aufgezählten und in ihrer Wirkung auf den Lagerumschlag gekennzeichneten Faktoren: Größe, Standort und Sortiment des Einzelhandelsbetriebes ergeben sich häufig starke Abweichungen von den brancheüblichen Umschlagsgeschwindigkeiten, doch sollte jeder Einzelhandelsbetrieb immer das Bestreben haben, zum Zwecke einer günstigen Kapitalpolitik die festgestellte Richtzahl für den Umschlagskoeffizienten zu erreichen.

Daraus erwächst für jeden Einzelhändler der Zwang, eine seinem Betriebskapital entsprechende, möglichst günstige Lagerdisposition zu betreiben, d. h. es muß bei möglichst hohem Umsatz auf eine möglichst geringe Lagerhaltung hingezielt werden.

Das erfordert aber neben einer innerbetrieblichen Rationalisierung der Lagerhaltung eine genaue Marktbeobachtung, die — wie im folgenden bewiesen wird — darauf hinausgehen muß, Beschaffung der Waren und Lagerhaltung den durch Saison und Konjunktur bedingten Absatzschwankungen weitestgehend anzupassen.

cc) Der Rhythmus des Einzelhandelsbetriebes und sein Einfluß auf den Kapitalbedarf zur Finanzierung des Warenlagers.

Aus der Funktion des Einzelhandels heraus — die Verbindung zwischen der Produktion und dem letzten Konsumenten herzustellen — und damit zum Lagerhalter und Sortimenter der großen Käufermassen bestimmt zu sein, ergibt es sich, daß die Rhythmen in seinem Betriebsablauf abhängig sind von dem Rhythmus der Bedarfsbefriedigung des letzten Konsumenten, denn der Einzelhändler ist nur ein machtloser Diener des Konsumenten, er muß sich ihm anpassen, da er ihn nicht leiten kann.

Diese außerbetrieblichen Einflüsse wirken sich naturgemäß bei den einzelnen Betriebsgrößen, -arten und -branchen verschieden stark aus, und deshalb ist es wiederum notwendig, allgemeingültige Faktoren, von denen der Betriebskapitalbedarf in dieser Hinsicht hauptsächlich abhängig ist, herauszustellen.

Zwischen Beschaffung und Absatz der Waren im Einzelhandel besteht eine Spannung, die überwunden werden muß, und das erfordert das Vorhandensein eines Betriebskapitals, dessen Umfang je nach dem Grade dieser Spannung variiert. Das Betriebskapital muß sich einem von der Absatzseite herrührenden lebhaften Betriebsrhythmus anpassen.

Um festzustellen, wie und wodurch das geschieht, ist es unumgänglich, die rhythmischen Absatzschwankungen in ihrem Einfluß und Ablauf näher zu umreißen, ohne jedoch eine annähernd erschöpfende Darstellung der volkswirtschaftlichen Seite dieser dynamischen Vorgänge im Rahmen der vorliegenden Arbeit geben zu können.

Der Absatz im Einzelhandel ist folgenden Schwankungen unterworfen, an die der Einzelhändler — zum Zwecke einer möglichst günstigen Lagerdisposition — die Beschaffung und Lagerhaltung der Waren angleichen muß:

1. Konjunktur-,
2. Saison-,
3. Monats-, Wochen- und Tagesschwankungen.

Zu 1: Die Konjunkturbewegung ist eine zyklische, langwellige Marktbewegung, die innerhalb einer Reihe von Jahren bestimmte Phasen durchläuft. In seinen einzelnen Phasen verläuft ein Konjunkturzyklus von der Depression, zum Aufschwung, zur Hochspannung, zur Krisis und wieder zur Depression zurück. Es handelt sich also um einen von außen an den Einzelhandelsbetrieb herankommenden Einfluß, der aus Störungen im Ablauf der Gesamtwirtschaft herstammt und auf den Absatz einwirkt, wodurch Umsatzschwankungen entstehen, die sich auf die Lagerhaltung fortpflanzen, den Lagerumschlag beeinflussen und sich damit auch auf den Kapitalbedarf des Einzelhandelsbetriebes auswirken.

Demnach kann man im Einzelhandelsbetrieb als Folge des Konjunkturrhythmus eine Umsatzbewegung und eine Lagerbewegung unterscheiden.

Zur konjunkturellen Umsatzbewegung: Die Abhängigkeit des Umsatzes von den Konjunkturbewegungen schwankt bei den einzelnen Zweigen des Einzelhandels. Je nachdem, ob ein Einzelhandelsbetrieb Waren zur Befriedigung des notwendigen — sogenannten starren — Bedarfs oder solche zur Deckung des elastischen Bedarfs umsetzt, wird er von der Konjunktur ganz verschieden beeinflußt. Obwohl es schwierig ist, die Waren des starren und des elastischen Bedarfs voneinander abzugrenzen, kann man zu den ersteren vor allem Nahrungs- und Genußmittel (Tabakwaren, Kaffee, Tee), Schokoladen und Süßwaren, alkoholische Getränke und einen Teil der Bekleidung zählen, während der letzteren Gruppe diejenigen Waren, die weniger regelmäßig nachgefragt werden wie z. B. Hausrat, Juwelen, Gold und Silber, Nähmaschinen und der übrige Teil der Bekleidung zuzurechnen sind. Die Grenze zwischen den beiden großen Gruppen ist jedoch durchaus flüssig.

Es gilt nun, für jede der beiden Gruppen einen typischen Vertreter unter den verschiedenen Einzelhandelszweigen herauszustellen und seinen Umsatz unter dem Einfluß des Konjunkturrhythmus zu betrachten.

Einer der typischsten Zweige zur Befriedigung des *starren* Warenbedarfs ist der Nahrungs- und Genußmitteleinzelhandel. Wie aus dem folgenden Diagramm hervorgeht, unterliegt seine Umsatzbewegung verhältnismäßig wenig dem Einfluß der Konjunktur (s. Diagramm Nr. 1).

In weit stärkerem Maße spiegelt sich der Konjunkturablauf in den Umsätzen des Textileinzelhandels wider (Diagramm Nr. 2).

> Nach der Krisis 1925/26, die einen Umsatzrückgang gebracht hatte, machte sich ein neuer Anstieg der Umsätze im Textilhandel bemerkbar. Ab 1929/30 jedoch setzte ein allgemeiner Wirtschaftsrückgang ein, dem eine starke Umsatzabnahme parallel ging. Diese Umsatzschrumpfung dauerte bis Anfang 1933 an, um dann in einen neuen Aufschwung überzugehen. Diese Konjunkturabhängigkeit ist jedoch in den einzelnen Untergruppen des Textileinzelhandels verschieden stark, und zwar gestaltet sie sich am intensivsten bei größeren Bekleidungsstücken, wobei sich wiederum Unterschiede ergeben je nachdem, ob es sich um Herren- und Knaben- oder Damen- und Mädchenkleidung handelt.

Während der Textileinzelhandel teils starren, teils elastischen Bedarf befriedigt, kann man den Einzelhandel mit Hausrat (Porzellan, Glas, Haus- und Küchengeräte) als einen der typischsten Zweige des *elastischen* Warenbedarfs bezeichnen. Seine Konjunkturabhängigkeit ist, wie aus dem Diagramm Nr. 3 hervorgeht, dementsprechend groß. Sie ist bedingt durch die Elastizität der Nachfrage in diesen Hausratartikeln, meist verursacht durch unstetige, teils vorverlegte, teils hinausgeschobene Ersatzbeschaffungen für schon vorhandene Haushalte.

Zur konjunkturellen Lagerbewegung im Einzelhandel: Zur Beurteilung der konjunkturellen Lagerbewegung steht das Material nicht so reichlich zur Verfügung wie zur Verfolgung der Umsatzbewegung. Die Untersuchungen des Instituts für Konjunkturforschung geben jedoch einen gewissen Aufschluß über die jährliche Veränderung der Lagergröße im Einzelhandel. Aus dem folgenden Diagramm, das die Lagerbewegung in den Jahren 1924—1927 darstellt — eine für solche Beobachtung gut geeignete Periode —, ergibt sich der Einfluß des Konjunkturverlaufs auf die Lagerhaltung und damit auf die Kapitalpolitik des Einzelhandelsbetriebes recht deutlich. Das J. f. K. berichtet hierzu: „Das Jahr 1924 selbst muß hier ausscheiden, da es im Zeichen des Wiederaufbaus der durch die Inflation zerstörten Läger stand, die Steigerung also struktureller Natur ist. Die Aufwärtsbewegung setzt sich jedoch bis zum Frühherbst 1925 fort und hat seit Anfang 1925 offenbar konjunkturelles Gepräge. Von August bis November 1925 verharrt das Lager auf der erreichten Höhe. Ende 1925, mit dem Eintritt der Wirtschaftskrisis, beginnt der Liquidationsprozeß, der bis zum Herbst

Umsätze im Einzelhandel mit:

Die --- Linien zeigen den Verlauf d. Zwölfmonatsdurchschn., durch die die Saisonbewegungen ausgeschaltet werden!

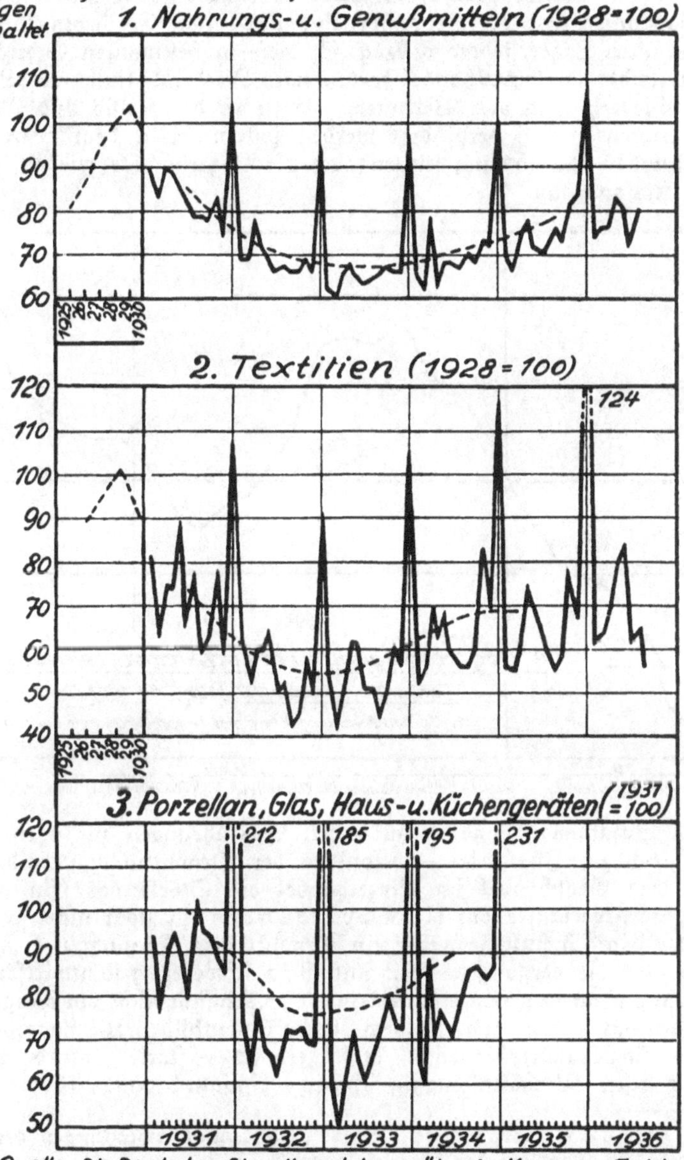

Quelle: Die Deutschen Einzelhandelsumsätze in Kurven u. Zahlen (Institut für Konjunkturforschung) Seite 7/23/31.

1926 angehalten hat."[26]) Zu der Zeit war der tiefste Punkt der Lagerhaltung in diesem Konjunkturzyklus erreicht. Es folgte offenbar mit Umsatzanstieg nach der Depression eine allmähliche Ergänzung der äußerst abgebauten Lager, jedoch vollzog sich diese in bestimmten Grenzen, denn man strebte im Einzelhandel fortan nach Niedrighaltung der Lager, da die Wiederholung von Verlusten, wie sie in der Krisis und Depression aufgetreten waren, verhindert werden sollten. Mit dem weiteren konjunkturellen Aufschwung stiegen auch die Lagervorräte wieder in größerem Umfange an.

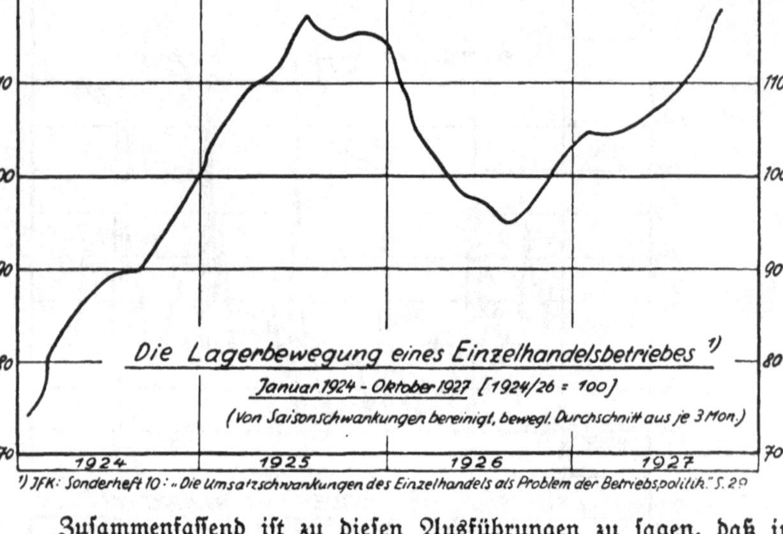

Die Lagerbewegung eines Einzelhandelsbetriebes [1)]
Januar 1924 - Oktober 1927 [1924/26 = 100]
(Von Saisonschwankungen bereinigt, bewegl. Durchschnitt aus je 3 Mon.)

1) JFK: Sonderheft 10: „Die Umsatzschwankungen des Einzelhandels als Problem der Betriebspolitik." S. 29

Zusammenfassend ist zu diesen Ausführungen zu sagen, daß im Vergleich zur Industrie — besonders der Produktionsgüterindustrie — und dem Großhandel im Einzelhandel die Stärke des Einflusses des Konjunkturverlaufes auf die **K a p i t a l p o l i t i k** zwar nicht so stark ist, da der Einfluß sinkt, je näher ein Produkt dem Konsumgut kommt, doch ist gerade die vergangene Zeit mit ihren schweren gesamtwirtschaftlichen Störungen an dem Einzelhandel in dieser Hinsicht nicht vorübergegangen, sondern hat — wie auch aus dem obigen Schaubild: „Die Lagerbewegung eines Einzelhandelsbetriebes" zu folgern ist — starke Anforderungen an ihn gestellt. Verhältnismäßig schwache Umsatzrückgänge führen nämlich

---

26) J. f. K.: Sonderheft Nr. 10. „Die Umsatzschwankungen des Einzelhandels als Problem der Betriebspolitik", S. 29.

im Einzelhandel schon zu großen Schwierigkeiten, da, ganz abgesehen von der Tatsache, daß eine Liquidation größerer Lagervorräte hier nur langsam und unter erheblichen Opfern möglich ist, seine Kapitalbasis so überaus schmal ist, daß sie den Kapitalbedarf meist nicht zu decken vermag. Wird z. B. im Modewareneinzelhandel, wo die Bestellungen zu einem großen Teil überaus frühzeitig getätigt werden müssen, die Beschaffung zu einer Fehldisposition, weil die hereinkommende Ware eine völlig veränderte Wirtschaftslage antrifft, so entsteht die Gefahr einer Umsatzstockung, die die finanziell ungenügend gerüsteten Betriebe zu Schleuderverkäufen zwingt, wodurch der ganze Markt in Unordnung gebracht wird. Nur kapitalkräftige Einzelhandelsbetriebe sind imstande, solche Umsatzrückgänge im Rahmen einer Konjunkturschwankung ohne schwerwiegende Schäden zu überbrücken. Das zeigt deutlich die Abhängigkeit des Kapitalbedarfs für die Finanzierung des Warenlagers im Einzelhandel von Konjunkturschwankungen.

Es muß daher, zum Zwecke des Ausgleichs der konjunkturellen Schwankungen, durch eine genaue Lagerdisposition im Einzelhandelsbetrieb die Beschaffung der Waren auf die rhythmischen Absatzbewegungen abgestimmt werden, um dadurch zu einem niedrigen und gleichbleibenden Kapitalbedarf zur Finanzierung des Warenlagers zu kommen.

Zu 2 und 3: (Die Saison-, Monats-, Wochen- und Tagesschwankungen). Außer durch die von konjunkturellen Einflüssen verursachten Veränderungen erfolgt die Umsatzgestaltung der Einzelhandelsbetriebe noch in kurzwelligeren Rhythmen wie: Saison-, Monats-, Wochen- und Tagesschwankungen. Die Tages- und im wesentlichen auch die Wochenschwankungen wirken sich hauptsächlich auf die Notwendigkeit einer Arbeitsbereitschaft der in den Einzelhandelsbetrieben notwendigen Personen aus, haben also auf die Beschaffung und Lagerung der Waren keinen Einfluß. Der Monatsrhythmus dagegen schon mehr. Am meisten aber der Saisonrhythmus. Während die Tages-, Wochen- und Monatsrhythmen Folgen verschiedener — vorwiegend durch die Gehaltszahlung bedingter — Kaufgewohnheiten sind und es sich bei den Konjunkturschwankungen um Schwankungen der Kaufkraft des Konsumenten handelt, sind die Saisonschwankungen die Folge wechselnden Kaufwillens.

Je nach den klimatischen Verhältnissen, je nach der Lage von Festtagen, Ferien und damit Hauptreisezeiten und schließlich je nach den verschiedenen Zahlungs- und Kaufsitten treten die saisonmäßigen Umsatzschwankungen in den Einzelhandelszweigen mit verschiedener Intensität auf und müssen bei der Beschaffung und Lagerung von Waren berücksichtigt werden.

Durch die jahreszeitliche Änderung des Wetters entstehen besonders im Einzelhandel mit einfacher Bekleidung starke Umsatzschwankungen, deren Spitzen beim Wechsel der Jahreszeiten in den Monaten April-Mai und September-Oktober-November auftreten. Bei eleganter Damenkleidung jedoch bewirkt der Modewechsel eine frühere — noch vor dem Wechsel der Jahreszeiten — einsetzende Umsatzbelebung. Ebenso bedeutungsvoll wie die Witterungseinflüsse sind die Festtage Ostern, Pfingsten und Weihnachten. Ihr Einfluß — namentlich der des Weihnachtsfestes — macht sich bei Geschenkartikeln aller Art, insbesondere bei Spielwaren geltend.

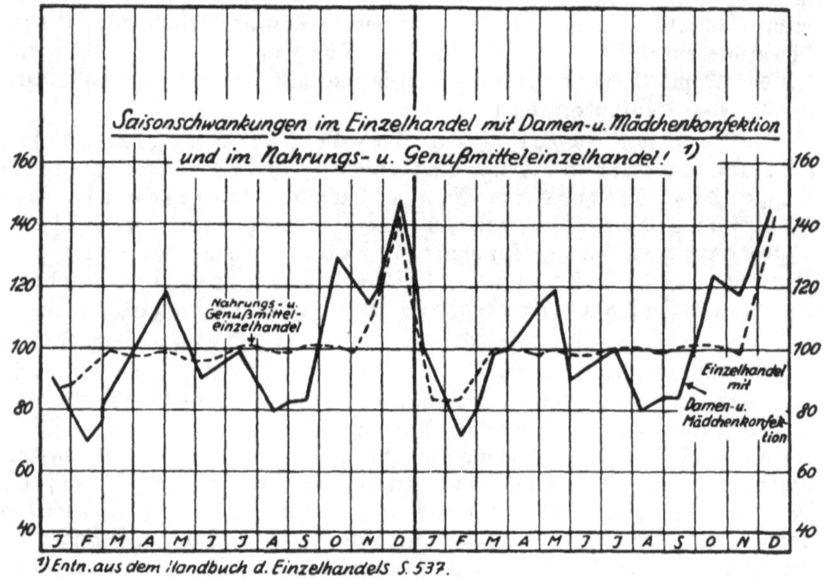

1) Entn. aus dem Handbuch d. Einzelhandels S. 537.

Die Ferien und damit Hauptreisezeiten verursachen häufig Voreindeckungen sowie Spezialeindeckungen in Reise- und Sportartikeln.

Diese vornehmlich durch die Witterung, die Lage der großen Feste sowie der Ferien hervorgerufenen Bedarfsveränderungen als Ursache der saisonalen Umsatzschwankungen werden noch verschärft durch die Kaufgewohnheiten der Bevölkerung, die ihrerseits wieder durch die Zahlungsgewohnheiten der Wirtschaft, d. h. durch die Lage wöchentlicher Lohnzahlungs- und monatlicher bzw. vierteljährlicher Gehaltszahlungstermine bedingt sind.

Die Saisonschwankungen der Umsätze, hauptsächlich durch bereits gekennzeichnete Einflüsse verursacht, wirken sich — wie aus obigen graphischen Darstellungen deutlich wird — auf die einzelnen Branchen mit verschiedener Stärke aus und müssen bei der Beschaffung und Lagerung von Waren im Einzelhandelsbetrieb berücksichtigt werden.

Beim Saisonrhythmus handelt es sich also um die Gesetzmäßigkeiten, welche sich aus der Eigenart der Branche ergeben. Der periodische — stark von der Mode abhängige — Bedarf nach Damen- und Mädchenkleidung, wie es das Beispiel zeigt, zieht viel stärkere Schwankungen innerhalb des Jahresabsatzes nach sich, als z. B. im Nahrungs- und Genußmitteleinzelhandel, wo ein fast gleichmäßiger und andauernder Bedarf seitens der Verbraucher nur ganz minimale Umsatzschwankungen während eines Jahres hervorruft. *Umsatz und Lagerhaltung laufen hier fast parallel*, während beim Einzelhandel mit Damen- und Mädchenkleidung Höchstpunkte der Umsatzbewegung entstehen, denen die Lagerbewegung nicht angepaßt ist.

So ergeben sich bei allen saison- und konjunkturabhängigen Betrieben — seien sie nun stark oder schwach von diesen rhythmischen Schwankungen innerhalb der Bedarfsbefriedigung abhängig — Umsatzspitzen.

Wie kann sich nun ein Einzelhandelsbetrieb diesen Umsatzspitzen anpassen? Ein Betrieb, der seine Lagerhaltung auf die höchsten Spitzen des Bedarfes innerhalb eines Jahres einstellen würde, könnte infolge zu hoher Kostenbelastung nie Rentabilität besitzen, denn vor und nach der Überwindung der Umsatzhöhepunkte wäre infolge dieser ungeeigneten Lagerdisposition ein erheblicher Teil des Warenlagers überflüssig und somit totes Kapital im Betriebe investiert, was gerade dem *Bestreben eines jeden Betriebes — nämlich durch eine günstige Lagerhaltungspolitik zur Verringerung des Kapitalbedarfes und der damit verbundenen Zinskosten zu kommen — entgegenarbeiten würde.*

Diesen durch die Bedarfsschwankungen hervorgerufenen Umsatzspitzen kann sich der Einzelhandelsbetrieb nur anpassen, indem die Beschaffung und Lagerung der Waren im gleichen Rhythmus, wie jene Schwankungen verlaufen, vollzogen wird. Daraus ergibt sich aber für den Betrieb die Notwendigkeit, zur Finanzierung dieser Beschaffungsrhythmen verschieden große Kapitalien zur Verfügung zu haben.

Es entsteht sofort die Frage: Wird man dazu Fremdkapital oder Eigenkapital heranziehen? Ob und in welchem Umfang man Fremdkapital zur *Überwindung der Umsatzspitzen* benutzen wird, ist vorwiegend eine Kostenfrage. Andererseits darf in keinem Falle *nur* Eigenkapital zur Finanzierung der Umsatzhöhepunkte herangezogen werden, vor allen Dingen nicht, wenn es sich um einen sehr saisonempfindlichen Betrieb handelt, denn hier würde es zwischen zwei Umsatzspitzen jeweils brach liegen, was betriebswirtschaftlich nicht vertretbar ist.

Dem könnte nur eine anderweitige Verwendung in der Spanne zwischen zwei Umsatzspitzen abhelfen, wenn sie in Zeiten erfolgt, wo die freiwerdenden Kapitalien einen guten Ertrag abwerfen.

Aus dieser Feststellung heraus ergibt sich der Schluß, daß in jedem Einzelhandelsbetrieb je nach der Stärke seiner Umsatzrhythmen ein Bedarf nach zusätzlichem Betriebskapital vorhanden ist, der einem Kreditbedarf gleichkommt.

Die durchschnittliche Höhe des Kreditbedarfs zur Finanzierung der Lageranreicherung und des Geschäftsausbaus im Einzelhandel wird unter dem Vorbehalt starker Abweichungen durch konjunkturelle und saisonale Schwankungen in den verschiedenen Branchen auf rund 1—1½ Milliarden RM geschätzt.[27])

Mit obiger Erkenntnis ist ein betriebswirtschaftliches Problem angeschnitten worden, dessen Inhalt die Frage nach dem zweckmäßigsten Verhältnis zwischen Eigen- und Fremdkapital zur Finanzierung des Betriebes darstellt.

Vorausgeschickt muß werden, daß die Aufstellung und Anwendung solcher allgemeingültigen Relationen für Einzelhandelsbetriebe aller Branchen in Anbetracht der bereits erkannten Abhängigkeiten ihres Kapitalbedarfs von mannigfaltigen Faktoren als sehr gewagt zu bezeichnen ist. Das wird später an Hand von Beispielen aus der Praxis über den Anteil des Eigen- und Fremdkapitals in Einzelhandelsbetrieben verschiedenster Branchen nachzuweisen sein. An dieser Stelle soll jedoch jenen praktischen Ergebnissen eine kurze theoretische Erörterung, als Ausschnitt aus der betriebswirtschaftlichen Forschung auf diesem Gebiete vorangehen, zumal das Ergebnis dieser folgenden Untersuchung eine Bestätigung der Richtigkeit unserer obigen Schlußfolgerung darstellt.

In der betriebswirtschaftlichen Literatur ist Prinzhorn[28]) bereits im Jahre 1902 in seinem Buch: „Über die finanzielle Führung kaufmännischer Geschäfte und Unternehmungen" auf diese wichtigen Zusammenhänge eingegangen und hat zwei viel erörterte, oft mißverstandene „Gleichheitssätze" formuliert, die bei Beachtung der Grenzen ihres Geltungsbereiches auch heute noch zur Grundlage der Untersuchung dieses Problems gemacht werden können:

---

[27]) Schuster: „Die Kreditversorgung des Einzelhandels" in „Zahlungsverkehr u. Bankbetrieb" 1936 Nr. 4, S. 95.

[28]) Prinzhorn: „Über die finanzielle Führung kaufmännischer Geschäfte und Unternehmungen", Berlin 1902.

1. Gleichheitssatz vom Warenlager:

„Warenlager, wenn nötig, aber auch höchstens gleich Handelskapital (Eigenkapital),[29])

2. Gleichheitssatz vom Kredit:

Genommener, wenn nötig, aber auch höchstens, gleich gegebenem Kredit".[30])

Der erstere Gleichheitssatz nimmt Bezug auf unsere obigen Erörterungen, der zweite dagegen faßt teilweise noch zu behandelnde Fragen über die Finanzierung des Absatzes im voraus zusammen, soll aber trotzdem schon an dieser Stelle angeführt werden.

Beide Gleichheitssätze sind als Wege zur Erhaltung der Liquidität eines Betriebes aufzufassen. Prinzhorn kommt zu den zwei Regeln, indem er vier Bilanzgrößen paarweise folgendermaßen miteinander in Verbindung bringt: er greift aus den verschiedenen Größen der Bilanz einerseits das Handelskapital (Eigenkapital) und den Vorrat an Handelsware (Warenlager) heraus und setzt beide Größen in Beziehung zueinander, und zwar unter Bildung einer Barreserve von 5—10 % des Handelskapitals, die die Aufgabe übernehmen soll, bei Wertschwankungen ausgleichend zu wirken, und andererseits stellt er die Forderungen aus dem gegebenen Kredit (Kundenkredite zur Finanzierung des Absatzes) den kurzfristigen Schulden als genommenen Kredit (Lieferantenschulden) gegenüber.

Die laufenden, kurzfristigen Lieferantenschulden sollen — nach Prinzhorn — aus den Zahlungseingängen der Schuldner, die auf Kredit gekauft haben, einlösbar sein. Nur in Ausnahmefällen darf die in Höhe von 5—10 % vom Handelskapital zu bildende Barreserve in Anspruch genommen werden, denn sie soll „als Ausgleich dienen für alles das, was für den Kaufmann in der finanziellen Führung seines Geschäftes unklar bleiben muß, insbesondere um nicht oder nicht rechtzeitig eintreffende Zahlungen der Schuldner, auf welche er gerechnet hat, zu ersetzen oder um anderen unerwarteten Ausgaben zu begegnen".[31])

Damit sind Schulden und Forderungen indirekt zum Handelskapital in Beziehung gesetzt worden.

Von den Prinzhorn'schen Gleichheitssätzen ist besonders der zweite, der den Zusammenhang zwischen genommenem und gegebenem Kredit darstellt, von verschiedenen Seiten als nicht zutreffend bezeichnet worden, womit — wollte man sich dieser Meinung anschließen — auch der erste Satz über das Warenlager und das umlaufende eigene Kapital seine Gültigkeit verlieren würde.

---

[29]) Prinzhorn a. a. O., S. 26.

[30]) Prinzhorn a. a. O., S. 40.

[31]) Prinzhorn, a. a. O., S. 17.

Gewiß haften diesen Finanzierungsregeln starre, die Umsatzdynamik zu wenig berücksichtigende Elemente an, so daß beispielsweise die Umschlagsgeschwindigkeit und der Betriebsrhythmus gar keine Berücksichtigung erfahren, aber sie enthalten auch wichtige, weil grundlegende Gedanken.

Nicklisch[32]) hat diese Fragen erschöpfend behandelt und widerlegt die Einwendungen,[33]) indem er darauf hinweist, daß „von den Widersachern die Grenzen nicht beachtet worden sind, die dem Geltungsbereich des behaupteten Zusammenhangs gezogen sind, auch schon bei Prinzhorn. Es handelt sich dabei um das reguläre laufende Geschäft und um das umlaufende Kapital. Nicht eingeschlossen ist demnach der Kapitalbedarf, der über das normale Geschäft hinausgeht. Wird das beachtet, so stehen auch Konjunkturkredite außerhalb. Ja, sogar Saisonkredite scheiden aus, weil es sich dabei um Anspannungen handelt, durch die eine besondere Lage entsteht, was gilt, obwohl sich dieser Vorgang in ungefähr gleichen Abständen regelmäßig wiederholt". Nicklisch kommt dann zu dem Schluß seiner Überlegungen, indem er u. a. ausdrücklich hervorhebt: „Jenes Verhältnis zwischen dem Wert der Lagervorräte und dem umlaufenden eigenen Kapital besteht. Zusätzliche Mittel kommen zur Vorbereitung der Saison, und im Falle einer aufsteigenden Konjunktur in Frage."

Diese Ausführungen von Nicklisch werden einerseits den Prinzhornschen Finanzierungsregeln gerecht, indem ihnen nur bei einem Normalgeschäftsgang des Betriebes Gültigkeit zuerkannt wird und andererseits berücksichtigen sie die dynamische Entwicklung der Wirtschaft mit ihren saisonalen und konjunkturellen Schwankungen, die den Umsatzrhythmus und damit je nach seiner Stärke den Eigen- bzw. zusätzlichen Fremdkapitalbedarf eines jeden Einzelhandelsbetriebes in ganz verschiedenem Umfange bestimmen.

Im Rahmen dieses Abschnittes soll noch nicht näher auf den Kreditbedarf eingegangen werden, das geschieht erst, nachdem der ganze Kapitalbedarf des Einzelhandelsbetriebes, alle seine Ursachen und Abhängigkeiten behandelt worden sind, denn erst dann hat man einen Überblick darüber, wo sich überall die Zuhilfenahme von Krediten als erforderlich erweist und ist somit in der Lage, den Fremdkapitalbedarf als Ganzes wie auch in seiner Struktur für sich zu betrachten, um daraufhin anschließend seine Deckung zu behandeln.

---

[32]) Nicklisch: „Die Finanzierung des Einzelhandelsbetriebes" in: Handbuch d. Einzelhandels, S. 151. Siehe auch vergleichsweise Nicklisch: „Die Betriebswirtschaft", S. 467—473.

[33]) Einwendungen wurden erhoben von Sandig: Die Finanzierung mit Fremdkapital, S. 86/87 u. Seidel, K.: Das fremde Kapital im Unternehmen. Z. f. B. 1924, S. 226 ff.

4. Die Finanzierung des Absatzes.

Nachdem im Verlauf des obigen Abschnittes die große Bedeutung der Umschlagsgeschwindigkeit für den Kapitalbedarf zur Finanzierung des Warenlagers klargelegt wurde, die den Einzelhändler dazu zwingt, eine möglichst günstige Lagerdisposition zu treiben, d. h. bei einer geringen Lagerhaltung ein möglichst hoher Umsatz erzielt werden muß, entsteht nun die Frage, wie es für den Einzelhandelsbetrieb möglich ist, dieses trotz aller Schwierigkeiten, die sich auf der Absatzseite in Form von saisonalen und konjunkturellen Schwankungen wie auch in einer starken Konkurrenz ergeben, durchzuführen.

Gerade die Nachkriegszeit mit ihren schweren wirtschaftlichen Depressionen und der immer stärker werdenden Konkurrenz ließ den Umsatz in allen Branchen des Einzelhandels sehr zusammenschrumpfen, und um dem entgegenzutreten, übernahmen zahlreiche Betriebe dieser Branchen, geleitet durch die günstige Entwicklung und Auswirkung in Amerika, als weitere Funktion die Finanzierung des Absatzes. Damit ist die letzte der hauptsächlichsten Ursachen des Kapitalbedarfes im Einzelhandel aufgedeckt, und es soll nun auf das Wesen und die Anforderungen, die die Finanzierung des Absatzes an den einzelnen Betrieb stellt, eingegangen werden.

In der Nachkriegszeit, in welcher durch die Einwirkungen der Kriegsjahre, besonders aber durch die Inflation die Kaufkraft der Massen ganz außerordentlich gesunken war, gingen zahlreiche Einzelhandelsbetriebe in einzelnen Branchen mehr und mehr von ihrem Prinzip der Barzahlung ab, um in verstärktem Maße zum Verkauf auf Kredit, sei es in unorganisierter Form,[34]) d. h. der gewöhnlichen Kreditgewährung („des Ankreidens"), oder sei es in organisierter Form, d. h. auf Teilzahlung überzugehen, weil es diesen Branchen infolge der Vernichtung des Sparkapitals der Käufer nicht möglich war, ihre auf das Vorhandensein von Ersparnissen angewiesenen Waren — z. B. langlebige Gebrauchswaren wie Kraftfahrzeuge, Nähmaschinen, landwirtschaftliche Maschinen usw. — in gehörigem Umfange abzusetzen und damit den Umsatz zu heben. Die Hebung des Umsatzes versuchten diese Branchen durch Bereitstellung von Kreditmitteln zu erreichen, d. h. indem die Waren an den Käufer auf Kredit abgegeben werden und es diesem somit ermöglicht wird, seine Einkäufe früher und sogleich in den erwünschten Mengen tätigen zu können, die Zahlung des Kaufpreises

---

[34]) Der Kredit in unorganisierter Form ist jedoch nicht eine absolute Neuerscheinung der Nachkriegszeit und der hinter uns liegenden Krisenjahre, sondern es hat eine solche Kreditgewährung an den Kunden in großem Maße bereits jahrzehntelang vor dem Kriege gegeben.

aber später entweder in der ganzen Summe oder aus dem Einkommen zwangsläufig in kleineren Beträgen periodisch vorzunehmen.

Exakte statistische Erhebungen über den Gesamtumfang der Kundenkreditgewährung gibt es nicht, so erwünscht sie auch wären! Bei der Vielheit der für die organisierte Kundenkreditgewährung in Frage kommenden Finanzierungsinstitute und den Verflechtungen, die sie untereinander aufweisen, ist auch eine Schätzung sehr schwer möglich. Wenn sie trotzdem unternommen wurde, so ist diese mit Vorsicht zu betrachten.

Im Rahmen dieser Arbeit soll eine Schätzung angeführt werden, um dadurch wenigstens ein ungefähres Bild von den Kreditverhältnissen bezüglich der Absatzfinanzierung im Einzelhandel zu gewinnen. Der Gesamtumsatz des Einzelhandels in Deutschland erreichte im Jahre 1935 die Höhe von 24—25 Milliarden RM und stieg im Jahre 1936 auf 27,7 Milliarden RM. Nach den Angaben der FfH beim RKW[35]) dürfte für 1935 allein der Umfang der organisierten Kreditverkäufe mit 2 Milliarden RM anzunehmen sein, worin allerdings die Umsätze der Warenkredithäuser ältesten Stils (Typus Feder), die des Handels mit Automobilen und Motorrädern, Nähmaschinen, Möbeln, teilweise die des Textileinzelhandels, die der Verkaufskredit A.-G. (früher Citag), der Gefi, der Königsberger Kundenkredit-Gesellschaften und der Elektrizitäts- und Gasgesellschaften eingeschlossen sind! Außerhalb dieser Schätzung bleiben die Wochen- und Monatskonten des Lebensmitteleinzelhandels und die zum offenen Buchkredit gehörigen Umsätze. Die unorganisierten Kreditverkäufe werden von der FfH in Höhe von mindestens 1 Milliarde RM geschätzt.

Die allein zur organisierten Absatzfinanzierung benötigten Mittel können bei einem Kreditumsatz von 2 Milliarden RM und einer Kreditdauer von 4—6 Monaten auf etwa 0,8—1 Milliarde beziffert werden, so daß der Gesamtkreditbedarf im Einzelhandel (durchschnittlicher Kreditbedarf zur Finanzierung des Warenlagers zwischen 1—1½ Milliarden RM schwankend + Kreditbedarf zur Absatzfinanzierung von rund 1 Milliarde RM) mit 2—2½ Milliarden RM angenommen werden kann.[36]) Daraus folgt, daß im Rahmen der Kreditversorgung des Einzelhandels die Finanzierung des Absatzes eine sehr erhebliche Rolle spielt.

---

[35]) Entnommen aus einem Aufsatz des Leiters der FfH Tiburtius über: „Struktur und Leistungen der Teilzahlungssysteme und ihrer Finanzierung" im Jubiläumsbericht der Arbeitsgemeinschaft Deutscher Kundenkreditgesellschaften: 10 Jahre Kundenkredit-Organisation 1926—1936, S. 24.

[36]) Nach Schuster: „Die Kreditversorgung des Einzelhandels" in: „Zahlungsverkehr und Bankbetrieb" 1936, Nr. 4, S. 95.

Überblickt man einmal die Branchen, auf die sich die Kreditgewährung an den Kunden hauptsächlich erstreckt, so ergibt sich folgendes Bild:

Anteil der Kreditverkäufe am Gesamtumsatz in einigen Einzelhandelszweigen.[37])

Einzelhandelszweig	Zahl der bericht. Betriebe	Jahr	Anteil der Verkäufe gegen: offenen Buchkredit	Teilzahlungskredit	Kredit insgesamt
			in % vom Gesamtumsatz		
Motorräder	20	1930	10	60	70
Klaviere	19	1930	10	57	67
Klaviere	90	1934	40	—	—
Nähmaschinen	13	1930	22	31	53
Nähmaschinen	45	1934	24	—	—
Rundfunkgeräte	36	1930	24	46	70
Rundfunkgeräte	48	1931	—	—	55
Kleineisenwaren, Haus- u. Küchengeräte	32	1932	--	—	35
Fachgeschäfte f. Haus- und Küchengeräte ...	80	1933	10,0	—	—
Fachgeschäfte f. Haus- und Küchengeräte ...		1934	8,6	—	—
Fachgeschäfte f. Haus- und Küchengeräte ...		1935	8,4	—	—
Einzelhandel mit Glaswaren, Porzellan und Küchengeräten	120	1933	3,7	—	—
Einzelhandel mit Glaswaren, Porzellan und Küchengeräten		1934	2,7	—	—
Einzelhandel mit Glaswaren, Porzellan und Küchengeräten		1935	2,9	—	—

Wenn diese Zahlen sich auch nur auf wenige Betriebe beziehen, so kann man — in Ermangelung genauerer Statistiken — doch daraus ersehen, wie unterschiedlich sich die Kreditgewährung an den Kunden in den einzelnen Branchen vollzieht.

Der den Kapitalbedarf mitbestimmende Faktor, das Verhältnis von Bar-:Kreditumsatz, ist daraus zwar zu entnehmen, jedoch ist nur bei wenigen Branchen festzustellen, inwieweit sich die Kredit-

[37]) FfH-Mitteilung 7/8, S. 70 ergänzt durch neueste Zahlen der FfH zum Betriebsvergleich.

hergabe in unorganisierter bzw. in organisierter Form vollzieht. Es lohnt sich, in diesem Zusammenhang einige etwas ältere aber noch annähernd vergleichbare Zahlenangaben für USA., wo sich die Kreditgewährung an den Kunden in organisierter wie auch in unorganisierter Form viel stärker entwickelt hat als in Deutschland, herauszugreifen, die den Anteil der Barverkäufe, der Verkäufe gegen Buchkredit und gegen Teilzahlungskredit am Gesamtumsatz für die einzelnen Branchen des Einzelhandels erkennen lassen:[38])

Anteil der Barverkäufe, der Verkäufe gegen Buchkredit und gegen Teilzahlungskredit am Gesamtumsatz verschiedener Einzelhandelszweige in Amerika.

Handelszweig[39])	Verkäufe gegen		
	Barzahlg. %	Buchkredit %	Teilzahlg. %
Öfen und Kochmaschinen	12,6	14,2	73 2
Möbel	15,2	27,1	57,7
elektr. Installation	15,4	35,4	49,2
Musikinstrumente	17,1	28,2	54,7
Einrichtungsgegenstände	23,8	70,7	5,0
Eisenwaren	35,2	61,1	3,7
Automobile	37,1	16,0	46 9
Juwelierwaren	37,8	45,0	17,2
Radioapparate und Zubehör	47,5	23,3	29,2
Damen-, Mädchen- und Kinderkleider	49,4	49,7	0,9
Drogen	84,7	15,3	—

Es ergibt sich nach der gleichen Quelle bei 23 000 berichtenden Einzelhandelsgeschäften in Prozenten ihres Gesamtumsatzes (4,7 Milliarden $) für:

Barverkäufe	58 %
Verkäufe gegen offenen Kredit	32,2 %
Teilzahlungsverkäufe	9,2 %.

Schaltet man dagegen die reinen Barzahlungsgeschäfte, die Warenhäuser, Postversandgeschäfte und Kettenläden aus, so ergibt sich für uns ein klareres Bild:

Barverkäufe	39,3 %
Verkäufe gegen offenen Kredit	48,6 %
Teilzahlungsverkäufe	12,1 %.

[38]) Nach: Department of Commerce in Gemeinschaft mit der National Retail Credit Association. 1927. (Als Ausschnitt entnommen aus: FfH-Mitteilung 1930, Nr. 1.)

[39]) Die Branchen sind nach dem Anteil der Barverkäufe am Gesamtumsatz geordnet.

Zu diesen Zahlenangaben ist hinzuzufügen, „daß die offene Kreditgewährung in Deutschland erfreulicherweise noch nicht den großen, vielfach wohl auch bedenklichen Umfang angenommen hat wie es in den Vereinigten Staaten der Fall zu sein scheint.“[40])

Andererseits spielt — wie nach diesen Zahlen zu urteilen ist — der Teilzahlungskredit in USA. (wie auch in Deutschland) scheinbar nicht die Rolle, die ihm als der für die Betriebe gesünderen Kreditform gebührt. Auf die dringende Notwendigkeit gerade für den deutschen Einzelhandel, nämlich die unorganisierte Kreditgewährung überzuführen in einen organisierten, sich natürlich nur auf langlebige Gebrauchsgegenstände erstreckenden Kreditverkauf, wird noch bei der Betrachtung des durch die Kundenkreditgewährung entstehenden Kapitalbedarfes und der Frage seiner Deckung hinzuweisen sein.

Es fragt sich, ob der Übergang zur verstärkten Absatzfinanzierung, das Ziel, den Einzelhandelsumsatz zu steigern, hat erreichen können. Einen genauen zahlenmäßigen Beweis darüber zu führen, ist sehr schwierig, da von den verstreut unternommenen Erhebungen anzunehmen ist, daß dazu nur Unternehmungen mit günstigen Umsatzziffern Material lieferten, andererseits aber Umstände nicht beachtet sind, welche die Umsatzsteigerung ausschlaggebend beeinflußt haben können, z. B. Konjunkturen, Konkurrenzverhältnisse usw. Auch ist es sehr schwierig, eine zuverlässige Statistik aufzustellen, aus der die Entwicklung der Kreditgewährung klar hervorginge, da die in Frage kommenden Betriebe eine Scheidung ihres Umsatzes in Barverkauf und Verkauf auf Kredit nicht allgemein durchführen und daher auch im Augenblick einer zahlenmäßigen Erhebung nicht angeben können, inwiefern der Umsatz hier oder dort überwiegt.

Hering[41]) schätzt die Umsatzsteigerung der Barzahlungsgeschäfte, die den Verkauf auf Teilzahlung aufgenommen haben, auf 20—30 % und mehr bei einzelnen Firmen des Einzelhandels mit Haus- und Küchengeräten, weist aber gleichzeitig auf den dadurch entstehenden höheren Kapitalbedarf und die Gefahren, die sich daraus ergeben, hin: „So willkommen diese Umsatzsteigerung für den Geschäftsmann ist, so ist doch zu bedenken, daß zu einer großzügigen Durchführung dieses Verkaufssystems sehr erhebliche Kapitalien erforderlich sind, da nicht nur die neu gewonnenen Kunden von der Einrichtung Gebrauch machen, sondern auch eine große Anzahl derjenigen Kunden, die bisher bar bezahlt haben, ist zum Kauf auf Teilzahlung übergegangen, so daß eine nicht geringe Verschiebung zuungunsten der Tageslosung eingetreten ist.“[42])

[40]) FfH-Mitteilung 1930, Nr. 1.

[41]) Hering: „Die Lage des Einzelhandels mit Haus- und Küchengeräten“ in: Gegenwartsfragen des Einzelhandels II, S. 127/28.

[42]) Ebenda.

Die Voraussetzung für die Durchführung der Kundenkreditgewährung ist, daß seine Finanzierung gesichert wird. Das setzt wiederum die Kenntnis des entstehenden Kapitalbedarfs voraus. Sein Anteil am Gesamtkapitalbedarf ist in den einzelnen Branchen sehr unterschiedlich (s. folgende Tabelle). Die Forderungen nehmen bei allen Einzelhandelszweigen mit der Betriebsgröße zu. In Branchen, die der Befriedigung des täglichen Bedarfs dienen (insbesondere Kolonialwareneinzelhandel), beträgt der anteilsmäßige Kapitalbedarf zur Finanzierung des Absatzes nur geringe Prozente vom Gesamtkapitalbedarf, da seine Waren zum großen Teil gegen Barzahlung verkauft werden.

Forderungen in v. H. des Gesamtkapitals.[43])

Einzelhandelszweig	Betriebsgröße (Umsatzgr.-klasse II[44], III[45])	Einzelhandelsbetrieb mit eigenem Grundstück: Ges. Kap. Bed. in 1000 RM	Einzelhandelsbetrieb mit eigenem Grundstück: Forderg in 1000 RM	Einzelhandelsbetrieb mit eigenem Grundstück: Forderg in % d. Ges. kap.	Einzelhandelsbetrieb oh. eigenem Grundstück: Ges. Kap. Bed. in 1000 RM	Einzelhandelsbetrieb oh. eigenem Grundstück: Forderg. in 1000 RM	Einzelhandelsbetrieb oh. eigenem Grundstück: Forderg. in % d. Ges. kap.
Kolonialwaren	II	11,8	0,1	0,9	4,3	0.1	2,4
	III	22,5	1,2	5,4	10,5	1,2	11,5
Textilwaren a. A.	II	13,8	0,7	4,8	9,4	0,7	7,0
	III	37,0	2,5	6,7	23,5	2,5	10,5
Wäsche	II	17,5	0,7	3,9	8,7	0,7	7,9
	III	44,9	3,3	8,7	22,0	3,3	17,8
Schuhe	II	11,7	0 2	2,0	7,6	0,2	3,1
	III	38,3	1,6	4,2	24,4	1.6	6,5
Eisenwaren	II	19,4	0,5	2,6	9,3	0,5	5,4
	III	40,5	3,4	8,4	22,1	3,4	15,4
Glas-, Porzellan- und Haushaltsgegenstände	II	25,4	1,2	4,9	13,4	1,2	9 3
	III	46,4	2,0	4,4	25,0	2,0	8,1
Nähmaschinen	II	17,0	6,2	**36,5**	10,2	6 2	**60,8**
	III	44,4	17,8	**40,0**	27,1	17,8	**65,6**
Drogen	II	15,5	0 02	0,2	6,5	0,02	0,4
	III	32,4	1,0	3,1	16,6	1,0	6 1
Uhren, Gold- u. Silberwaren	II	24,4	1,5	6,2	13,6	1,5	1,9
	III	76,3	4 8	6,2	45,0	4,8	11,2

[43]) Statistisches Reichsamt: Einzelschriften zur Statistik des Deutschen Reiches Nr. 30 I, Betriebsstruktur und Besteuerung im Einzelhandel und Handwerk (eine Sammlung von Richtzahlen) Berlin 1935, S. 22/23 ff. bzw. S. 28 (auszugsweise).

[44]) II = 5 001—20 000 RM Umsatz.

[45]) III = 20 000—50 000 RM Umsatz.

Das Verhältnis zwischen Bar- und Kreditverkauf ist jedoch pro Betriebsgröße nicht in allen Fällen konstant.

Der Teil der Verkäufe, welcher gegen unorganisierte Kreditgewährung (gegen „Anschreiben") erfolgt, läßt vielmehr einen — je nach der Ortsgröße und damit der Art des Kundenkreises — verschieden hohen Kapitalbedarf entstehen:[46])

Forderungen in v. H. des Gesamtkapitals	Betriebe mit eigenem Grundstück				Betriebe in gemieteten Räumen			
	Umsatzgrößenklasse RM				Umsatzgrößenklasse RM			
Gemeinden mit . . . Einwohnern	5000 — 20000	20000 — 50000	50000 — 100000	100000 — 500000	5000 — 20000	20000 — 50000	50000 — 100000	100000 — 500000
bis 2 000	4,5	7,0	10.8	14,3	9.9	12,8	16,7	19,6
2 000— 5 000	4,1	6,4	9,7	13,4	9,5	12,1	15,9	19,0
5 000— 10 000	3,4	5,1	8,6	11,9	8,5	10,5	14,6	18,1
10 000— 25 000	3,0	4,4	7,5	10.2	7,9	9,8	13,2	16,6
25 000— 50 000	2,6	4,2	5,9	8.1	7,4	9,6	11,5	14,2
50 000—100 000	2,2	3,6	4,7	7,1	6,7	8.5	9,9	12,8
mehr als 100 000	1,8	3,4	3.9	5.9	5.8	8,4	8,6	11,3
Gesamtdurchschnitt	3,0	4,8	7,4	9,8	7,8	10,3	13,6	15,9

In den Großstädten ändert sich die Kundschaft häufiger, so daß der Einzelhändler die Käufer nur selten näher kennt und deshalb ihre Vermögenslage nicht beurteilen kann, ein „Anschreiben" also nur in geringerem Umfange in Frage kommt. In kleineren Orten besteht zwischen Einzelhändler und Kunde eine viel engere Beziehung, die gleichzeitig eine genauere Übersicht über die Vermögensverhältnisse des Kunden und damit die größere Möglichkeit der Kreditgewährung an diese mit sich bringt. Wie anzunehmen ist, hat diese Tendenz für alle Branchen Gültigkeit.

Im Gegensatz zum Kolonialwareneinzelhandel sind in der Tabelle auf S. 48 Branchen angeführt worden, die nach den Forderungen zu urteilen in größerem Umfange auf Kredit verkaufen. Besonders hoch ist der dabei entstehende Kapitalbedarf im Nähmaschineneinzelhandel, im Einzelhandel mit Eisenwaren, Glas, Porzellan und Haushaltsgegenständen. In diesen Branchen kann — da es sich um langlebige Gebrauchsgegenstände handelt — in größerem Umfange auf Kredit verkauft werden.

Daß diese Kredite, die den Kunden gegeben werden, an die Kapitalkraft des Einzelhandelsbetriebes besonders hohe Anforderungen stellen,

[46]) Statistisches Reichsamt: Vierteljahrshefte zur Statistik des Deutschen Reiches. 1936, Heft 3, S. 77.

wird klar, wenn wir einmal den Kapitalbedarf eines ausschließlich gegen bar verkaufenden Einzelhandelsbetriebes mit dem eines solchen vergleichen, der den Verkauf auf Teilzahlung übernimmt.

Bei ersterem wird Kapital benötigt in Form von Betriebskapital, und zwar vorwiegend zur Finanzierung des *Warenlagers*, doch erfolgt der Umschlag schnell genug, so ist dieser Kapitalbedarf ein geringer, und es ist möglich, die Spanne zwischen Beschaffung und Absatz durch einen Kredit — wenn auch oft sehr teuren, wie wir noch feststellen werden — zu überbrücken, da sofort nach dem Verkauf bares Geld zurückfließt und der Kredit abgedeckt werden kann. *Verkauf der Ware bedeutet hier also Freisetzung des Kapitals.*

Gerade umgekehrt ist es beim Verkauf auf Teilzahlung. *Hier bedeutet Verkauf der Ware Festlegung des Kapitals in Forderungen, die sich erst ganz allmählich in Geld zurückverwandeln.* Deshalb muß wegen der Festlegung der Mittel in Außenständen bedeutend mehr Kapital zur Verfügung stehen, als wenn ein Geschäft gegen Kasse durchgeführt wird. Prüfen wir also, ob der Einzelhandelsbetrieb diesen Anforderungen gerecht werden kann.

Einzelhandelsbetriebe, die vorwiegend gegen Ratenzahlung verkaufen (Abzahlungsgeschäfte), sind dieser Situation ohne weiteres gewachsen, denn sie sind in der Lage, sich vollständig auf das Teilzahlungsgeschäft zu konzentrieren und die Höhe des Betriebskapitals von vornherein darauf einzustellen.

Wenn es aber das Prinzip eines Einzelhandelsbetriebes ist, seine Ware nur zum Teil gegen Ratenzahlung zu verkaufen, ohne dabei seine eigentliche Aufgabe — den Barverkauf — außer acht zu lassen, und falls hierbei längere Tilgungsfristen gewährt werden, so ist daraus zu schließen, *daß der Kapitalbedarf gerade in solchen Betrieben nicht nur einen großen Umfang annimmt, sondern sich auch strukturell weitgehend von demjenigen zur Beschaffungs- und Lagerfinanzierung unterscheidet.*

Daraus ist schon zu folgern, daß der Einzelhandelsbetrieb, dessen Absatz auf Teilzahlung nicht Selbstzweck, sondern nur Mittel zum Zweck ist, die Kreditgewährung selbst zu finanzieren nicht in der Lage ist.

Die Erklärung dafür liegt in seiner Betriebs- wie auch Kapitalstruktur.

Bei einem Verkauf auf Teilzahlung wird, wie wir feststellten, durch eine sehr lange Kreditgewährung ein Teil des Betriebskapitals langfristig gebunden, oft auf 2—3 Jahre. Um den während solcher Zeitspannen entstehenden Kapitalbedarf zu überbrücken, reicht naturgemäß die Kapitalkraft des Einzelhandelsbetriebes allein nicht aus. *Daher* muß zusätzliches Kapital beschafft werden, wenn das Handelsvolumen nicht eingeengt werden soll. Doch die Ersetzung durch Kreditaufnahme ist äußerst schwierig, da die für den Einzelhandel hauptsächlich in Frage kommenden Kredite — der Lieferanten- und der Bankkredit — in ihrer Fristigkeit erheblich von der Zeitspanne abweichen, innerhalb welcher der Verkaufserlös beim Teilzahlungsgeschäft hereinkommt. Die Laufzeit der Lieferanten- und Bankkredite beträgt meist nur höchstens 3 Monate gegenüber 12—24 Monaten bei der Kreditgewährung an die Kundschaft. Die Diskontierung von Kundenakzepten wäre eine Möglichkeit, stößt aber oft auf Ablehnung, die in einer gewissen „Wechselscheu" sowohl des Einzelhändlers als auch des Abnehmers teils zu Recht, teils zu Unrecht begründet ist; diese Methode hat sich also ebenfalls nicht als die geeignete erwiesen. Auch erschwert noch die Eigenart des Konsumentenkredites seine Refinanzierung, weil die Einzelbeträge zu klein sind und die Rückzahlung meist in noch kleineren Summen erfolgt und vor allem der Käufer die Kosten des Kredites nicht tragen will.

Außerdem zeigten sich die großen Gefahren, die eine umfangreichere unorganisierte Kundenkreditgewährung für den Einzelhandel nach sich zieht — besonders dann, als seine Kreditgeber gezwungen waren, die Betriebskredite wesentlich einzuschränken und sogar kurzfristige Rückzahlungen zu verlangen.

Deshalb mußte — da die gewöhnlichen Kreditbanken unter diesen Umständen keine weitergehende Finanzierung der risikovollen Teilzahlungsgeschäfte des Einzelhandels übernahmen — der durch die Absatzfinanzierung entstehende zusätzliche Bedarf an Betriebskapital zur Herausbildung neuer Kreditformen — der organisierten Kundenkreditgewährung — führen, deren Verwirklichung zum größten Teil von besonderen Finanzierungsinstituten übernommen wurde und von diesen bis heute in einem sich dauernd verstärkenden Umfange durchgeführt wird.

Diese, im allgemeinen als Kundenkreditinstitute bezeichneten Finanzierungsträger, führen die unorganisierte Kreditgewährung des Einzelhandels über in eine organisierte, und treten damit dem verhängnisvollen Borgunwesen wirksam entgegen. Sie spezialisierten sich auf die Finanzierung von Teilzahlungsgeschäften und können deshalb nicht nur die notwendige dauernde Beobachtung des Verlaufes ihrer Geschäfte anwenden, sondern wußten sich auch eine ausgezeichnete Organisation zu schaffen, die es ihnen ermöglichte, sich gut an die Eigenarten dieser Kreditgewährung anzupassen. Diese Finanzierungsinstitute und ihre Bedeutung näher zu kennzeichnen, liegt nicht im Rahmen dieses Abschnittes über den Kapitalbedarf, das wird erst später bei der Behandlung der Kapitalquellen erfolgen.

B. Die Ermittlung des Kapitalbedarfes durch den Finanzplan.

Die Tatsache, daß der Einzelhandelsbetrieb der Dynamik der Wirtschaft besonders unterworfen ist, macht ihn zu einem Organismus, der dauernd in der Entwicklung begriffen ist und sich stets den Veränderungen anzupassen hat.

Mit der dynamischen Entwicklung der Wirtschaft muß deshalb der Einzelhandelsbetrieb mehr denn jeder andere vom konservativen, relativ-statischen Denken übergehen zum Vorausbestimmen auf längere Sicht — zum zukunftsmäßigen Denken.

Daraus ergibt sich für den Einzelhändler die unbedingte Notwendigkeit, eine Planung in seine Betriebsführung einzuschalten, um hierdurch eine gewisse Übersicht über die zukünftige Betriebs- und damit auch Finanzgebarung zu erlangen, aus der er gewisse Anhaltspunkte für die Disposition der Betriebsmittel gewinnen kann.

Schmalenbach[47]) weist in seiner diesbezüglichen Schrift eindringlich auf die Ursache und Bedeutung der Finanzplanung für den Betrieb hin, indem er sagt: „Gäbe es in einem Betriebe keine Veränderung der Kräfte und Bewegungen im Verhältnis zueinander, so gäbe es keine Finanzierungsprobleme, und wir brauchten keine Finanzierungspläne. Jederzeit wäre der Geldbedarf der gleiche. Die Veränderung ist es, die den Finanzierungsplan entstehen läßt." Demzufolge müßte der Finanzplanung gerade vom Einzelhandel besondere Aufmerksamkeit geschenkt werden!

Die Ermittlung, d. h. Vorveranschlagung der für die Finanzierung des Betriebes notwendigen Kapitalien durch den Einzelhändler kann nur im Rahmen genauester wirtschaftlicher Planung erfolgen.

Der Verfasser ist sich der Schwierigkeiten bewußt, die sich insbesondere in Kleinbetrieben, aber auch in Mittelbetrieben des Einzelhandels der Aufstellung von Finanzplänen entgegenstellen, denn so wichtig es gerade für Einzelhändler in diesen Größenklassen wäre, sich — in Anbetracht ihrer schlechten kapitalwirtschaftlichen Lage — über die zukünftige wirtschaftliche und vor allem finanzielle Entwicklung ihres Betriebes Klarheit und Übersicht zu verschaffen, so setzt die praktische Durchführung jedoch eine entsprechende Organisation und insbesondere ein ausgereiftes Rechnungswesen (Buchführung, Kalkulation und statistische Vergleichsrechnung) voraus, was die Einzelhandelsbetriebe

---

[47]) Schmalenbach: Die Aufstellung von Finanzplänen. Leipzig 1931, S. 10.

mittlerer und kleinerer Größe zumeist nicht aufzuweisen haben. Außerdem ist eine sichere Marktkenntnis erforderlich.

Trotz der oben gekennzeichneten Schwierigkeiten muß auf Wesen, Zweck und Durchführung der Finanzplanung im Einzelhandel — dem Rahmen dieser Arbeit entsprechend — eingegangen werden, denn Schwierigkeiten sind dazu da, um überwunden zu werden, sie sollen für uns kein Grund sein, die Lösung dieses Fragenkreises nicht anzustreben! Diese Forderung gilt einerseits der Praxis, und zwar sowohl den Einzelhandelsbetrieben, die bis jetzt noch kein ordentliches Rechnungswesen, welches zur Grundlage des Finanzplans dienen könnte, aufzuweisen haben, als auch denjenigen, die ein solches besitzen, aber vor den besonderen, oft schwer zu lösenden Aufgaben, die eine Finanzplanung stellt, zurückschrecken. Diese Forderung verlangt es aber andererseits, den Versuch zu unternehmen, die Dinge theoretisch darzustellen, was im folgenden — unter Beachtung des dieser Arbeit gesetzten Zieles — unternommen werden soll.

Der Finanzplan hat die Aufgabe, den voraussichtlichen Kapitalbedarf des Betriebes für eine zukünftige Wirtschaftsperiode unter Veranschlagung bestimmter Verhältnisse abzuschätzen, um dadurch eine möglichst weitgehende Sicherung der finanziellen Seite der Betriebsgebarung zu erreichen.

Die Aufstellung eines Finanzplans verfolgt somit wie in anderen Wirtschaftszweigen (Industrie, Großhandel) auch im Einzelhandel den Zweck, den zukünftigen Kapitalbedarf des Betriebes zu bestimmen und daraus für die einzuschlagende Finanzpolitik Schlüsse zu ziehen.

Der Finanzplan kann ein einmaliger oder ein *laufender* sein, je nachdem, ob er als Ausgangspunkt für die Finanzierung der Gründung (Neu- und Umwandlungsgründung) bzw. Erweiterung dient oder als von anderen Wirtschaftsplänen *abgeleiteter* Plan die ständige Finanzgebarung des Betriebes zu überwachen hat. Bei der Aufstellung des laufenden Finanzplans, der im Einzelhandelsbetrieb gemäß seiner Kapitalstruktur eine vorherrschende Rolle spielt und daher eingehender behandelt werden soll, ist von mehreren Teilplänen, dem Absatzplan, dem Beschaffungs- und Lagerplan, sowie einem Aufwands- und Ertragsplan auszugehen. Auf die Technik dieser Teilpläne als Vorstufen des Finanzplans und ihre Schwierigkeiten kann nur insoweit eingegangen werden, als es die Notwendigkeit der klaren Übersicht erfordert, anderenfalls würde es der Aufgabe dieses Abschnittes, die laufende Finanzplanung im Einzelhandel zu behandeln, nicht gerecht werden.

Es muß hingegen in Anbetracht der Bedeutung dieser grundlegenden Teilplanungen kurz die Erörterung ihres Wesens und Zwecks folgen.

Als „primärer" und wichtigster Teilplan ist zunächst ein zuverlässiger Absatzplan im Einzelhandelsbetriebe aufzustellen, dessen Grundlage die genaue Bestimmung des gesamten Absatzes eines bevorstehenden Zeitabschnittes sein muß.

Der Absatzplan ist schon deshalb als Ausgangspunkt für die Finanzplanung des Einzelhandels zu wählen, weil der Absatz die Grundlage des betrieblichen Lebens ist und sich darauf alle anderen Vorgänge wie Beschaffung, Lagerung, Finanzierung aufbauen. Die Absatzplanung muß aus diesem Grunde, um zu zutreffenden Ergebnissen zu kommen, sehr vorsichtig und gewissenhaft erfolgen. Zur Durchführung dieser Planung ist zunächst die Höhe des Gesamtumsatzes des Einzelhandelsbetriebes während einer bestimmten Periode im voraus zu schätzen. Die Länge dieser Periode ist bei den einzelnen Branchen ganz verschieden. Eine allgemeine Norm läßt sich nicht festlegen. Bei saisonabhängigen Einzelhandelsbetrieben, wie z. B. im Textileinzelhandel, müßte der Umsatz für die Saison geplant werden. Einzelhandelsbetriebe, deren Umsatz den von außen kommenden dynamischen Schwankungen nur wenig unterliegt, wie beispielsweise der Lebensmitteleinzelhandel, planen üblicherweise auf ½ bis 1 Jahr voraus, um Planung und Buchhaltung möglichst aufeinander abzustimmen und somit gegenseitig Vergleiche ziehen zu können.

Auf die geschätzte, voraussichtliche Absatzentwicklung muß die Beschaffungs- und Lagerplanung aufgebaut und möglichst an jene angepaßt werden. Das gilt besonders für die Lagerplanung, die sowohl mit der Absatz- als auch mit der Beschaffungsplanung in engste Beziehung treten soll. Je besser das gelingt, desto geringer ist das Risiko der zeitlichen Überbrückung zwischen Beschaffung und Absatz der Waren durch die Lagerhaltung. Die Lösung dieser für die Finanzierung der Warenbewegung im Einzelhandelsbetrieb besonders wichtigen Aufgabe ist einerseits abhängig von der Genauigkeit der Vorausschätzung des durch Warenmenge und Sortiment bestimmten Gesamteinkaufs (Beschaffungsplanung). Andererseits gilt es, durch präzise Planung und Einhaltung des notwendigen Lagerbestandes diesen hinsichtlich der Menge und Zusammensetzung, d. h. Art, Qualität und Sortiment der während der zur Planung zu Grunde gelegten Geschäftsperiode zu führenden Waren abzustimmen auf den jeweils vorausgeschätzten Umsatz für diesen Zeitabschnitt (Lagerplanung). „Damit wandelt sich das Einkaufsprogramm mit der erforderlichen zeitlichen Verschiebung in ein Lagerprogramm."[48])

Die Lagerumschlagsgeschwindigkeit wie auch alle anderen Beziehungsgrößen zum Lagerbestand (Lager je beschäftigte Person, je Ver-

[48]) Lohmann: Der Wirtschaftsplan, S. 114.

kaufskraft, je Kunde) sind für die Aufstellung des Lagerplans als Hilfsfaktoren heranzuziehen.

Gegenüber der Beschaffungs- und Lagerplanung muß der Aufwandsplan, der einen zuverlässigen, den tatsächlichen Verhältnissen möglichst nahekommenden Überblick über die in einer bevorstehenden Geschäftsperiode voraussichtlich entstehenden Gesamtaufwendungen vermitteln soll, sowie der Ertragsplan, der den während der gleichen Periode zu erwartenden Gesamtertrag vorauszuschätzen hat, stehen. Der Aufwand ist nach der Art und der Stelle, an der er entsteht, aufzugliedern und in seinen Teilen zu erfassen. Ebenso muß der vorausgeschätzte Gesamtertrag je nach der Quelle zerlegt und diese einzeln ermittelt werden. Aufwands- und Ertragsplan sind die unmittelbaren Vorstufen des Finanzplans, dessen Aufstellung es nun dem Einzelhändler ermöglichen soll, durch die Vorausschätzung des geldmäßigen Niederschlags der gesamten Betriebsgebarung den zur Finanzierung des Betriebes notwendigen Kapitalbedarf innerhalb erträglicher Fehlerquellen im voraus zu ermitteln und gleichzeitig die beste Ausnutzung des im Betriebe investierten Kapitals zu gewährleisten.

Vom Ertrag und Aufwand müssen die Einnahmen und Ausgaben des Betriebes abgeleitet werden, indem geprüft wird, welche Erträge in einem bestimmten Zeitabschnitt zu Einnahmen und welche Aufwendungen zu Ausgaben führen werden.

Den Plan, der die für eine bestimmte Periode entstehenden Bareinnahmen und Barausgaben des Einzelhandelsbetriebes voraus ermittelt, bezeichnet man als Zahlungsplan. Die Einnahmen und Ausgaben des Betriebes sind darin aufeinander abzustimmen. Übersteigen die geplanten Ausgaben die vermutlichen Einnahmen des Einzelhandelsbetriebes in der bevorstehenden Periode, so daß ein Kredit aufgenommen werden müßte, damit die Liquidität des Betriebes erhalten bleibt und ergibt sich aus wiederholter Überprüfung der grundlegenden Teilpläne: Absatz- und Bereitstellungsplan, daß diese einer Abänderung nicht bedürfen, so muß ein Kreditplan aufgestellt werden, der eine Übersicht darüber zu geben hat, welche Quellen zur Deckung dieses Kreditbedarfes in Frage kommen, ob sie zuverlässig sind, die nötige Flüssigkeit besitzen und keine zu hohen Kosten verursachen.

Als Möglichkeiten, den Kapitalmangel auszugleichen, sind zu nennen:

Mit Hilfe eigener Mittel: u. a. durch Kündigung gewährter Darlehen, Verkauf von Effekten;

mit Hilfe fremder Mittel: Verlängerung der Lieferantenziele, Prolongation von Akzepten bzw. Diskontierung von Wechseln, Aufnahme eines Bankkredites usw.

Die Aufstellung eines laufenden Finanzplans gestaltet sich bei jedem Einzelhandelsbetrieb unter anderen Schwierigkeiten. Ziemlich einfach ist die Aufgabe zu lösen bei Einzelhandelsbetrieben mit Gegenständen des täglichen Bedarfs, wie z. B. Nahrungsmitteln, Drogen, die so gut wie gar nicht von dem schwankenden Kaufwillen der Verbraucher noch von der Konjunktur abhängig sind und deshalb einen permanenten, annähernd stetigen und daher leicht vorauszuschätzenden Absatz haben. Am schwersten läßt sich der Kapitalbedarf in denjenigen Einzelhandelsbetrieben planen, die mit Luxus- und Modeartikeln handeln.

Aus diesem Grunde ist es sehr schwer, auf die Finanzplanung, wie sie sich in der Praxis abspielt, näher einzugehen, denn mit den Veränderungsmöglichkeiten der Betriebe geht die Vielgestaltigkeit der Arten und Formen der Pläne parallel.

Als Abschluß des theoretischen Überblicks über die Vorgänge bei der Finanzplanung soll deshalb nur ein kurzes, schematisch ausgeführtes Beispiel aus dem Einzelhandel gegeben werden; es kommt uns darauf an, das Grundsätzliche zu erfassen! Betreffs der gesamten, beispielhaften Durchführung einer Finanzplanung muß auf die Spezialliteratur[49]) verwiesen werden.

Nach Beendigung der nötigen Vorarbeiten (Aufstellung der erwähnten Teilpläne) hat sich in einem Großbetrieb des Textileinzelhandels für den Monat April 1937 folgender Finanzplan ergeben:

Der Betrieb befindet sich am Anfang der Saison und muß zur Überwindung der folgenden Umsatzspitze sein Warenlager dementsprechend auffüllen, was die Aufnahme von Fremdkapital notwendig macht, welches in Form von Wechsel- und Bankkredit zur Verfügung steht:

---

[49]) Lohmann: Der Wirtschaftsplan, 2. Aufl. Leipzig 1930. Weiterhin Schmalenbach: Die Aufstellung von Finanzplänen. Leipzig 1931. Deutsch: Die finanzielle Führung der Handelsbetriebe. Leipzig 1936, S. 138 ff.

Finanzplan für April 1937.

April 1937		Einnahmen	Ausgaben Sa.	Ausgaben in bar	Kredit	Kredit Akzepte	Kredit Bank	Übersch.
1. Vortrag aus Vormonat		20 000,–						
2. Gesamtumsatz	600 000,–							
3. Kreditverkäufe	120 000,–							
4. Barverkauf		480 000,–						
5. Debitoreneingang		80 000,–						
6. Sondereinnahmen		15 000,–						
7. Warenrechnungen II. Kond. 398 000,– ./. 8 000,– 2%			390 000,–	250 000,–	140 000,–	130 000,–	10 000,–	
8. Kosten fixe			110 000,–	110 000,–				
9. Kosten proportionale			30 000,–	30 000,–				
10. Kosten einmalige / Steuer /			25 000,–	25 000,–				
11. Finanzanforderungen								
12. Akzepteinlagen			120 000,–	120 000,–				
13. Investierungen			10 000,–	10 000,–				
14. Zinsen / Amortisation			20 000,–	20 000,–				
15. Gewinnausschüttung			20 000,–	20 000,–				
16. Sonderausgaben und Reserve			10 000,–	10 000,–				
		595 000,–	735 000,–	595 000,–	140 000,–	130 000,–	10 000,–	

Zu 1. Bank- und Kassenbestände.
Zu 2. Geschätzt auf Grund der Zahlen des Vorjahres unter Berücksichtigung der konjunkturellen Entwicklung.
Zu 3. Kreditverkäufe errechnet wie bei 2.
Zu 5. Errechnet auf Grund des Abkommens mit der Kreditfinanzierungsgesellschaft (ABC.).
Zu 6. Einnahmen aus Beteiligungen.
Zu 7. Errechnet auf Grund des geschätzten Warenumsatzes (nach dem Warenlimit). Zahlung erfolgt auf Grund der Zahlungsbedingungen der Vorlieferanten.
Zu 8. z. B. Miete, Gehälter und Löhne des Stammpersonals usw.
Zu 9. Umsatzsteuer, Gehälter und Löhne der Aushilfskräfte, Beleuchtung usw.
Zu 10. Gewerbesteuer, Körperschaftssteuer usw.

Eine solche laufende Finanzplanung leistet dem Einzelhandelsbetrieb bei Kreditverhandlungen mit den Banken unschätzbare Dienste. Verglichen mit den vorangegangenen monatlichen Finanzplänen und gestützt auf deren Richtigkeit würde — falls sich für die Zukunft ein günstiges Bild ergibt — einem Betrieb daraufhin ohne jede anorganische Sicherheitsleistung ein Kontokorrentkredit eingeräumt werden.

C. Die Kapitalquellen und ihre Bedeutung für die Finanzierung des Einzelhandels.

1. Die Finanzierung durch Eigenkapital.

Nach der Darstellung des Kapitalbedarfes, der bei der Finanzierung des Einzelhandelsbetriebes entsteht, gilt es nun, die Kapitalquellen des Einzelhandels zu untersuchen.

Die Finanzierung des Einzelhandelsbetriebes kann erfolgen durch *Eigenkapital*, *Lieferantenkredit* sowie *Bank-* und sonstigem *Darlehnskredit*. Dementsprechend stehen sich Eigen- und Fremdkapitalquellen gegenüber. In der Untersuchung über den Kapitalbedarf wurde festgestellt, *daß für den Einzelhandel eine Inanspruchnahme der Fremdkapitalquellen unumgänglich und auch nützlich ist, doch darf dabei nicht vergessen werden, daß sich eine Aufnahme von Krediten nur auf der Grundlage von Eigenkapital vollziehen kann oder sollte.*

Stehen z. B. einem Betriebe so viel eigene Mittel zur Verfügung, daß er in der Lage ist, neben seinen Anlagen noch — unabhängig von den Lieferanten und Finanzierungsinstituten — seine Warenbeschaffung wie auch Kundenkreditgewährung zu finanzieren, so stellt die Finanzierung für ihn kein Problem dar, ist aber auch nicht immer der günstigste Fall, denn Eigenkapital ist Dauerkapital und eignet sich daher nicht für alle Zwecke. Es ist zwar nicht mit allgemeiner Gültigkeit festzustellen, welcher Teil des gesamten Kapitals Eigenkapital sein soll, aber es gibt gewisse Grundsätze, die nicht verletzt werden dürfen. Eigenkapital sollte der Einzelhandelsbetrieb vor allem zur Verfügung haben zur Finanzierung:

1. der Errichtung des Betriebes,
2. der Haltung eines „eisernen Bestandes" an Waren,
3. der laufenden Betriebsausgaben (Miete, Gehälter, Löhne).

Das hat verschiedene Gründe. Bei 1. und 2. erklärt es sich aus der Langfristigkeit der Kapitalinvestierung, zu der sich Eigenkapital immer am besten eignet und bei 3. ist ebenfalls restlos eigenes Kapital hinzuzuziehen, weil die Kosten des Handelsbetriebes zum größten Teil schon ent-

Die Struktur des Kapitalbedarfes und der Kapitalquellen bei [illegible]
mit und oh[illegible]

Einzelhandelszweig	Betr. gr. (Ums. gr. kl.) II[51]) III[52])	Vermögen bzw. Gesamtkapital in 1000 RM	Vermögensseite			
			Grundstücke und Gebäude	Sonst. Anl. d. Grdst. u. Geb.	Lager	Fo[illegible] ru[illegible]
			in % des Gesamtkapit[illegible]			
Kolonialwaren	II	11,8	63,7	8,9	21,4	[illegible]
	II	**4,3**	—	**24,4**	**59,1**	[illegible]
	III	22,5	53,3	6,2	29,7	[illegible]
	III	**10,5**	—	**13,3**	**63,5**	**1[illegible]**
Textilwaren aller Art	II	13,8	31,9	1,4	57,8	[illegible]
	II	**9,39**	—	**2,1**	**84,9**	[illegible]
	III	37,0	36,4	4,2	46,9	[illegible]
	III	**23,5**	—	**6,5**	**73,7**	**1[illegible]**
Wäsche	II	17,5	50,3	4,7	35,3	[illegible]
	II	**8,7**	—	**9,5**	**71,0**	[illegible]
	III	44,9	51,0	4,8	32,2	[illegible]
	III	**22,0**	—	**9,8**	**65,7**	**1[illegible]**
Schuhe	II	11,7	35,3	1,6	53,7	[illegible]
	II	**7,6**	—	**2,5**	**83,0**	[illegible]
	III	38,3	36,4	3,1	53,4	[illegible]
	III	**24,4**	—	**4,9**	**84,0**	[illegible]
Eisenwaren	II	19,4	52,1	4,5	38,3	[illegible]
	II	**9,3**	—	**9,4**	**79,8**	[illegible]
	III	40,5	45,3	6,5	37,7	[illegible]
	III	**22,1**	—	**11,9**	**68,9**	**1[illegible]**
Glas-, Porzellan- und Haushaltsgegenstände	II	25,3	47,3	9,7	34,1	[illegible]
	II	**13,3**	—	**18,3**	**64,8**	[illegible]
	III	46,4	46,2	7,2	38,2	[illegible]
	III	**25,0**	—	**13,4**	**71,0**	[illegible]
Nähmaschinen	II	17,0	40,0	5,0	15,2	3[illegible]
	II	**10,2**	—	**8,3**	**25,4**	**6[illegible]**
	III	44,4	39,0	3,5	14,5	4[illegible]
	III	**27,1**	—	**5,7**	**23,8**	**6[illegible]**
Drogen	II	15,5	57,8	12,6	28,1	[illegible]
	II	**6,53**	—	**29,9**	**66,7**	[illegible]
	III	32,4	48,6	8,1	32,5	[illegible]
	III	**16,6**	—	**15,7**	**63,2**	[illegible]
Uhren, Gold- u. Silberwaren	II	24,41	44,3	5,5	40,4	[illegible]
	II	**13,6**	—	**9,8**	**72,6**	**11[illegible]**
	III	76,3	41,0	5,7	42,3	[illegible]
	III	**45,0**	—	**9,6**	**71,7**	**1[illegible]**

[51]) 5001—20 000 RM Umsatz.

[52]) 20 000—50 000 RM Umsatz (nach den Umsätzen und den d[illegible] und mittlere Betriebe).

Die fetten Zahlen beziehen sich auf die Betriebe ohne [illegible]

handelsbetrieben kleiner und mittlerer Größe (Umsatzgröße)
enem Grundstück.

Kapitalseite									
Eigenkapital		Fremdkapital				Umsatz in 1000 RM	Umschlag des		Umschlag des Eigenkapitals
		langfristig		kurzfristig					
in 1000 RM	in % d. Ges. Kap.	in 1000 RM	in % d. Ges. Kap.	in 1000 RM	in % d. Ges. Kap.		Ges. Kapit.	Lager-Kapit.	
7,14	60,4	3,25	27,5	1,43	12,1	16,52	1,4	6,5	2.32
2,40	**56,0**	**0,46**	**10,7**	**1,43**	**33,3**	**16,52**	**3,85**	**6,5**	**6,9**
13,21	58,6	4 27	19,0	5,05	22,4	41,15	1,8	6,2	3,11
5,47	**52,0**	—	—	**5,05**	**48,0**	**41,15**	**3,9**	**6,2**	**7,52**
7,02	50,9	2,64	19,1	4,14	30,0	13,23	0,9	1,7	1,89
3,37	**35,9**	**1,88**	**20,0**	**4,14**	**44,1**	**13,23**	**1,4**	**1,7**	**3,92**
20,41	55.2	5,92	16,0	10,66	28,8	36,09	1,0	2,1	1,77
9,27	**39,4**	**3,61**	**15,3**	**10,66**	**45,3**	**41,15**	**1,5**	**2,1**	**4,44**
9,44	54,0	4,37	25.0	3,68	21.0	11,61	0,7	1,9	1,23
5,01	**57,7**	—	—	**3,68**	**42,3**	**11,61**	**1,3**	**1,9**	**2,32**
23,78	53,0	11,19	24,9	9,95	22,1	35,44	0.8	2,5	1,49
12,05	**54,8**	—	—	**9,95**	**45,2**	**35,44**	**1,6**	**2,5**	**2,94**
10,37	88,3	0,44	3,8	0,93	7,9	10.45	0,89	1,66	1,01
6,65	**87,7**	—	—	**0,93**	**12,3**	**10,45**	**1.4**	**1,66**	**1 57**
20,91	54,6	5,58	14,5	11,85	30,9	34,56	0.9	1,7	1,65
10,15	**41,6**	**2,39**	**9,8**	**11,85**	**48,6**	**34,56**	**1,42**	**1,7**	**3,40**
13,41	69,1	1,38	7,1	4,62	23,8	15,49	0,8	2,1	1,16
4.69	**50,4**	—	—	**4,62**	**49,6**	**15,49**	**1,7**	**2,1**	**3 30**
27,31	67,4	4,60	11,4	8,59	21,2	35,51	0,9	2,3	1,30
13,55	**61,2**	—	—	**8,59**	**38,8**	**35,51**	**1,6**	**2,3**	**2,62**
15,82	62,4	2,95	11,6	6 60	26,0	14,06	0,55	1,6	0,89
6,77	**50,6**	—	—	**6,60**	**49,4**	**14,06**	**1,05**	**1,6**	**2,08**
30,66	66,1	5,14	11,1	10,62	22,8	31,44	0,67	1,8	1,03
14,34	**57,5**	—	—	**10,62**	**42,5**	**31,44**	**1,3**	**1,8**	**2,19**
11,81	69,4	2,50	14,6	2,72	16,0	18.87	1,1	7,3	1,59
7,50	**73,4**	—	—	**2,72**	**26,6**	**18,87**	**1,85**	**7,3**	**2,50**
29,46	66,4	8,58	19,3	6,35	14,3	47,44	1,1	7,4	1,61
18,21	**67.3**	**2.52**	**9,3**	**6,35**	**23,4**	**47,44**	**1,75**	**7.4**	**2,61**
14,15	91,4	0,64	4,1	0,71	4.5	14.91	0,96	3,4	1,05
5,83	**89,2**	—	—	**0,71**	**10,8**	**14,91**	**2,3**	**3 4**	**2,56**
24,61	76,0	2.47	7,6	5,29	16.4	34,02	1,05	3.23	1,38
10,01	**60,2**	**1,35**	**8,1**	**5,29**	**31,7**	**34,02**	**2,04**	**3,23**	**3,4**
16,89	69,2	4,26	17,4	3.26	13.4	15,16	0,6	1,53	0,9
9,60	**70,6**	**0,73**	**5,4**	**3,26**	**24,0**	**15,16**	**1,1**	**1 53**	**1,58**
51,48	67,5	12,78	16,7	12,03	15,8	47,66	0,6	1,48	0.93
30,40	**67,5**	**2,59**	**5,8**	**12,03**	**26,7**	**47,66**	**1,06**	**1,48**	**1,57**

enötigten Kapitalien zu urteilen, handelt es sich durchweg um kleinere

es Grundstück.

stehen, um die Betriebsbereitschaft aufrecht zu erhalten, also auch dann vorhanden sind, wenn sehr wenig bzw. keine Umsätze getätigt werden. Im Falle einer Fremdfinanzierung brächte das die Gefahr mit sich, daß aufgenommene Kredite nicht abgedeckt werden können, da den Kosten keine genügende Betriebsleistung gegenübersteht. Der Einzelhändler braucht also nicht so viel Eigenkapital, um außerdem noch das ganze Lager und auch die ganzen Kundenkredite finanzieren zu können. Im Gegenteil, das würde sich — wie schon angedeutet wurde — in Branchen mit starken saisonmäßigen Schwankungen des Umsatzes und damit des Lagerbestandes ungünstig auswirken. In Branchen, wo diese saisonmäßigen Schwankungen nicht auftreten, eine Finanzierung nur mit Eigenkapital also möglich wäre, ist wiederum die Höhe der Umschlagsgeschwindigkeit des Lagers wie auch die Betriebsgröße von Einfluß. Es muß deshalb im folgenden unsere Aufgabe sein, festzustellen, welche durchschnittliche Höhe das Eigenkapital in den Einzelhandelsbetrieben der verschiedensten Branchen erreicht und inwieweit dabei die Faktoren:

1. Betriebsgröße,
2. Umschlagsgeschwindigkeit des Lagers,
3. Saisonabhängigkeit

eine Rolle spielen.

Dazu werden gleichsam als Zusammenfassung der bisher über die Finanzstruktur des Einzelhandels (Struktur des Kapitalbedarfes und der Kapitalquellen) erfolgten Untersuchungen an Hand von Ergebnissen aus der Praxis die absolute Höhe des Eigenkapitals als auch in % des Gesamtkapitals sowie das Verhältnis von Eigen- und Fremdkapital (kurz- und langfristiges) zueinander, die Beziehungen des Eigen- wie auch Gesamtkapitals zum Umsatz, dazu im Vergleich die des Lagerkapitals zum Umsatz und alle anderen bereits erkannten Finanzmerkmale in Form von Bilanzen für kleine und mittlere Einzelhandelsbetriebe der wichtigsten Branchen dargestellt werden, und zwar unterteilt nach dem für die Finanzierung des Einzelhandels so bedeutungsvollen Gesichtspunkt, ob der Betrieb ein eigenes Grundstück bzw. Gebäude besitzt oder sich in gemieteten Räumen befindet. (S. vorstehende Tabelle.[50]))

---

[50]) Statistisches Reichsamt, Richtzahlen zur Betriebsstruktur und Besteuerung im Einzelhandel und Handwerk (Teil I: Einzelhandel). Eine Sammlung von Richtzahlen. Berlin 1935, S. 22/23 ff. bzw. 28 (auszugsweise). Zur Methode der Erhebung: Die Bilanzsumme der Betriebe in gemieteten Räumen ist um den Wert des Betriebsgrundstücks (Grundstückteils) geringer als diejenige der Betriebe mit eigenem Grundstück. Das Eigenkapital unterscheidet sich von dem der Betriebe mit eigenem Grundstück durch den Unterschiedsbetrag von Grundstückswert und Grundstücksbelastung. Alle übrigen

Die Höhe des Eigenkapitals in % des Gesamtkapitals entwickelt sich mit der Betriebsgröße nicht in allen Branchen einheitlich, so daß dieser Faktor also nicht allein maßgebend sein kann für die Finanzierung durch eigene Mittel, sondern noch die Umschlagsgeschwindigkeit des Lagers beachtet werden muß. Es folgt der Nachweis der Beziehung zwischen Lagerumschlag und Verschuldung bei feststehender Betriebsgröße innerhalb einer aus obiger Tabelle herausgegriffenen Branche — dem Drogeneinzelhandel, in welchem die zuverlässigsten Ergebnisse in dieser Hinsicht erzielt worden sind.

Lagerumschlag und Verschuldung im Drogeneinzelhandel bei Betrieben gleicher Größe.[53])

Betriebsgröße: 3—7 beschäftigte Personen.[54])

	schuldenfreie Betriebe	alle Betriebe
Zahl der Betriebe	48	156
Lagerumschlag[55])	2,9	2,6

Posten der Bilanz der Betriebe in gemieteten Räumen entsprechen denjenigen der Betriebe mit eigenem Grundstück.

Bei den Zahlen, die zu jeder Betriebsgröße für den Umsatz und die übrigen erfaßten Betriebsmerkmale ermittelt wurden, handelt es sich um Durchschnittszahlen; sie geben nur ungefähre Größenordnungen wieder.

Eine wertvolle Ergänzung dazu stellt der nach Abschluß dieser Arbeit veröffentlichte Beitrag von Schulz dar über: „Die Vermögens- und Kapitalstruktur der Handelsbetriebe als Gegenstand der statistischen Forschung" in: Absatzforschung und Absatzpraxis in Deutschland. Schriftenreihe der FfH beim RKW. Neue Folge Nr. 2 1937, S. 97.

[53]) FfH-Mitteilungen 1932, Heft 7, S. 49. Die Spezialerhebung ist durch die FfH. zum 31. Dez. 1931 als Stichtag erfolgt. Es muß deshalb hinzugefügt werden, „daß es bei dieser einmaligen Erhebung, die auf einen Termin abgestellt war, selbstverständlich ist, daß den dadurch ermittelten Zahlen eine gewisse Problematik anhaftet; sie entbehren jedoch nicht einer symptomatischen Bedeutung, indem sie, wenn auch nicht in ihrer absoluten Höhe, so doch in der Tendenz ein zutreffendes Bild ergeben dürften". Das ist auch bei allen anderen Spezialuntersuchungen in Betracht zu ziehen!

[54]) Die Betriebe mit 3—7 beschäftigten Personen arbeiten verhältnismäßig am meisten mit Eigenkapital; sie sind — wie die FfH feststellt — aus innerbetrieblichen Gründen, also in bezug auf die Kosten, unter Einrechnung des Unternehmerlohns, die Personalleistung und den Lagerumschlag

Der Umschlagsgeschwindigkeit von 2,9 bei den schuldenfreien Betrieben steht die niedrigere von 2,6 aller Betriebe gegenüber.

Diese Spezialuntersuchung beweist die Bedeutung der Umschlagsgeschwindigkeit des Lagers für die Finanzierung des Einzelhandelsbetriebes. Sie zeigt uns, daß es den betreffenden Betrieben durch die höhere Umschlagsgeschwindigkeit möglich war, den Kapitalbedarf so niedrig zu halten, daß eine Kreditaufnahme nicht zu erfolgen brauchte, sondern sie diesen mit ihren eigenen Mitteln decken konnten. Noch deutlicher ersieht man das aus folgender Aufstellung, wo die Verschuldung der Betriebe, getrennt in Gruppen, je nach der Höhe der Umschlagsgeschwindigkeit festgestellt worden ist:

Geschäftsschulden bei einer Gruppierung der Betriebe nach dem Lagerumschlag.[56])

	alle Betriebe	Betriebe mit einem Lagerumschlag[57]) 1931		
		unter 2,5	von 2,5 bis 3,9	von 4.0 u. darüber
Zahl der Betriebe	199	94	65	27
Geschäftsschulden am 31. Dez. 1931 in % vom Umsatz im Jahre 1931	14,0	15,7	14.8	11,4

Mit steigender Umschlagsgeschwindigkeit von 2,5—4 sinkt die Verschuldung von 15,7 % auf 11,4 % des Umsatzes.

Es ergibt sich weiter aus der Darstellung der Vermögens- und Kapitalstruktur, daß das Eigenkapital bei den Betrieben mit eigenem Grundstück zwar absolut als auch prozentual größer ist als bei den Betrieben in gemieteten Räumen, jedoch sagt das noch nichts über das *wirklich im Betriebe* arbeitende Eigenkapital aus. Dazu ist folgende Rechnung nötig:

Eigenkapital — (Wert d. Betr. grst — langfr. Verschuldung) = Im Betr. arbeitendes Eigenkapital

---

im Drogeneinzelhandel am günstigsten gestellt und sind deshalb zu dieser Untersuchung herangezogen worden. Diese Drogerien mit 3—7 beschäftigten Personen dürften pro Jahr einen Umsatz von 30—100 000 RM tätigen.

55) Umsatz und Lagerbestand zu Einkaufspreisen berechnet.

56) FfH-Mitteilungen 1932, Heft 7, S. 49.

57) Umsatz und Lagerbestand zu Einkaufspreisen berechnet.

Für den Kolonialwareneinzelhandel durchgeführt, ergibt sich folgendes für die einzelnen Betriebsgrößen:[58])

Kolonialwaren	Betr. gr.[59])	Gesamtkapital der Betriebe mit eigenem Grundstück	Betr. grst. u. Gebäude	Eigenkapital	langf. Schuld (Hyp.)	Im Betriebe arbeitendes Eigenkapital			
						Betriebe mit eign. Grundstück		Betriebe ohne Grst. (vergleichsweise)	
						absolut	in % d. Gesamtkap.	absolut	in % d. Gesamtkap.
	II	11 822	7 533	7 140	3 252	2 859	24,2%	2 402	56%
	III	22 531	12 013	13 210	4 274	5 471	24,3%	5 471	52%
	IV	42 228	19 027	26 385	8 060	15 418	36,4%	14 417	62,1%
	V	106 548	46 965	64 047	22 122	39 204	36,8%	34 506	57,9%

Absolut gesehen ist das im Betriebe arbeitende Eigenkapital bei beiden Betriebstypen etwa gleich groß und in Prozent am Gesamtkapital gemessen überwiegt der Anteil in den Betrieben ohne eigenes Grundstück.

Den in Teil II A, S. 13 ff gemachten Ausführungen über die Ursachen des Kapitalbedarfs im Einzelhandelsbetrieb entsprechend, sind unter den Aktiven weiterhin die übrigen Merkmale des Kapitalbedarfs: die *sonstigen Anlagen*, das *Lager*, die *Forderungen* in v. H. des Gesamtkapitals des Betriebes in den „Bilanzen" zusammengefaßt worden, um einen besseren Überblick über die Anteile der einzelnen Formen des Kapitalbedarfs am Gesamtkapitalbedarf zu erhalten und daraufhin die kapitalmäßige Deckung genauer verfolgen zu können.

Die sonstigen Anlagen (Ladeneinrichtung ...) des Einzelhandelsbetriebes erfordern — wie aus den Zahlenangaben ersichtlich — zur Finanzierung keine großen Kapitalien. Die Höhe liegt bei Einzelhandelsbetrieben mit eigenem Grundstück unter 10 %, bei denen in gemieteten Räumen bei durchschnittlich 15 % des Gesamtkapitals. Es ist anzunehmen, daß die Finanzierung in beiden Fällen mit *Eigenkapital* erfolgt.

Das Lager des Einzelhandelsbetriebes, dessen Finanzierung einen Kapitalbedarf hervorruft, der in seiner Höhe — wie schon eingehend dargestellt — je nach der Abhängigkeit von vielerlei Faktoren

[58]) Auszug aus der Tabelle zu S. 59, ergänzt durch Zahlen aus: Stat. Reichsamt: a. a. O., S. 22/23 bzw. S. 28.

[59]) Betriebsgröße (Umsatzgrößenklasse) II 5 001— 20 000 RM
" " III 20 000— 50 000 RM
" " IV 50 000—100 000 RM
" " V 100 000—500 000 RM

stark schwankt, zeigt im obigen Zahlennachweis aus der Praxis dieselbe Tendenz auf! Der Anteil des Lagerbestandes am Gesamtkapital bewegt sich zwischen 20—40 % bzw. 60—80 % des Gesamtkapitals, je nachdem, ob ein Grundstück vorhanden ist oder nicht. Die Deckung dieses Kapitalbedarfs erfolgt aus eigenen und fremden Kapitalquellen. Nur eine der angeführten Branchen — der Nähmaschineneinzelhandel — hat weniger Kapital im Lager[60]) investiert — nur etwa 15 bzw. 25 % des Gesamtkapitals; dafür benötigt er zur Finanzierung der Forderungen 60—65 % des Gesamtkapitals, was er überwiegend aus eigenen Mitteln zu decken hat. Das ist ein sicherer Beweis dafür, welche Anspannung der Verkauf auf Kredit bei den Betrieben dieser Branche und allen anderen, die einer sehr elastischen Nachfrage gegenüberstehen (Eisenwaren-, Hausratseinzelhandel usw.), für die Kapitalquellen bedeutet. Um die Struktur der Kapitalwirtschaft verschiedener Einzelhandelszweige miteinander vergleichen zu können, ist in der Tabelle die Umschlagsziffer für das im Lager investierte Kapital gesondert hinzugefügt worden.

Neben diesen uns bezüglich seiner Wirkung auf die Höhe des Betriebskapitalbedarfes schon bekannten Lagerumschlag läßt sich noch ein aus der Beziehung des

$$\frac{\text{Umsatzes}}{\text{Kapital (Eigen-, Fremd- sowie Gesamtkapital)}}$$

sich ergebender Faktor — der Kapitalumschlag (Eigen-, Fremd- und Gesamtkapitalumschlag) stellen, der den Grad der Kapitalausnutzung wiedergibt. Je schneller sich das im Betriebe investierte Kapital in seiner Gesamtheit umschlägt, um so geringer ist die Kapitalintensität und damit der jeweilige Kapitalbedarf.

Gemäß der Bedeutung dieser Ziffer ist in obiger Übersicht sowohl der Umschlag des Eigen- wie auch Gesamtkapitals angeführt worden.

Allgemein läßt sich für das Verhältnis der beiden Finanzierungsmerkmale: Lagerkapital- und Gesamtkapitalumschlag schließen, daß sie je nach der Höhe des Anteils des Lagerkapitals am Gesamtkapital eine entgegengesetzte Entwicklungstendenz aufweisen, und zwar beide Faktoren sich um so mehr angleichen, je mehr der Anteil des zur Finanzierung des Lagers benötigten Kapitals wächst und sie um so mehr divergieren, je geringer dieser Anteil wird und die Kapitalien in größerem Umfange zur Finanzierung anderer Vermögensteile wie etwa vorhandener Grundstücke und Gebäude, sonstiger Anlagen, Forderungen usw. dienen.

---

[60]) Es handelt sich scheinbar um einen Einzelvertrieb von Nähmaschinen durch eine Fabrik, so daß nur die Vorführungsmaschinen und ein ganz geringes Lager vorhanden sind, welches von der Fabrik ständig ergänzt werden kann.

Ebenso wie der Lagerumschlag steigt in der Regel mit zunehmender Betriebsgröße auch der Kapitalumschlag und damit der Grad der Kapitalausnutzung im Betriebe.

Der Eigenkapitalumschlag, der anzeigt, wie intensiv das Eigenkapital im Betriebe ausgenutzt wird, verfolgt nicht in allen Fällen eine einheitliche Tendenz; es läßt sich auch ganz allgemein keine bestimmte Norm für das Verhältnis des Eigenkapitalumschlages zum Gesamtkapitalumschlag ableiten.

Es soll nun die Struktur der Kapitalwirtschaft verschiedener Einzelhandelszweige miteinander verglichen werden. Zu dieser Untersuchung sind in der Tabelle die Umschlagsziffern für das im Lager investierte Kapital und das zur Finanzierung des Betriebes dienende gesamte Kapital (Eigen- + Fremdkapital) als auch für das eigene Kapital besonders zu beachten.

Setzt man zwei Branchen, beispielsweise den Einzelhandel mit Textilwaren aller Art und den Drogeneinzelhandel der kleinen Betriebsgrößenklasse (Umsatzgröße 5001—20 000 RM) in Vergleich, so kommt man zu folgenden Aufschlüssen:

Der Einzelhandel mit Textilwaren aller Art benötigte zu einem Umsatz von 13 230 RM (13 230)[61]) ein Gesamtkapital von 13 800 RM (9390), welches sich nur zu 7020 RM (3370) aus Eigenkapital, d. s. **50,9** %, (35,9 %) des Gesamtkapitals und zu 6780 RM (6020) aus Fremdkapital zusammensetzte.

Die Finanzierung des Lagers nahm 57,8 % (84,9 %), die der Forderungen 4,8 % (7,0 %), der Grundstücke und Gebäude — falls vorhanden — 31,9 % und der sonstigen Anlagen 1,4 % (2,1 %) des Gesamtkapitals in Anspruch. Das im Lager investierte Kapital schlug sich unter diesen Umständen nur 1,7mal (1,7) und das im Betriebe arbeitende Gesamtkapital 0,9mal (1,4) um, während für den Umschlag des Eigenkapitals 1,89 (3,92) berechnet wurden. Der Textileinzelhandel hat bei den Betrieben ohne eigenes Grundstück einen Eigenkapitalumschlag von 3,92 und einen Lagerkapitalumschlag von 1,7 aufzuweisen, was bedeutet, daß sein im Betriebe investiertes Eigenkapital nur etwa die Hälfte des Lagerkapitalbedarfes erreicht!

Der Drogeneinzelhandel dagegen hat bei einem beträchtlichen Eigenkapital von 14 150 RM (5830), was allein 91,4 % (89,2) des Gesamtkapitals ausmacht, noch geringfügige fremde Mittel in Höhe von 1350 RM (700) aufgenommen und war dadurch in der Lage, mit einem Gesamtkapital von 15 500 RM (6530) einen durchschnittlichen Umsatz von 14 910 RM (14 910) durchzuführen. Seine Lagervorräte benötigten

[61]) Die Klammern enthalten immer die entsprechenden Zahlen der Betriebe ohne eigene Grundstücke — also in gemieteten Räumen!

zur Finanzierung nur 28,1 % (66,7 %), seine Forderungen 0,2 % (0,4 %), seine Grundstücke und Gebäude — falls vorhanden — 57,8 % und seine sonstigen Anlagen 12,6 % (29,9 %) des Gesamtkapitals.

Das Verhältnis zwischen Umsatz und Lager ist in dieser Branche weit günstiger als im Textileinzelhandel, woraus ein höherer Lagerumschlag von 3,4 (3,4) resultiert; der Gesamtkapitalumschlag beträgt hier 0,96 (2,3), ist also nur etwas höher, der Eigenkapitalumschlag mit 1,05 (2,56) dagegen weit niedriger als der des Textileinzelhandels.

Aus dieser Gegenüberstellung ist zu erkennen, daß trotz eines relativ günstigeren Lagerumschlages im Drogeheinzelhandel der Gesamtkapitalumschlag nicht nennenswert höher als der des Textileinzelhandels liegt. Diese niedrige Ziffer hat ihren Grund in den höheren Kapitalinvestitionen des Drogeneinzelhandels in Grundstücken und Gebäuden sowie sonstigen Anlagen, die die Kapitalintensität der Betriebe steigern. Deshalb ergeben die in Klammern hinzugefügten Zahlen für Einzelhandelsbetriebe ohne eigene Grundstücke und Gebäude für den Einzelhandel mit Drogen ein weit günstigeres Bild. In beiden Fällen jedoch — d. h. seien eigene Grundstücke und Gebäude vorhanden oder nicht — hat der Drogeneinzelhandel einen weit niedrigeren Eigenkapitalumschlag aufzuweisen als der Textileinzelhandel, woraus folgt, daß jener im Verhältnis bedeutend mehr Eigenkapital zur Finanzierung heranzieht als dieser. Zwischen dem Einzelhandel mit Textilien aller Art und dem Drogeneinzelhandel zeigen sich nicht nur Unterschiede bezüglich der Entwicklungstendenz des Anteils: Eigenkapital in % des Gesamtkapitals mit steigender Umsatzgröße und in der absoluten Höhe des Prozentsatzes in den gleichen Umsatzgrößenklassen (s. Tabelle zu S. 59), sondern es läßt sich — besonders in den Betrieben ohne eigene Grundstücke — ein sehr verschiedenartiges Verhältnis zwischen dem Wert der Lagervorräte und dem umlaufenden Eigenkapital in beiden Branchen feststellen!

Beim Textileinzelhandel übersteigt der Eigenkapitalumschlag mit 3,92mal den Lagerumschlag von 1,7 mehr als um das Doppelte, d. h. das Eigenkapital erreicht bei weitem nicht den Kapitalbedarf zur Finanzierung des Lagers — dazu war die Aufnahme von F r e m d k a p i t a l notwendig!

Im Drogeneinzelhandel ist das Verhältnis umgekehrt. Hier übersteigt das Eigenkapital den Lagerkapitalbedarf bzw. gleicht sich ihm an. Diese praktischen Ergebnisse bedeuten den Anknüpfungspunkt an die theoretischen Erörterungen über das zweckmäßigste Verhältnis zwischen Eigen- und Fremdkapital im Handelsbetriebe.

Es ergibt sich aus obigen Daten die Bestätigung der gegebenen Abgrenzung der Prinzhorn'schen Regeln, daß das Verhältnis zwischen dem Wert der Vorräte und dem umlaufenden eigenen Kapital besteht

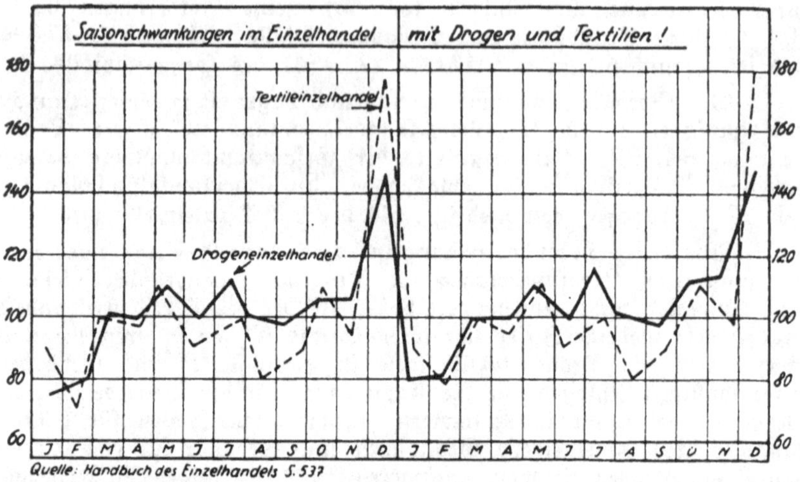

Quelle: Handbuch des Einzelhandels S. 537

und zusätzliche Mittel zur Vorbereitung der Saison und im Falle einer aufsteigenden Konjunktur in Frage kommen. Der Drogeneinzelhandel kann zur Finanzierung des Warenlagers in weit größerem Umfange Eigenkapital heranziehen als der Textileinzelhandel, weil der Grad der Saisonabhängigkeit bei der Drogenbranche ein weit geringerer ist als bei der Textilbranche. Der Drogeneinzelhandel ist — wie aus dem vorstehenden Diagramm ersichtlich — im Gegensatz zum Textileinzelhandel nur geringen Saisonschwankungen unterworfen, so daß der Lagerbestand im Laufe eines Jahres nur sehr wenig vom „eisernen Bestand“ abweicht, was eine Finanzierung allein mit Eigenkapital bzw. mit sehr geringer Aufnahme von Krediten sehr leicht möglich macht. Die einzige erhebliche Umsatzspitze liegt im Dezember, in der Zeit vor und nach dem Weihnachtsfest. Sie kehrt — wie aus dem Verlauf der Kurve zu erkennen ist — in jedem Jahr in gleicher Stärke immer wieder, und deshalb kann ein Betrieb der Drogenbranche, ohne die für den gegensätzlichen Handelszweig — den Textileinzelhandel — so notwendige dauernde Marktbeobachtung anzuwenden, sehr leicht eine dementsprechende Lagerdisposition betreiben, indem er nämlich die Beschaffung und Lagerhaltung möglichst an diese Umsatzspitze anzupassen versucht und dadurch den Kreditbedarf auf ein Minimum herabdrückt.

Ein großer Teil der Betriebe des Drogeneinzelhandels und ähnlich gestellter Branchen hat es dadurch erreicht, seine Finanzierung völlig unabhängig von einem fremden Kreditgeber nur mit eigenem Kapital durchzuführen und befindet sich infolgedessen in der günstigen Lage, die großen Vorteile in Form einer wesentlichen Verbilligung des Einkaufs, wie sie sich bei der Barzahlung der Lieferanten ergeben, voll ausnutzen zu können.

Den Einzelhandelsbetrieben aus der sehr saisonempfindlichen Textilbranche ist es, wie aus der Tabelle zu S. 59 gefolgert werden kann, nicht möglich, ihre Lager mit einem so hohen Anteil von Eigenkapital zu finanzieren, denn sie besitzen — laut Diagramm — einen sehr starken Umsatzrhythmus, der einen weit größeren Bedarf nach Fremdkapital zur Überbrückung der auftretenden Umsatzspitzen nach sich zieht. Es läßt sich daraus für alle Geschäftszweige verallgemeinern, daß je nach dem Grad der Saisonabhängigkeit, d. h. je nach der Abhängigkeit des Einzelhandelsbetriebes von außerbetrieblichen Absatzschwankungen der Anteil des Eigenkapitals am Gesamtkapital variiert.

Es kam in diesem Abschnitt über die „Finanzierung durch Eigenkapital" darauf an, mit Hilfe von Branchenuntersuchungen, deren Ergebnisse in Anbetracht der großen Zahl der daran beteiligten Betriebe für die einzelnen Handelszweige als typisch anzusehen sind, praktisch nachzuweisen, daß sich allgemeingültige Relationen zwischen Eigen- und Fremdkapital zur Finanzierung der Betriebe nur schwerlich aufstellen lassen, da der Anteil des Eigenkapitals am Gesamtkapital in den Betrieben überwiegend davon abhängt, in welchem Maße die Faktoren: Betriebsgröße, Höhe des Lagerumschlags wie auch vor allem die Saisonabhängigkeit den Kapitalbedarf des Betriebes beeinflussen.

Wie sich die Finanzierung vollziehen muß, wenn die Betriebe nicht in der günstigen Lage sind, dazu vorwiegend Eigenkapital heranzuziehen, die betreffenden Branchen vielmehr stark von der Saison abhängig sind und der einzelne Betrieb daher mehr oder weniger heftige Umsatzrhythmen zu berücksichtigen hat, wird nun zu betrachten sein.

2. Die Finanzierung durch Fremdkapital.

Nachdem der Kapitalbedarf des Einzelhandelsbetriebes, seine Ursachen, Abhängigkeiten wie auch die Möglichkeiten seiner Ermittlung dargestellt worden sind, und sich ergeben hat, daß teilweise die Notwendigkeit besteht, außer Eigenkapital als Kapitalquelle noch Fremdkapital zur Finanzierung hinzuzuziehen, muß im folgenden noch näher auf diesen Kreditbedarf eingegangen werden, denn erst wenn man seine Struktur kennt, ist es möglich, im weiteren von seiner Deckung zu sprechen!

Genau so wie der Kapitalbedarf bei den einzelnen Betriebsgrößen, -arten und Branchen ganz verschieden groß ist, sich aber für die Ursachen und Abhängigkeiten allgemein gültige Grundsätze aufstellen lassen, so kann man bei der Darstellung des Kreditbedarfes in derselben Weise verfahren, denn auch er äußert sich ganz verschieden, je nachdem wie sich Anlage- und Betriebskapital, Umsatz und Lagerbestand, Beschaffung und Absatz zueinander verhalten.

Es ist bei der Darstellung der Finanzierung des Betriebes besonders hervorgehoben worden, daß das zur Überwindung der Spannung zwischen Beschaffung und Absatz erforderliche Betriebskapital einem von der Absatzseite herrührenden starken Betriebsrhythmus angepaßt werden muß, was aber nur mit Hilfe von Krediten, seien es Saison- oder Konjunkturkredite, möglich ist.

Die Höhe dieses Kreditbedarfes hängt davon ab, in welchem Maße es dem einzelnen Betrieb möglich ist, die Beschaffung der Waren an den Absatz anzugleichen. Handelt es sich z. B. um einen Einzelhandelsbetrieb, der der Befriedigung des starren Bedarfs der Verbraucher dient, also einen stetigen Absatz besitzt, so ist er imstande, durch eine geeignete Lagerpolitik einen gleichbleibenden Betriebskapitalbedarf entstehen zu lassen und damit auf die Hereinnahme von Krediten fast vollkommen verzichten zu können. Ganz ohne Kredit wird auch er nicht auskommen können, denn oft müssen sogenannte „Partiekäufe" getätigt, d. h. besondere Gelegenheiten wahrgenommen werden, die außerhalb des Durchschnittslagers finanziert werden müssen. Auch ist er — besonders in wirtschaftlich schlechten Zeiten — nicht selten dazu gezwungen, die Waren an seine Kunden auf Kredit abzugeben, wodurch das Zurückfließen der Betriebsmittel verzögert wird und infolge Mangels an Betriebskapital ein zusätzlicher Kredit aufgenommen werden muß.

Dem kann man entgegenhalten, daß ein Betrieb Maßnahmen in bezug auf die Warendisposition zu ergreifen vermag, mit Hilfe derer er die Beschaffung von Waren vollkommen ohne zusätzliche fremde Mittel erwirken kann. Zu erwähnen wäre als Beispiel das Prinzip des „Hand-in-den-Mund-Kaufens", wobei Vorräte nur für sehr kurze Fristen (Tag oder Woche) gehalten werden, ein Reservelager nicht oder nur in ganz geringem Maße vorhanden ist, sondern diese Funktion ganz dem Lieferanten überlassen bleibt. In diesem Fall sind dann keine zusätzlichen Mittel erforderlich, wenn der Kunde sofort bezahlt, so daß der Einkauf von dem einkommenden Gelde getätigt werden kann. Bei Waren, die immer in einem gewissen Sortiment gehalten werden müssen, ist dieses Prinzip nicht zu verwirklichen. Es gibt noch andere Möglichkeiten, durch eine geeignete Warendisposition auf die Zuhilfenahme von zusätzlichen fremden Mitteln verzichten zu können, die auch von Betrieben mit Lagerhaltung angewendet werden können; zu erwähnen ist die Methode der Abnahme der bestellten Ware nach Belieben oder der Verkauf auf Kommission — also ein Lager auf Rechnung des Lieferanten zu halten; aber das sind Methoden, die, wie gesagt, nur vereinzelt im Einzelhandel Eingang gefunden haben, obwohl sie durchaus ein Weg sind, von dem fremden Geldgeber unabhängiger zu werden.

Im allgemeinen aber sind alle die Einzelhandelsbetriebe, deren Warenkreis einem elastischen Bedarf gegenübersteht, auf die Inanspruchnahme von Krediten angewiesen und das um so mehr, je umfangreicher der betreffende Betrieb den kreditweisen Verkauf pflegt. Soweit der Kreditbedarf des Einzelhandels als Ganzes.

Nun soll seine Struktur betrachtet werden! Die Ursachen des Kapitalbedarfes sind maßgeblich für die Art und Fristigkeit des benötigten Kredites. Danach müssen wir hinsichtlich der Verwendung des Kredites: Anlage- und Betriebskredit unterscheiden. Nach dem wichtigen Grundsatz, daß die Finanzierungsfristen der Kapitalverwendung entsprechen müssen, daß also das Finanzierungskapital stets so lange zur Verfügung stehen muß, wie die Investierung dauert, dürfen für die Finanzierung der Anlagen — falls Eigenkapital, welches sich dazu am besten eignet, gar nicht oder nicht in ausreichendem Maße zur Verfügung steht — Kredite nur dann benutzt werden, wenn sie dem Einzelhandelsbetriebe so lange gewährt werden, wie die Investierungsdauer beträgt, d. h. solange, bis die planmäßigen Abschreibungen beendet sind. Jeder aufgenommene Kredit, der kürzer befristet ist, bedeutet für die Finanzierung der Anlagen immer eine Gefahr, besonders dann, wenn er nach Ablauf der Frist ohne vorherige Tilgung in einer Summe zurückgezahlt werden muß und nicht sofort ein neuer in Aussicht steht. Ebenso muß der Einzelhändler darauf achten, daß die langfristige Investierung des Fremdkapitals nicht unter zu hohen Kosten erfolgt, denn diese mindern die Rentabilität des Betriebskapitals, welches das Anlagekapital verzinsen muß, herab.

Die Aufnahme von langfristigen Krediten erfolgt im Einzelhandel in verschiedenen Formen. Zu erwähnen ist zunächst der Hypothekarkredit. Obwohl in den kleinen und mittleren Einzelhandelsbetrieben das Vorhandensein von eigenen Grundstücken oder Gebäuden nicht unbedingte Notwendigkeit ist, ist es doch, wenn es der Fall ist, von äußerstem Vorteil für den betreffenden Betrieb, denn dann ist er in der Lage, eine Hypothek aufnehmen zu können, die ihm langfristige Mittel einbringt und die dann entweder zur Finanzierung der Anlagen oder aber auch des Betriebes benutzt werden können. Man findet dieses in gewissen Branchen des Einzelhandels häufiger, als man im allgemeinen annimmt, vor. 1931 befanden sich im eigenen Hause:[92]) (wobei allerdings nicht festzustellen ist, in welchem Umfange daran die mittleren und kleinen Einzelhandelsbetriebe Anteil haben)

im Drogeneinzelhandel	etwa	34 %	aller	Betriebe
Uhren, Gold- und Silberwaren	„	41 %	„	„
Glas-, Porzellanwaren, Hausrat	„	61 %	„	„
Eisenwaren	„	52 %	„	„
Textilwaren	„	60 %	„	„ .

Doch da das Vorhandensein von Grundbesitz besonders für die mittleren und kleinen Einzelhandelsbetriebe nicht unbedingte Voraussetzung ist, müssen noch andere Kreditformen in Betracht gezogen werden, die auch ohne eine solche dingliche Sicherung dem Einzelhandel eine Kreditaufnahme ermöglichen. Eine andere Form ist z. B. das Darlehen, welches für die mittelständischen Einzelhandelsbetriebe, die infolge ihrer ungünstigen Unternehmungsformen und geringen Größe nicht an den offenen Kapitalmarkt herantreten können, einen Ersatz darstellt, um ihren langfristigen Kreditbedarf zu decken. Je nach der Sicherung kann man das Darlehen gegen Schuldschein (ohne oder mit Bürgschaft), gegen Verpfändung von Wertpapieren, Sparbüchern, Buchforderungen sowie gegen Sicherungsübereignung des Warenlagers unterscheiden. Doch auch Kredite in dieser Form stehen infolge Mangels der angegebenen Sicherheiten nicht jedem Einzelhandelsbetrieb zur Verfügung und wenn, dann oft in zu geringem Umfange, deshalb sind die mittelständischen Einzelhandelsbetriebe nicht selten gezwungen, auf die für sie gefährliche Finanzierungsmethode zurückzugreifen und den langfristigen Kreditbedarf durch Aneinanderreihung von kurzfristigen Krediten — seien es Lieferanten- oder Geldmarktkredite — zu finanzieren. Diese Kreditformen sollen aber bei ihrer Kurzfristigkeit nur zur Deckung des hauptsächlichen und stärksten Kreditbedarfes des Einzelhandelsbetriebes, nämlich für die Finanzierung des Warenlagers (mit Ausnahme des „eisernen Bestandes") wie auch der Finanzierung des Absatzes herangezogen werden.

Unter den kurzfristigen Krediten steht dem Einzelhandelsbetrieb der Lieferantenkredit zur Verfügung. Dabei gilt der Satz: Je kleiner der Betrieb ist, um so bedeutungsvoller wird der Lieferantenkredit als Mittel der Finanzierung. Weiterhin kann der bankmäßige Kurzkredit in seinen — je nach der Deckung — verschiedenen Formen auf-

[92]) FfH-Mitteilungen 1932 Nr. 3, S. 16; eine Übertragung dieser Zahlen auf die Verhältnisse aller Betriebe in den betreffenden Handelszweigen erscheint nicht ohne weiteres angängig, da bei der Auswahl der für die Statistik berichtenden Betriebe die Frage des Eigenhausbesitzes nicht besonders berücksichtigt wurde.

genommen werden. Beide dürfen zur Investition in Betriebsmittel, die rasch umlaufen, ohne weiteres Verwendung finden. Was den kurzfristigen Bankkredit betrifft, so ist es dem Einzelhändler oft nicht möglich, den Anforderungen der Banken hinsichtlich der Leistung von dinglichen Sicherheiten nachzukommen.

Der Art nach müssen diese an den Einzelhandel gegebenen kurzfristigen Kredite daher reine Personalkredite (Blankokredite) sein.

Der Kreditgeber hat die Sicherheit für seinen Kredit mehr in den Qualitäten des Einzelhändlers zu suchen, in seinem Charakter und seiner Tüchtigkeit, gestützt in erster Linie auf Aufzeichnungen über die Rentabilitäts- und Liquiditätsverhältnisse des betreffenden Einzelhandelsbetriebes, die sein Vertrauen rechtfertigen, und nicht in toten Sachwerten.

Ob die Praxis in dieser Weise verfährt, ist eine Frage, auf die bei der Betrachtung der einzelnen Fremdkapitalquellen im Anschluß eingehender zurückzukommen sein wird. Verfolgen wir nun, welche Bedeutung die einzelnen Fremdkapitalquellen in bezug auf die Finanzierung des Einzelhandels besitzen.

a) Finanzierung durch die Lieferanten (Großhandel und Industrie).

Bei der Darstellung des Kapitalbedarfes im Einzelhandel ergab sich, daß zumeist eine Zuhilfenahme von Krediten zur Finanzierung notwendig und nützlich ist. Es muß daher, um den verschiedenartigen Kreditbedürfnissen gerecht zu werden, auf die ihnen angepaßten Formen der Kreditversorgung eingegangen werden.

Es gibt für den Einzelhandel zunächst die Möglichkeit, diesen Betriebskreditbedarf innerhalb der Warenkette zu decken, d. h. die Lieferanten: Großhandel und Industrie als Kreditquelle zu benutzen.

Während vor dem Kriege der Großhandel in weitem Umfang Lagerhalter und Finanzier des Einzelhändlers war, trat in diesem Verhältnis infolge einschneidender Ereignisse, Krieg und Inflation, eine Veränderung ein, bedingt durch die großen Kapitalverluste auf seiten des Großhandels in dieser Zeit, die es ihm vielfach unmöglich machte, dem Einzelhandel in seiner Kreditnot zu helfen. Diese zeitweilige Ausschaltung des Großhandels brachte eine starke Intensivierung der direkten Beziehungen zwischen Industrie und Einzelhandel mit sich. Auch glaubte der Einzelhandel, durch eine Änderung der Einkaufsmethoden seine Einkaufspreise senken zu können und mittels des direkten Bezuges der Waren — z. T. durchgeführt von zu diesem Zwecke neu geschaffenen Einkaufsgenossenschaften, die auch gleichzeitig die Finanzierungsfunktion übernahmen — seine Kapitalbeanspruchung durch Fortfall eines Teils der

Großhandelsspanne verringern zu können. Doch das erforderte zumeist eine erhöhte Lagerhaltung beim Einzelhandel, denn der direkte Einkauf der Waren bei der Industrie mußte in größeren Mengen erfolgen; ebenso wurde der Einzelhändler gezwungen, da die industriellen Lieferanten nicht so lange Zahlungsziele wie der Großhandel gewährten, mehr Kapitalaufwendungen zu machen, so daß es meist sehr fraglich erschien, ob die Vorteile des billigeren Einkaufspreises größer waren als die sich daraus ergebenden Nachteile. Doch nach der Überwindung der schwersten Krisen 1930—32 verbesserte der Großhandel wiederum seine Stellung als Lieferant und Gläubiger des Einzelhandels. Der Großhandel erwies sich scheinbar als so unentbehrlich in der Funktion, Finanzier des Einzelhändlers zu sein, daß eine Ausschaltung auf die Dauer nicht möglich war. Mit zunehmender Stärkung der Kapitalkraft des Großhandels trat dann bald eine Verlängerung der dem Einzelhandel gewährten Zahlungsziele ein.

Soweit einleitend eine Gegenüberstellung der Lieferanten, Großhandel und Industrie, als Kreditversorger des Einzelhandels.

Es gilt nun, die Bedeutung des Lieferantenkredites für den Einzelhandel klarzustellen, d. h. seine Struktur, seinen natürlichen Finanzierungszweck zu betrachten, die herausgebildeten Maßstäbe für den Kapitalbedarf auf das im Einzelfall, im einzelnen Betrieb vorhandene Ausmaß des Bedarfes an Lieferantenkrediten und für die Beurteilung der Sicherheit dieser Kredite anzuwenden, wie auch seine Kosten und seinen Umfang zu untersuchen. Das besondere Problem der Ablösung der Lieferantenkredite durch Bankkredite wird erst folgen, nachdem alle Fremdkapitalquellen des Einzelhandels, d. h. auch die Finanzierung durch die Kreditinstitute, behandelt worden sind.

aa) Arten und Formen der Lieferantenkredite.

Der Kredit, den die Lieferanten dem Einzelhandel gewähren, ist der Art der Sicherstellung nach entweder ein reiner Personalkredit — in Form des ungedeckten Kontokorrentkredites — d. h. der Lieferant baut — unter Verzicht auf eine dingliche Sicherung — fast ausschließlich auf dem Menschen selbst, d. h. auf dem Vertrauen auf, das er der Persönlichkeit, dem Charakter und der Tüchtigkeit des Einzelhändlers als Kreditnehmer entgegenbringt (Personalkredit im engeren Sinne) oder ein Personalkredit im weiteren Sinne, d. h. mit Zusatzsicherungen für den Lieferanten wie z. B. Eigentumsvorbehalt an den gelieferten Waren oder das Akzept des Einzelhändlers. Während in der Vorkriegszeit alle dem Einzelhändler gewährten Lieferantenkredite reine Personalkredite waren, also ohne besondere Deckung gewährt wurden, hat sich das in der Nachkriegszeit infolge des wirtschaftlichen Niederganges sehr verändert. Es mußte der Großhandel zwecks Sicherung gegen zu starke Ausfälle dazu übergehen, für die auf Kredit gekauften Waren Sicherheiten zu verlangen, d. h. entweder die Ware auf Eigentumsvorbehalt oder nur gegen sonstige Pfandstellung zu liefern. Auch ist der Großhandel in der Nachkriegszeit häufig dazu gezwungen worden, infolge Fehlens der nötigen Kapitalkraft, auf den Einzelhändler einen Wechsel zu ziehen, um sich seinerseits bei einer Bank refinanzieren zu können. In welchem Maße der Lieferantenkredit heute Wechselkredit ist, wird erst bei der Behandlung des Umfanges der Lieferantenkredite zu untersuchen sein.

Nach der Art der Übertragung ist der Lieferantenkredit ein Stundungskredit, d. h. der Einzelhändler gelangt nicht in den Besitz von Zahlungsmitteln, um eine bestimmte Verpflichtung abzugelten, sondern er schiebt die Zahlungsverpflichtung für die Waren gegenüber dem Lieferanten hinaus.

Über die Fristigkeit des Lieferantenkredites läßt sich generell nichts aussagen. Dafür sind die Verhältnisse in jeder einzelnen Branche maßgebend. Für den einzelnen Betrieb gesehen, richtet sich die Fristigkeit wiederum nach der Zeitspanne zwischen den Wareneingängen und den Eingängen der Zahlungen für den Verkauf der Waren, für deren Überbrückung der Lieferantenkredit genommen wird.

Das bedeutet also, daß die Zahlungsfristen festgelegt werden müssen nach den Absatzterminen und der Umschlagsgeschwindigkeit des Lagers, woraus bei der Gewährung von Krediten sich für den Lieferanten die Aufgabe ergibt, diese Faktoren für den betreffenden Einzelhandelsbetrieb zu ermitteln, um danach die Zahlungsfristen zu bestimmen. Wenn diese Feststellung auch oft nur sehr schwer möglich ist, so muß die Zahlungsfrist, die der Lieferant dem Einzelhändler stellt, doch wenigstens ungefähr der Lagerdauer der Waren angepaßt sein. Das natürliche Bestreben der Lieferanten in der Praxis ist es, durch Skontogewährung oder genaue Festlegung der Zahlungsfrist seine Kredite an den Einzelhändler so kurzfristig wie möglich zu gestalten; aber um sich ihre Abnehmer zu erhalten, müssen sie nicht selten die Kreditfristen verlängern, was besonders bei denjenigen Einzelhandelsbetrieben geschieht, die nur sehr wenig eigenes Betriebskapital besitzen, bzw. zu anderen Kreditquellen nicht in Beziehung treten können. Selbstverständlich versucht der Einzelhändler seinerseits nach Möglichkeit die ihm gewährte Zahlungsfrist einzuhalten, um nicht durch stärkere Inanspruchnahme von Krediten zu sehr in Abhängigkeit vom Lieferanten zu kommen; das kann nämlich in Zeiten sinkender Konjunktur schwere Nachteile für ihn haben.

Der Lieferantenkredit ist also im allgemeinen ein kurzfristiger Kredit, wenn auch teilweise die Tendenz besteht, aus ihm einen langfristigen — als Beteiligungskredit anzusprechenden — Kredit werden zu lassen.

bb) Der natürliche Finanzierungszweck des Lieferantenkredites.

Der Lieferantenkredit wird hauptsächlich zur Finanzierung von Teilen des Warenlagers wie auch der Kreditgewährung an die Kunden benutzt. Das hat folgende Gründe:

Wie bei der Untersuchung der Abhängigkeit des Kapitalbedarfes von verschiedenen Faktoren bereits ausgeführt wurde, ergeben sich bei allen saison- und konjunkturabhängigen Betrieben — je nachdem, ob sie stark oder schwach von diesen rhythmischen Schwankungen innerhalb der Bedarfsbefriedigung der Käuferschaft abhängig sind — mehr oder weniger große Umsatzspitzen. Um sich diesen durch die Bedarfsschwankungen hervorgerufenen Umsatzspitzen anzupassen, muß die Beschaffung und Lagerung der Waren im gleichen Rhythmus wie diese Schwankungen verlaufen. Das erfordert zur Finanzierung verschieden große Kapitalien. Eigenkapital dazu heranzuziehen ist nicht vorteilhaft, meist ist es auch nicht in einem solchen Ausmaß vorhanden. Daraus folgt, daß der zusätzliche Kapitalbedarf sich in seinem Wesen mit einem Kreditbedarf deckt, dessen Finanzierung innerhalb der Warenkette durchgeführt werden kann, d. h. durch Aufnahme von kurzfristigen Lieferantenkrediten, deren natürliche Aufgabe es ist, diese Umsatzspitzen zu überwinden. Durch den Lieferantenkredit wird die vollkommene oder teilweise Überbrückung der Spanne vom Zeitpunkt der Einlagerung der gekauften Ware bis zum Zeitpunkt der Einnahme des Gegenwertes gewährleistet. Niemals darf also das gesamte Warenlager durch diese kurzfristigen Lieferantenkredite finanziert werden, sondern immer nur Teile.

Die andere Aufgabe ergibt sich für den Lieferantenkredit in der Finanzierung der Kreditgewährung an die Kundschaft in unorganisierter Form (des sogenannten Ankreidegeschäftes); er wird zu diesem Zwecke immer dann dienen müssen, wenn dem betreffenden Einzelhandelsbetriebe kein oder nicht genügend Eigenkapital zur Verfügung steht und andere Kreditquellen (z. B. Kreditinstitute) nicht in Anspruch genommen werden können. Im Falle der Inanspruchnahme von Lieferantenkrediten für die Kundenkreditgewährung in unorganisierter Form muß ganz besonders darauf geachtet werden, daß die Kreditfristen im Einklang mit den beim Absatz an die Kunden gewährten stehen, da anderenfalls schwere Störungen im Betriebsablauf auftreten, die sich besonders dann stark auswirken, wenn keine anderen Kapitalquellen als Aushilfe zur Verfügung stehen. Welche Rolle spielt nun der Lieferantenkredit bei der Finanzierung der Kundenkreditgewährung in *organisierter* Form? Um das festzustellen, ist ein Vergleich mit einem gegen bar verkaufenden Geschäft notwendig!

Beim Nur-Barzahlungsgeschäft ist es so, daß dieses die Ware vom Lieferanten gegen Ziel hereinnimmt und nun versucht, diese Ware, wenn möglich, innerhalb dieser Frist wieder abzusetzen. Gelingt dem Einzelhändler dieses, so kann er den Lieferanten ohne Inanspruchnahme eigener oder sonstiger fremder Mittel befriedigen (und vielleicht bei besonders raschem Lagerumschlag noch einen kleinen Zinsgewinn erzielen, der aus der Zeitspanne zwischen Verkauf an den Kunden und Bezahlung an den Lieferanten [Akzepteinlösung] entsteht).

Bei einem auf Teilzahlung verkaufenden, d. h. in organisierter Form an die Kunden Kredit gewährenden Geschäft liegen die Verhältnisse insofern anders, als dieses über die Lagerhaltung hinaus mit einem viel späteren Eingang seiner Gelder rechnen muß. Das macht den zeitlichen Ausgleich zwischen der Kreditgewährung seitens des Lieferanten an den Einzelhändler und der Kreditgewährung des Einzelhändlers an den Kunden beim Verkauf auf Teilzahlung fast unmöglich. Folglich kann beim Teilzahlungsgeschäft, da die dem Kunden gewährte Kreditfrist sich meist über 12—24 Monate erstreckt, ehe der ganze Gegenwert der Ware zurückgeflossen ist, der Lieferantenkredit jedoch normalerweise nur auf drei Monate gegeben wird, dieser hier neben anderen Quellen — seien es eigene oder andere fremde, z. B. spezielle Finanzierungsinstitute — nur teilweise entlastend wirken, also nur als *zusätzlicher* Kredit eine Rolle spielen.

Es sind die beiden natürlichen Aufgaben des Lieferantenkredites, Teile des Lagers, wie auch ganz oder teilweise die Kreditgewährung an die Kunden zu finanzieren. Es ist die Frage, ob der Einzelhändler mit dem Lieferantenkredit auch andere, z. B. inner- und außerbetriebliche Finanzierungszwecke verfolgen kann. Dann müßte er entweder dazu übergehen, seine Einkäufe in größerem Umfange auf Kredit zu tätigen oder der Lieferant müßte die Zahlungsziele verlängern. Das letztere kommt selten vor und geschieht nur gezwungenermaßen.

Ist es ausnahmsweise der Fall, so bedeutet es besonders für den Einzelhändler eine große Gefahr, die Mittel, die ihm infolge des Übergangs zur langsameren Bezahlung der Rechnungen zur Verfügung stehen, langfristig zu investieren, beispielsweise sie dazu zu benützen, den Betrieb zu erweitern, besser auszustatten oder Grundbesitz zu erwerben, denn damit würde er sich in eine zu sehr vom Lieferanten abhängige Lage begeben, was sich sehr nachteilig auswirken kann.

Eine übermäßige Aufnahme von Lieferantenkrediten hat andererseits starke Nachteile, die von der Kostenseite herrühren; doch darauf wird an anderer Stelle eingehender zurückzukommen sein.

Vom Lieferanten aus gesehen ergibt sich dadurch für diesen eine Ungewißheit über die tatsächliche Finanzierungsaufgabe seiner dem Einzelhandel gegebenen Kredite, wozu noch der Umstand hinzutritt, daß er das zweckmäßige Ausmaß und die Sicherheit seiner Kredite meist nicht durch dingliche Sicherheiten zu decken vermag. Es lassen sich aber trotzdem Anhaltspunkte herausstellen, die es dem Lieferanten ermöglichen, festzustellen, ob das Kreditbedürfnis des Einzelhandelsbetriebes gerechtfertigt ist und die Kreditinanspruchnahme sich in einem gesunden Ausmaß vollzieht.

cc) Die hauptsächlichsten Maßstäbe für die Feststellung des Bedarfs an Lieferantenkredit.

In den verschiedenen Einzelhandelsbranchen herrscht ein je nach der Saisonabhängigkeit verschieden großer Bedarf an Lieferantenkrediten vor. Setzt man jedoch voraus, daß der Lieferantenkredit — wie es der Fall sein sollte — nur zur Finanzierung von Teilen des Warenlagers und der Kreditgewährung an die Kundschaft dient, so lassen sich als Anhaltspunkte für das vorhandene Kreditbedürfnis und das Ausmaß gesunder Kreditinanspruchnahme des Einzelhandelsbetriebes einige für alle Branchen gültige Maßstäbe herausstellen. Diese Maßstäbe sind: der Lagerumschlag und der Anteil des Kreditumsatzes am Gesamtumsatz des Betriebes.

Die große Bedeutung der Umschlagsgeschwindigkeit des Lagers für den Betriebskapitalbedarf im Einzelhandel ist bereits hervorgehoben worden. Es wurde nachgewiesen, daß die einzelnen Branchen des Einzelhandels eine ganz verschieden große Umschlagsgeschwindigkeit des Lagers besitzen (s. Tabelle zu S. 24). Ganz allgemein ist aus diesen Zahlen zu folgern, daß der abweichende Lagerumschlag in den einzelnen Branchen einen ganz verschieden starken Bedarf an Betriebskapital und damit Lieferantenkredit nach sich zieht. Untersucht man dazu eine einzelne Branche in bezug auf die Abhängigkeit des Bedarfes an Lieferantenkrediten von der Umschlagsgeschwindigkeit des Lagers, so kommt man zu genaueren Aufschlüssen. Zu dieser Untersuchung wurde wiederum der Drogeneinzelhandel herangezogen, da bei der großen Schwierigkeit, von den einzelnen Branchen entsprechende Angaben zwecks Auswertung zu erhalten, sich von der Drogenbranche noch am meisten Betriebe an den Erhebungen beteiligten, so daß dadurch eine Auswertung möglich wurde. An Hand der folgenden Übersicht soll die Abhängigkeit der Verschuldung an die Lieferanten vom Lagerumschlag zahlenmäßig bewiesen werden:

Lieferantenschulden und Lagerumschlag im Drogeneinzelhandel.[63])

Lagerumschlag 1932[64])	Zahl der schuldenfreien Betriebe	Lieferantenschulden Ende 1932 in % vom Umsatz 1932	Lieferantenschulden Ende 1932 in % vom Lagerbestand Ende 1932
Gruppe I bis 2,1	13 von 48 (27 %)	6,5	17
„ II 2,2—3,8	16 „ 41 (39 %)	10	40
„ III über 3,8	8 „ 18 (44 %)	6,1	45

In dieser Tabelle sind die einzelnen Betriebe nach der Umschlagsgeschwindigkeit ihres Lagers gruppiert worden. Man ersieht daraus, wie verschieden groß die Verschuldung auch innerhalb der einzelnen Branche, je nach der Umschlagsgeschwindigkeit des Lagers ist. Von den Betrieben, die ihr Lager nur annähernd 1—2mal umschlagen (Gruppe I), sind prozentual viel weniger — nur 27 % — imstande, ohne Lieferantenkredite auszukommen, als von denjenigen, die einen 2—4maligen Lagerumschlag besitzen (Gruppe II), wo fast ⅕ aller Betriebe ohne Lieferantenkredite auskommen. Das steigert sich dann immer weiter, bis bei einem Lagerumschlag von über 3,8 schon fast die Hälfte aller Betriebe auf die Inanspruchnahme von Lieferantenkrediten verzichten kann. Daraus folgt:

Je mehr die Umschlagsgeschwindigkeit des Lagers zunimmt, um so höher stellt sich der Anteil der ohne Lieferantenkredit arbeitenden Betriebe.

Doch das ist nicht das allein Nachzuweisende. Viel wichtiger ist es, den Umfang des Bedarfes nach Lieferantenkrediten und seine Abhängigkeit von der Umschlagsgeschwindigkeit des Lagers bei denjenigen Betrieben zu betrachten, die überhaupt mit Lieferantenkrediten arbeiten.

Bezogen auf den Jahresumsatz ergibt sich, daß die Betriebe mit dem niedrigsten und dem höchsten Lagerumschlag ungefähr 6 % des Jahresumsatzes mit Lieferantenkrediten finanzierten, während dieser Anteil bei den Betrieben mit dem mittleren Lagerumschlag 10 % betrug. Am Umsatz allein kann also der Einfluß der Umschlagsgeschwindigkeit des Lagers auf den Bedarf an Lieferantenkrediten nicht gemessen werden. Bezieht man dagegen die Lieferantenkredite auf den Umsatz und das Warenlager zugleich, so ergibt sich ein klareres Bild. Während

[63]) FfH-Mitteilungen, 1933, Heft 7/8, S. 76.

[64]) Errechnet aus Umsatz und durchschnittlichem Lagerbestand zu Einkaufspreisen.

diejenigen Betriebe mit dem niedrigsten Lagerumschlag und einer Verschuldung in Höhe von 6,5 % vom Umsatz nur 17 % des Warenlagers finanzieren konnten, gelang es den Betrieben mit dem höchsten Lagerumschlag bei einer sogar noch geringeren Verschuldung von 6,1 %, gemessen am Umsatz, fast die Hälfte des gesamten Warenlagers zu finanzieren. Das zeigt deutlich, wie der Bedarf nach Lieferantenkrediten — und überhaupt nach Fremdkapital — von der Umschlagsgeschwindigkeit des Lagers abhängt.

Je mehr es also einem Betriebe gelingt, seinen Lagerumschlag zu steigern, um so eher ist es ihm möglich, unabhängiger von seinem Kreditgeber, dem Lieferanten, zu werden.

Deshalb ist eine dauernde Kontrolle des Lagerumschlages und der Lagerdauer für den Einzelhandelsbetrieb als Kreditnehmer wie auch den Lieferanten als Kreditgeber unerläßlich. Ein Vergleich der dem Einzelhandelsbetriebe eigenen Lagerumschlagsgeschwindigkeit mit den für seine Branche festgestellten normalen Ziffern ermöglicht es beiden, festzustellen, ob der Bedarf nach Krediten auf einem zu langsamen Lagerumschlag beruht oder ob er zur Überbrückung einer für die Branche normalen Zeitspanne zwischen dem Eingang und dem Absatz der Waren gerechtfertigt ist.

Ebenfalls wird durch die laufende Überprüfung des Lagerumschlages vermieden, daß die Kredite vom Lieferanten für eine anormale Vergrößerung des Lagers benutzt werden, was sich in einer Vergrößerung des Lagerbestandes und damit einer Verringerung der Umschlagsgeschwindigkeit ausdrücken würde. Ist dagegen bei vergrößerter Kreditaufnahme keine Erhöhung des Lagerbestandes wie auch eine Verringerung des Lagerumschlages festzustellen, so ist das ein sicherer Beweis dafür, daß die Lieferantenkredite nicht zur Finanzierung des Warenlagers verwendet worden sind, sondern zu anderen Zwecken.

Ebenso lassen sich nun für den Bedarf an Lieferantenkrediten für die Finanzierung der Kreditgewährung an die Kunden Maßstäbe aufstellen. Betrachtet man dazu wiederum die Tabelle auf S. 45, welche für einige, die Kundenkreditgewährung besonders pflegenden Branchen, den Anteil des Kreditumsatzes am Gesamtumsatz angibt, so zeigt sich, daß im Einzelhandel mit Motorrädern und Klavieren annähernd ⅔ und im Einzelhandel mit Rundfunkgeräten und Nähmaschinen ebenfalls mehr als die Hälfte des gesamten Umsatzes nur bei Gewährung von Krediten an die Kundschaft getätigt werden können. In diesen Branchen wird daher ein besonders großer Bedarf nach Lieferantenkrediten, unabhängig von dem für die Finanzierung des Warenlagers, entstehen. *Kennt man also die Höhe des Anteils der Kreditverkäufe am Gesamtumsatz und dazu das den Kunden in der betreffenden Branche gewährte durchschnittliche*

Zahlungsziel, so läßt sich der entstehende Bedarf an Lieferantenkredit leicht feststellen.

Ähnlich wie bei der Finanzierung des Warenlagers durch Lieferantenkredite der Lagerumschlag zu kontrollieren ist, müssen hier bei der Finanzierung von Kundenkrediten durch Lieferantenkredite das Ausmaß und die Sorgfalt dieser Kreditgewährung und die Höhe der Kreditverluste des Einzelhandels überwacht werden.

dd) Umfang und Entwicklung der Lieferantenkredite.

Es soll nun versucht werden, einen Überblick über den tatsächlichen Umfang zu geben, in welchem der Lieferantenkredit von den einzelnen Betrieben der verschiedenen Branchen aufgenommen wird.

Die große Bedeutung des Lieferantenkredites für den Einzelhandel allgemein drückt sich anteilsmäßig an dem laufenden Kreditbedarf aus. Ruberg[65]) schätzt — um Vorstellungszahlen zu geben —, daß durch die Lieferanten allein annähernd 70—75 % sichergestellt wurden, während die noch bleibenden 25—30 % durch Kreditinstitute (Banken, Sparkassen, Kreditgenossenschaften ...) befriedigt wurden. Die wirkliche Höhe der gesamten Kreditgewährung seitens der Lieferanten anzugeben, ist allerdings nur schwer möglich. Ebenfalls ist es sehr schwierig, über die Kreditinanspruchnahme seitens der einzelnen Betriebe in den verschiedenen Branchen irgendwelche Zahlen zu erhalten, da sie prinzipiell keine oder nur sehr spärliche Auskunft über ihre augenblickliche Verschuldung geben. Es ist daher notwendig, auf das Material der Forschungsstelle für den Handel beim RKW[66]) zurückzugreifen und zu versuchen, die vorliegenden Ergebnisse auszuwerten, um somit den Umfang des Lieferantenkredites in verschiedenen Einzelhandelszweigen festzustellen. Die Ergebnisse werden von der FfH selbst noch mit allem Vorbehalt wiedergegeben, denn das durch Erhebungen zusammengestellte Material ist — was die früheren Jahre angeht — bei den einzelnen Branchen noch sehr gering. Aus diesem Grunde und aus dem anderen, daß sich nämlich — wie anzunehmen ist — an solchen Erhebungen meist nur die bestorganisierten Einzelhandelsbetriebe beteiligen, die erfahrungsgemäß auch finanziell sehr gut gestellt zu sein pflegen, ist es nicht sicher, ob die Angaben bereits als typisch für die betreffenden Branchen angesehen werden können. Abgesehen davon entbehren die Untersuchungen jedoch nicht einer symptomatischen Bedeutung, indem sie, wenn auch nicht in ihrer absoluten Höhe, so doch in der Tendenz ein zutreffendes

---

[65]) Ruberg: „Bankkredit für den mittelständischen Einzelhandel", in: Bankwissenschaft, 9. Jahrgg., H. 15, S. 455.

[66]) Zum Teil bisher unveröffentlichtes Material aus den Ergebnissen des Betriebsvergleichs, welcher von der FfH seit Jahren durchgeführt wird.

Bild vermitteln dürften. Die Untersuchungen der FfH haben folgendes ergeben:

Umfang und Entwicklung des Lieferantenkredits in einigen Einzelhandelszweigen.[67])

Einzelhandelszweig	Ende des Jahres	Zahl der berichtenden Betr.	Schuldenfr. Betr.[68]) Ende des Jahres	Lieferantenschulden in % vom Umsatz	Lieferantenschulden in % vom Lager	Durchschnittl. Zahlungsfrist f. Lieferantenrechnungen[69])
Lebensmittel	1933	200	23,2 %	8,2		
	1934		24,8 %	8,3		
	1935		rd. 33 %	6,5		
Drogen	1932	126	33 %	7—8	25	1,3 Monate
Textilwaren	1932	27	11 %	12—15	44	2,4 Monate
	1933	1028			43	
	1934			17	44	
	1935					
Kurz-, Weiß- und Wollwaren	1933				30	
	1934			12,1	33	
	1935					
Damen- und Mädchenkleidung	1933				75	
	1934			19	70	
	1935					
Herren- und Knabenkleidung	1933				46	
	1934			rd. 19	47	
	1935					
Schuhe	1932	22	32 %	25	65	4,3 Monate
	1934	75		19.5		
	1935			20		
Kleineisenwaren, Haus- u. Küchengeräte	1932	24	12 %	10	25	1,8 Monate
Haus- u. Küchengeräte	1934	80	6,6 %		26,9	
	1935			9,8	32	
Uhren, Gold- u. Silberwaren	1932	40	17 %	18	17	3,6 Monate

[67]) FfH-Mitteilungen 1933, H. 7/8, S. 71, ergänzt durch Zahlen zum Betriebsvergleich.

[68]) Als von Lieferanten schuldenfrei gelten diejenigen Betriebe, deren Verbindlichkeiten nur dem Wareneingang der letzten 10 Tage entsprachen. Die Bezahlung von Rechnungen innerhalb dieser Frist gilt noch als Barzahlung und berechtigt zum Skontoabzug.

[69]) Nur bei den mit Lieferantenkredit arbeitenden Betrieben.

Diese Untersuchungsergebnisse lassen erkennen, daß in den einzelnen Branchen die Lieferantenkredite in einem ganz verschiedenen Umfang aufgenommen werden und sich große Abweichungen ergeben von dem Bild, welches man sich über den möglichen Umfang der in den einzelnen Branchen zur Finanzierung des Warenlagers und der Kundenkreditgewährung benötigten Lieferantenkredite machen konnte.

Besonders abweichend ist das Ergebnis im Einzelhandel mit Schuhen. Ungefähr ⅓ aller berichtenden Betriebe sind zwar ohne jegliche Verschuldung am Ende des Jahres 1932, jedoch der Rest, der auf Lieferantenkredite angewiesenen Betriebe des Schuheinzelhandels weist trotz eines nicht allzu stark über den Durchschnitt hinausgehenden Lagerumschlages und einer — wie anzunehmen ist — sehr geringen Kundenkreditgewährung eine Verschuldung auf, die mit 25 % vom Umsatz und fast ⅔ (65 %) des gesamten Warenlagers als außerordentlich hoch zu bezeichnen ist. Die FfH errechnet unter Zugrundelegung einer Handelsspanne von 30 % des Umsatzes vom Schuheinzelhandel den Umfang des aufgenommenen Lieferantenkredites auf ungefähr 35 % vom Wareneingang und kommt somit — unter Vernachlässigung der Saisonschwankungen — zu einer durchschnittlichen Zahlungsfrist für die Lieferantenrechnungen von 4,3 Monaten, was als eine ungeheure Beanspruchung der Lieferanten angesehen werden muß.[70])

Ebenfalls sollte man annehmen können, daß im Einzelhandel mit Uhren, Gold- und Silberwaren — in welchem nur 17 % aller berichtenden Betriebe schuldenfrei waren — die übrigen gemäß dem sehr geringen Lagerumschlag und einer erheblichen Kreditgewährung an die Kundschaft einen großen Bedarf nach Lieferantenkrediten haben müßten; doch das ist nicht der Fall! Die Verschuldung an die Lieferanten betrug zwar 18 % vom Umsatz, was sehr hoch ist, aber bezogen auf den Lagerbestand nur 17 % (1/6) des gesamten Warenlagers ausmacht.

An diesen Ergebnissen der beiden Branchen zeigt sich also ganz deutlich, daß außer den objektiven Maßstäben: **Lagerumschlag und Anteil des Kreditumsatzes am Gesamtumsatz**, die **Saisonabhängigkeit** der betreffenden Branche wie auch vor allem **Einflüsse, die von der Liefe-**

---

[70]) FfH-Mitteilungen 1933, H. 7/8, S. 71. „Die Angaben über den Umfang der Verschuldung an die Lieferanten beziehen sich auf den Zustand am Jahresende; es ist nicht sicher, ob dieser Stichtag die durchschnittliche Höhe der Verschuldung im Laufe des Jahres wiedergibt. Während des Weihnachtsgeschäftes werden in den meisten Einzelhandelsbetrieben höhere Einnahmen als im Jahresdurchschnitt erzielt, die wiederum eine über den Monatsdurchschnitt liegende Bezahlung von Lieferantenrechnungen ermöglichen. Ob diese Tatsache allerdings in den wenigen Tagen nach dem Abschluß des Weihnachtsgeschäfts aufgestellten Jahresbilanzen schon zum Ausdruck kommt, läßt sich ohne Sonderuntersuchungen nicht entscheiden."

rantenseite herrühren, für den Umfang der von den Einzelhandelsbetrieben der verschiedenen Branchen benötigten Lieferantenkredite maßgeblich sind. Es muß nämlich bei der Inanspruchnahme der Lieferanten als Kreditgeber immer ihre Stellung zu dem betreffenden Einzelhändler berücksichtigt werden.

In den Branchen z. B., wo die Lieferanten sich gegenseitig starke Konkurrenz machen, werden sie, um sich ihre Abnehmer zu erhalten, dem Einzelhändler viel mehr entgegenkommen und ihm die Kredite stets in viel größerem Umfange und unter viel günstigeren Bedingungen gewähren, als wenn das nicht der Fall ist und der Lieferant eine weniger abhängige Stellung zu seinen Kunden hat. Berücksichtigt man also außer den objektiven Maßstäben noch die Saisonabhängigkeit der betreffenden Branche und die von der Seite des Kreditgebers bestimmten Umstände, so lassen sich die Abweichungen des tatsächlichen Umfanges der Verschuldung der beiden Einzelhandelszweige von dem vermuteten leicht erklären.

Dasselbe gilt für den Einzelhandel mit Textilwaren, bei dem von 27 berichtenden Betrieben 24 ziemlich hoch, nämlich mit 12—15 % vom Umsatz, an die Lieferanten verschuldet waren.

Im Drogeneinzelhandel ohne ausgesprochene Spezialisierung waren von 126 berichtenden Betrieben Ende 1932 42 ohne jegliche Lieferantenschulden, bei den übrigen betrugen sie nur 7—8 % vom Umsatz, womit es aber erreicht wurde, ¼ des gesamten Warenlagers zu finanzieren. Doch das ist eben nur möglich, weil in dieser Branche — wie aus dem Diagramm auf S. 66 klar zu ersehen ist — neben einem schnellen Lagerumschlag eine Abhängigkeit von Saisonschwankungen so gut wie gar nicht besteht.

In diesem Zusammenhang ist es von Wichtigkeit festzustellen, welche Bedeutung dem Wechsel im Kreditverkehr zwischen dem Lieferanten und dem Einzelhandel zukommt. Das soll nun an Hand einer Untersuchung verschiedener Einzelhandelsbranchen, die sich auch an den Erhebungen über den Umfang der Lieferantenkredite beteiligten, mittels einiger Zahlenangaben aufgezeigt werden.

Bedeutung des Wechselkredits für Warenlieferungen in einigen Einzelhandelszweigen.[71])

Einzelhandelszweig	Zahl der Ende 1932 mit Lieferantenkredit arb. Firmen	davon nahmen z. T. Wechselkredit in Anspruch	Anteil der Wechselschuld. a. d. gesamten Lieferantenschuld in %
Drogen (ohne ausgesprochene Spezialisierung des Warenkreises)	71	6 (8%)	6—62
Textilwaren	26	7 (27%)	14—66
Schuhe	14	7 (50%)	2—12
Eisenwaren insgesamt	38	13 (29%)	4—55
davon:			
Bauartikel	16	5 (32%)	8—55
Kleineisenwaren etc.	22	8 (28%)	4—49
Porzellanwaren insgesamt	27	4 (15%)	2—43
Uhren, Gold- und Silberwaren	32	9 (28%)	12—52

Durch diese Übersicht wird die an anderer Stelle aufgestellte Behauptung, daß die Rolle, die der Wechselkredit in den verschiedenen Einzelhandelsbranchen spielt, keine bedeutende ist, bewiesen. Die einzige Branche, die mit Wechseln in größerem Umfange arbeitet — und zwar die Hälfte aller berichtenden Betriebe —, ist der Einzelhandel mit Schuhen. Betrachtet man jedoch den Anteil der Wechselschulden an den gesamten Lieferantenschulden, so ist dieser auch bei diesen Betrieben sehr gering. Die anderen angeführten Branchen wie z. B. Uhren, Gold- und Silberwaren, Textilwaren, Eisenwaren nehmen viel weniger den Lieferantenkredit in Form des Wechselkredites auf. Der Prozentsatz bei den erfaßten Betrieben schwankt zwischen 27 und 29 %. In anderen Branchen ist er sogar noch geringer (Drogeneinzelhandel, Porzellanwareneinzelhandel).

Nach diesen Zahlen zu urteilen, kommt man, wie auch die FfH betont, zu dem Ergebnis, daß „*die mittleren und kleineren Einzelhandelsbetriebe bei der Schaffung von Handelswechseln keine ihrem Handelsvolumen irgendwie entsprechende Rolle spielen*".

Die Gründe dafür sind zunächst in einer gefühlsmäßigen Abneigung vieler Einzelhändler gegen die Schaffung von Wechseln zu suchen, die zum Teil unberechtigt ist. Außerdem bestehen aber berechtigte Ein-

[71]) FfH-Mitteilungen 1933, H. 7/8, S. 72.

wände, die sich daraus erklären, daß der Einzelhändler, dessen Geldeingang meist vorher nicht übersehbar ist, sich nicht an einen festgelegten Zahlungstermin binden und damit der Gefahr aussetzen möchte, daß der Wechsel infolge wider Erwarten schlechten Geschäftsganges nicht eingelöst werden kann und damit eine Wechselklage hervorgerufen wird.

Die Forderung, den Einzelhandel zwecks Beseitigung seiner Kreditnot mehr und mehr zur Wechselhergabe heranzuziehen, um seinen Lieferanten — vor allem dem Großhandel — eine Refinanzierung zu ermöglichen, ist also nur dann zu verwirklichen, wenn die Laufzeit des Wechsels der Dauer des Kreditbedarfes angepaßt wird, d. h. der Wechsel aus dem Erlös des Verkaufs der ihm zu Grunde liegenden Waren bezahlt werden kann. Dazu ist natürlich ein guter Überblick des Einzelhändlers über den Stand des Geschäftes, d. h. das Vorhandensein eines geordneten Rechnungswesens unbedingte Voraussetzung. Diese Fragen werden noch genauer bei der Entwicklung der Voraussetzungen und Richtlinien für eine bessere Kreditversorgung des Einzelhandels zu erörtern sein.

Will man nun umgekehrt den Umfang der Lieferantenkredite von der Seite der hauptsächlichsten Kreditgeber — dem Großhandel und auch den Einkaufsgenossenschaften — feststellen, um die vom Einzelhandel aus ermittelten Zahlen zu prüfen bzw. zu vervollständigen, so stößt man insofern auf Schwierigkeiten, als einerseits nur für wenige Branchen Angaben über die an ihre Kunden gewährten Kredite vorliegen und andererseits — vor allem aus den Angaben des Großhandels — nicht hervorgeht, in welchem Umfange speziell der Einzelhandel Kredite von ihm aufgenommen hat, sondern immer nur die Höhe der Kredite, die an die gesamten Abnehmer des Großhandels, also außer an den Einzelhandel an kleinere Großhändler bzw. die übrigen Wirtschaftsgruppen, Handwerk und Industrie zusammen gewährt wurden, angegeben wird.

Der Auswertung der Ermittlungen bei den Einkaufsgenossenschaften des Einzelhandels, die zwar nur an Einzelhändler liefern und Kredite gewähren, also die Voraussetzung für die Vergleichbarkeit gegeben wäre, stellen sich wiederum andere Schwierigkeiten in den Weg im Hinblick auf den Charakter der Forderungen der Einkaufsgenossenschaften an die verschiedenen Einzelhandelsbranchen. Es handelt sich nämlich bei den Zahlen, die der Deutsche Genossenschaftsverband über die Forderungen an den Einzelhandel angibt, immer um die gesamten Forderungen aus Lieferung von Waren sowie Forderungen aus noch nicht voll eingezahlten Geschäftsanteilen. Trotz aller dieser Erschwerungen der Vergleichbarkeit ist es möglich, wenigstens innerhalb einiger weniger Einzelhandelsbranchen mittels des vorliegenden Zahlenmaterials der Wareneinkaufsgenossenschaften eine Kontrolle der aus dem Einzelhandel über das Ausmaß der Verschuldung vorliegenden Zahlen durchzuführen. Dazu folgende Übersicht:

Forderungen der Wareneinkaufsvereinigungen an ihre Mitglieder in den Jahren 1930—1932.[72])

(in % vom jeweiligen Jahresumsatz)

Wareneinkaufsvereinigungen der:	1930	1931	1932
Kolonialwarenhändler[73]) insgesamt	8,6	8,1	8,0
Genossenschaften mit einem Umsatz:			
unter 100 000 RM	15,7	17,9	11,0
von 100 000— 300 000 „	12,8	11,0	10,6
„ 300 000—1 000 000 „	9,8	8,3	8,4
„ 1 000 000—2 000 000 „	8,7	7,3	7,9
über 2 000 000 „	6,4	7,6	7,1
Drogenhändler[73]) insgesamt	8,2	7,1	8,2
unter 100 000 RM	20,0	19,4	14,1
von 100 000— 300 000 „	7,6	6,9	8,4
„ 300 000—1 000 000 „	6,8	6,4	7,7
„ 1 000 000—2 000 000 „	6,4	8,3	11,0
über 2 000 000 „	11,4	6,9	2,8
Spielwarenhändler[74])	10,1	17,0	21,5
Uhrmacher[74])	36,3	37,5	43,4

Vergleicht man die Zahlenangaben der Wareneinkaufsgenossenschaften des Drogeneinzelhandels über die Forderungen, ausgedrückt in % vom Jahresumsatz, mit denjenigen auf seiten des Drogeneinzelhandels (Tabelle auf S. 80), so ist eine ungefähre Übereinstimmung festzustellen. Beim Vergleichen muß man allerdings noch berücksichtigen, daß bei den Ermittlungen der Wareneinkaufsgenossenschaften die Forderungen auf den Umsatz der Genossenschaften — also den Wareneingang der Einzelhändler — bezogen wurden, während bei der Bestimmung des Umfanges der Lieferantenschulden des Einzelhandels diese an den Einzelhandelsumsätzen gemessen worden sind.

Diese Vergleiche lassen sich auch für andere Branchen, z. B. den Lebensmitteleinzelhandel durchführen, dessen Lieferantenverschuldung auf Grund des vorliegenden Materials für 1932 die Höhe von rd. 8,0 % vom Umsatz erreichte. Demgegenüber liegen Zahlen über den Umfang der Kreditgewährung an den Lebensmitteleinzelhandel bei den Einkaufsgenossenschaften des Kolonialwareneinzelhandels wie auch des Nahrungsmittelgroßhandels vor. Dazu folgende Übersicht:

---

[72]) FfH-Mitteilungen 1933, H. 7/8, S. 74.

[73]) Jahrbücher des Deutschen Genossenschaftsverbandes E. V.

[74]) Einzelangaben.

Umfang der Kreditgewährung in einigen Großhandelszweigen in den Jahren 1932 und 1933.[75])

Einzelhandelszweig	Forderungen an die Kundschaft in % vom Umsatz	
	Ende 1932	Ende 1933
Nahrungsmittelgroßhandel. Abnehmer vorwiegend: selbständiger Einzelhandel	12	13
Zuckergroßhandel. Abnehmer vorwiegend: Einzelhandel[76])	—	9

Ende 1932 betrug der Umfang der Forderungen an den selbständigen Einzelhandel bei den 1000 berichtenden Betrieben des Nahrungsmittelgroßhandels im Durchschnitt 12 % vom Jahresumsatz, während die Außenstände bei den Einkaufsgenossenschaften des Kolonialwareneinzelhandels 8 % vom Jahresumsatz ausmachten, wobei hinzuzusetzen ist, daß dieser Satz sich im Falle, daß nicht alle Außenstände gegebene Warenkredite sind, noch geringer gestalten würde. Diese Ergebnisse zeigen, unter welchen Einschränkungen sich die von der Seite der Lieferanten angegebenen Zahlen verallgemeinern und zur Kontrolle der Verschuldung des Einzelhandels heranziehen lassen, denn es folgt aus ihnen, daß der Umfang der Lieferantenkredite je nach der Bezugsquelle verschieden groß ist, d. h. im obigen Falle der Großhandel mehr Kredite an den Einzelhandel gegeben hat als die Einkaufsgenossenschaften, und zwar in der Nahrungsmittelbranche, gemessen am Umsatz, um mindestens die Hälfte mehr. Das Verhältnis verschiebt sich — wie aus den Zahlenangaben der Einkaufsgenossenschaften des Kolonialwareneinzelhandels auf S. 85 hervorgeht — je nach der Größe der Einkaufsgenossenschaften. Je kleiner die Einkaufsgenossenschaften, um so größer ist der Umfang der Forderungen im Verhältnis zum Umsatz, d. h. um

---

[75]) FfH-Mitteilungen 1934, H. 2/3, S. 21. Diese Ergebnisse entstammen aus einer Sondererhebung, an der sich 1000 Betriebe des Nahrungsmittelgroßhandels beteiligten. Es handelt sich also um Zahlen, die typisch für den Nahrungsmittelgroßhandel sind.

[76]) Diese Großhandlungen führen neben Zucker noch andere Lebensmittel. Der Zuckerumsatz beträgt aber bei allen Betrieben mehr als die Hälfte vom Gesamtumsatz.

so geringer wird die Differenz zwischen dem Umfang der vom Großhandel gegebenen Kredite und der von den Einkaufsgenossenschaften gewährten. Bei den Genossenschaften mit einem Umsatz unter 100 000 RM erreichen die Forderungen an den Einzelhandel in Höhe von 11 % vom Umsatz fast den Umfang der Kreditgewährung des Nahrungsmittelgroßhandels (12 %), doch muß bei diesem Vergleich wiederum vorausgesetzt werden, daß alle Forderungen der Einkaufsgenossenschaften aus dem Warengeschäft stammen, andernfalls die Differenz sich größer gestalten würde. Das Ausmaß der Kreditgewährung der Einkaufsgenossenschaften an die Kolonialwareneinzelhändler insgesamt (8 % vom Umsatz) ist aber weit geringer als die vom Großhandel gegebenen Kredite (12% vom Umsatz). Das ist nicht nur in der Nahrungsmittelbranche der Fall, **sondern der Umfang der genommenen Lieferantenkredite ändert sich in jeder Branche je nach der Bezugsquelle.**

Es verlohnt sich daher, die sich je nach der Art der in Anspruch genommenen Bezugsquelle ergebenden Unterschiede in der Höhe der aufgenommenen Lieferantenkredite an einer anderen Branche — dem Drogenhandel — nachzuweisen.

Die einzelnen berichtenden Betriebe des Drogeneinzelhandels sind dazu nach den Quellen, von denen sie ihre Waren vorwiegend beziehen, gruppiert worden, und zwar wurden drei Gruppen gebildet, in die die Betriebe eingeordnet wurden, je nachdem, ob sie über 50 % ihrer Einkäufe bei den Einkaufsgenossenschaften, den Fabrikanten oder den Großhändlern tätigten.

Lieferantenschulden und Bezugsquelle im Drogeneinzelhandel.[77])

Über 50% der Einkäufe stammten 1932 von:	Zahl der schuldfreien Betriebe	Typische Ums. Größe 1932 RM	Lieferantenschulden Ende 1932 in % vom Umsatz	durchschnittl. Zahlungsfristen für Lieferantenrechnungen[78])
Einkaufsgenossenschaft.	9 v. 17 (53 %)	27 000	5	26 Tage
Fabrikanten	12 v. 30 (40 %)	36 000	6	31 „
Großhändlern	5 v 27 (19 %)	25 000	12	61 „

[77]) FfH-Mitteilungen 1933, H. 7/8, S. 77.

[78]) Nur bei den mit Lieferantenkredit arbeitenden Betrieben.

Unter den Betrieben, die vorwiegend vom Großhandel beziehen, sind die wenigsten — nur 19 %, d. h. ungefähr 1/5 aller berichtenden Betriebe — schuldenfrei, während dieser Anteil bei den meist direkt von den Fabrikanten einkaufenden Betrieben 2/5 beträgt und schließlich bei den hauptsächlich von den Einkaufsgenossenschaften beziehenden Betrieben sogar mehr als die Hälfte ohne Lieferantenkredite auskommen.

Betrachtet man bei den Betrieben, die mit Lieferantenkrediten arbeiten, das Ausmaß der Verschuldung in % vom Umsatz und dazu die zur Bezahlung der Lieferantenrechnungen durchschnittliche Zahlungsfrist, so ist festzustellen, daß der Umfang der aufgenommenen Lieferantenkredite bei den hauptsächlich vom Großhandel beziehenden Betrieben doppelt so groß ist wie bei den Betrieben, die die anderen Bezugsquellen bevorzugen. Auch übersteigt das vom Großhandel im Durchschnitt gewährte Zahlungsziel das von den Einkaufsgenossenschaften bzw. Fabrikanten gegebene um etwa einen Monat. Dadurch wird es also bestätigt, daß der Großhandel reichlicher Kredit an den Einzelhandel gewährt als die beiden anderen Lieferanten. Das ist nicht nur im Drogeneinzelhandel der Fall, sondern auch in anderen Branchen, doch richtet sich die Höhe des Mehr an Kreditgewährung jeweils nach der Stellung der einzelnen Lieferanten zum Einzelhandel, die wiederum sehr stark von der Betriebsgröße und dem Standort des betreffenden Einzelhandelsbetriebes abhängig ist. Unzweifelhaft aber gibt der Großhandel reichlicher Kredit, und das liegt begründet in dem Abwehrkampf, den er gegen jegliche Ausschaltungsversuche führt.

Der Umfang des Lieferantenkredites, den der Einzelhandel zur Finanzierung benötigt, ist damit sowohl von der Seite des Einzelhandels wie auch von der des Lieferanten aus festgestellt worden. Es zeigt sich aus dieser Ermittlung, daß zwar eine ziemlich hohe Zahl von Einzelhandelsbetrieben überhaupt nicht auf Kredite angewiesen ist, andererseits aber bei den Betrieben, die Kredite benötigen (Saisonbetriebe), der Anteil des Lieferantenkredites am Umsatz bzw. Lagerbestand ziemlich hoch ist und nicht selten über den Kreditbedarf zur Finanzierung der Umsatzspitzen hinausgeht.

Es zeigt sich aber ebenfalls aus den ganzen obigen Betrachtungen, daß dem Einzelhandel diese Fremdfinanzierungsquelle, nämlich seine Kredite innerhalb der Warenkette von seinen Lieferanten zu erhalten, scheinbar sehr reichlich fließt, so daß sich die Kreditnot im Einzelhandel nicht aus einem absoluten Mangel an Kredit heraus erklären läßt, sondern — um es schon vorwegzunehmen — der Grund für die mangelhafte Kreditversorgung des Einzelhandels mehr in der Tatsache zu suchen ist, daß die Kosten des Lieferantenkredites zu hoch sind,

so daß es dem genau kalkulierenden Einzelhändler oft unmöglich ist, diese Kreditquelle voll auszuschöpfen.

ee) Die Kosten des Lieferantenkredites.

Um diese Feststellung, daß die Kosten des Lieferantenkredites dem Einzelhändler Schwierigkeiten bereiten, zu belegen, ist es notwendig, ihre Höhe zu bestimmen. Das ist naturgemäß sehr schwierig, da sie ein Teil des Warenpreises sind und man sie deshalb nur sehr schlecht erfassen kann; außer es sind Verzugszinsen zu bezahlen, die dann sichtbar in Rechnung gestellt werden. Auch gibt es über die Kosten des Lieferantenkredites wenig zuverlässige Angaben, woraus man ihre Höhe ableiten könnte. Es ist jedoch möglich, sich durch einen Vergleich von mehreren, von dem Lieferanten gestellten Zahlungsbedingungen ein ungefähres Bild über die Kosten zu machen, wenn man die Höhe der Skonti daraus entnimmt, die bei Unterschreiten des sogenannten „zinsfreien" Zahlungszieles, je nach dem Termin der früheren Zahlung eingeräumt werden. Es soll also auf diese Weise ermittelt werden, welche Kosten erspart werden, wenn die Zahlung des Kaufpreises früher erfolgt als nach Ablauf der vom Lieferanten festgesetzten Zahlungsfrist. Eine solche Errechnung kann für jede Branche einzeln durchgeführt werden, wenn man die für die einzelnen Warengattungen festgelegten Zahlungsbedingungen der Lieferanten, die offiziell für alle Abnehmer gelten sollen, kennt. Es soll nun in dieser Weise vorgegangen und die Höhe des Zinsfußes der von den Lieferanten an einige Branchen gewährten Kredite ermittelt werden. Dazu muß vorausgeschickt werden, daß die Kosten der Kreditgewährung in Wirklichkeit vielfach von den hier errechneten abweichen, da sich die einzelnen Branchen nicht allzusehr an die offiziell festgesetzten Zahlungsbedingungen halten — außerdem es bestehen strenge Bindungen; auch sind in den Skontis häufig Preisnachlässe enthalten, die sich nicht aussondern lassen!

Angenommen, in einer Branche ist in der Zahlungsbedingung des Lieferanten ausgemacht, daß für einen Monat frühere Zahlung 2 % Skonto gewährt werden, so ist der Jahreszins außerordentlich hoch, nämlich 24 %, was keine Ausnahmeerscheinung ist. Das zeigt eine Berechnung aus verschiedenen Zahlungsbedingungen:

Kosten der Lieferantenkredite in einigen Branchen.

Branche	Bezahlung sofort nach Empfang der Ware bezw. innerhalb ... Tagen mit ..... % Skonto	„Zinsfreies" Zahlungsziel von ... Tagen	Kosten des Lieferantenkredites auf das Jahr umgerechnet
Rundfunk[79])	innerhalb 10 Tagen = 3%	30	54% p. a.
Textilien (Stoffe) u. a.	sofort 3%	45	24% p. a.
	innerhalb 30 Tagen = 2%	45	48% p. a
Glas und Keramik[80])			
Spiegelglas Tafelglas Dickglas	innerhalb 20 Tagen = 3%	90	15,4% p. a.
Hohlglas	innerhalb 10 Tagen = 3%	60	21,6% p. a.
	innerhalb 30 Tagen = 2%	60	24% p. a.
Tapeten	sofort 3%	30	36% p. a.

In der Textilbranche wird u. a. bei Bezahlung nach 45 Tagen kein Skonto gewährt, während bei Bezahlung nach 30 Tagen 2 % und bei sofortiger Zahlung 3 % Skonto gegeben werden. Also betragen die Kosten des Lieferantenkredites 24 % bzw. 48 % pro Jahr, was als sehr hoch bezeichnet werden muß. Es gibt aber Branchen, in denen die Kosten durch die Aufnahme von Lieferantenkrediten noch höher sind. Beim Funkhandel z. B. wird bei Zahlung nach 10 Tagen statt nach 30 Tagen ein Skonto von 3 % gewährt. Die Kosten der Lieferantenkredite in dieser Branche stellen sich also auf nicht weniger als 54 % jährlich!

---

[79]) Lt. den einheitlich festgelegten „Allgemeinen Lieferungs- und Zahlungsbedingungen der Wirtschaftsstelle Deutscher Rundfunk-Großhändler e. V. Berlin (WDRG)": „Bei barer Vorauszahlung, bei Nachnahme und bei Barzahlung der Rechnung innerhalb von 10 Tagen gelten für Rundfunkempfangsapparate, Lautsprecher und Röhren seit dem Tage der Rechnung ein Skonto von 3 %; bei Zahlung innerhalb von 30 Tagen ab Rechnungsdatum netto Kasse. Ein längeres Ziel als 30 Tage wird nicht gewährt."

[80]) Ebenso bestehen im Großhandel mit Glas und Keramik für die einzelnen Warengattungen Bindungen hinsichtlich der Zahlungsbedingungen, die streng eingehalten werden müssen, also versteckte Rabatte nicht enthalten können.

Der Einzelhändler, der von einer Bank einen Personalkredit erhalten kann, welcher nur mit etwa 6,5—7,5 % zu verzinsen ist, würde durch diesen in der Lage sein, die Skonti auszunutzen und seinen Einkauf mit dem um ein Vielfaches billigeren Bankkredit finanzieren zu können.

Das würde für den Einzelhandel eine — im Rahmen der heutigen Absatzwirtschaft so erwünschte — wesentliche Entlastung der Handelsspanne bedeuten!

Einer Schätzung der FfH zufolge belaufen sich die Kosten des Lieferantenkredites im Einzelhandel bis zu 5 % des Umsatzes!

Das stellt eine Belastung dar, die mit der Zeit wirtschaftlich untragbar ist und den Bestrebungen nach Senkung der Handelsspanne sehr zuwiderläuft.

Für einige Branchen sind durch Vergleich der Zahlungsbedingungen von Einkaufsvereinigungen die Zinsfüße für den aufgenommenen Lieferantenkredit ermittelt und zusammengefaßt worden:

Zahlungsbedingungen der Einkaufsvereinigungen,[81]) des Einzelhandels im Jahre 1933 bei Warenlieferungen an die Mitglieder.[82])

Einzelhandelszweig	Zahl der berichtenden Einkaufsvereinigungen	Bezahlung sofort nach Empfang der Ware mit ... % Skonto	„Zinsfreies" Zahlungsziel von ... Tagen	Diesen Zahlungsbeding. entspricht im Durchschnitt ein Jahreszins von ... %
Lebensmittel	80	1—3	30	24
Textilwaren	16	3—5	60—90	19
Schuhe	6	3—5	90	16
Hausrat	5	3	60—90	12—18
Papier- und Schreibwaren	2	3	60	18
Spielwaren	1	5	60	30

Aus diesen Ergebnissen kann man ersehen, daß der Zinssatz für den von den Einkaufsgenossenschaften an ihre Abnehmer gewährten Kredit, von einigen Abweichungen abgesehen, zwischen 16 und 24 % schwankt. Diese Zahlen geben ein genaueres Bild als die durch Vergleich der Zahlungsbedingungen des Großhandels ermittelten, denn die Einkaufsgenossenschaften zwingen den Einzelhändler, die von ihnen gestellten Konditionen einzuhalten, anderenfalls sofort Verzugszinsen bei Überschreitung der Frist angerechnet werden.

[81]) Diese Zahlungsbedingungen entsprechen in den meisten Fällen den von den Lieferanten den Einkaufsvereinigungen eingeräumten Konditionen.

[82]) FfH-Mitteilungen, 1933, H. 7/8, S. 79.

Die Kosten des Lieferantenkredites, den die Einkaufsgenossenschaften gewähren, sind demnach z. T. etwas niedriger als die der Großhandelskredite. Das hängt mit dem Risiko zusammen, welches beim Großhandel größer ist als bei den Einkaufsvereinigungen, da jener viel reichlicher Lieferantenkredit an den Einzelhandel gibt als die Einkaufsvereinigungen und bei der Auswahl des Kundenkreises nicht so planmäßig vorgehen kann wie diese. Alle diese Ermittlungen müssen mit einem gewissen Vorbehalt betrachtet werden, da ein hoher Skontosatz nicht immer eine Vergünstigung für die frühere Zahlung zu sein braucht, sondern eine versteckte Preisermäßigung darstellen kann.

Es kommt hier aber auch nicht darauf an, die genaue Höhe der Kosten des Lieferantenkredites für die einzelnen Branchen zu ermitteln, sondern zu zeigen, daß die Kosten — auch unter Einbeziehung aller Vorbehalte — so außerordentlich hoch sind, daß gerade die mittleren und kleinen Betriebe des Einzelhandels, die auf diese teueren Lieferantenkredite — mangels anderer Kreditmöglichkeiten — vorwiegend angewiesen sind, und sie auch aufnehmen, im Konkurrenzkampf mit dem kapitalistischen Großbetrieb von vornherein unterlegen sind.

Es fragt sich nun, inwieweit der Druck der hohen Zinsbelastung beseitigt oder wenigstens vermindert werden kann, indem dem Einzelhandel zur Erfüllung seiner ihm zustehenden Aufgaben eine billigere Kreditversorgung von anderer Seite her zuteil gelassen wird.

b) Finanzierung durch Kreditinstitute.

Neben dem Lieferanten steht dem Einzelhändler noch in dem betriebsfremden Kreditgeber, den Kreditinstituten, eine Fremdfinanzierungsquelle zur Verfügung. Es soll nun, soweit möglich, der Anteil des Einzelhandels an der Kreditgewährung der verschiedenen Kreditinstitutarten ermittelt werden. Dabei wird auf eine eingehende Darstellung des Kreditapparates verzichtet werden, denn eine solche würde außerhalb des Rahmens dieser Arbeit liegen. Vorausgeschickt muß werden, daß die zahlenmäßigen Unterlagen zu dieser Untersuchung oft recht unzureichend waren, da eine Kreditnehmerstatistik, woraus man ersehen könnte, in welchem Umfang speziell der Einzelhandel mit Krediten versorgt wird, bei den Banken und Sparkassen nicht existiert. Diesen großen Mangel zu überwinden, ist äußerst schwierig. Es wird aber trotzdem versucht werden, auf Grund des vorhandenen Materials wenigstens ein ungefähres Bild über die Kreditversorgung des Einzelhandels durch Kreditinstitute zu erhalten und dadurch weitere Elemente der Kreditnot im Einzelhandel zu ermitteln, die dann die Grundlage darstellen sollen für die Erörterung des Problems der Ablösung der Lieferantenkredite durch Bankkredite wie der Frage der künftigen Kreditversorgung des Einzelhandels überhaupt.

Nach den Kosten zu urteilen, bringen die Bankkredite an den Einzelhandel eine außerordentliche Zinsentlastung für diesen mit sich, denn sie sind bedeutend billiger als die Lieferantenkredite. Die Kosten des Bankkredites belaufen sich einschließlich aller Provisionen auf 6,5 — etwa 7,5 % gegenüber 16—24 % bei den Lieferantenkrediten.

Aber nur wenige Einzelhändler erhalten Bankkredite! Worin liegt der Grund?

aa) Banken.

Die Banken gewähren dem Einzelhandel zur Befriedigung seines kurzfristigen Fremdkapitalbedarfes Betriebskredite in der Form des Wechselkredites oder des offenen Buchkredites. Allerdings verlangen sie, daß dafür dingliche Sicherheiten gestellt werden, was dem Einzelhandel nur sehr selten möglich ist. Der Einzelhandel braucht vielmehr reine Personalkredite. Die Banken jedoch standen bis vor einigen Jahren auf dem Standpunkt, „daß es bei der außerordentlichen Verschlechterung der Kapitalverhältnisse und der allgemeinen Wirtschaftslage in weit größerem Umfange als in der Vorkriegszeit erforderlich sei, die Kreditwürdigkeit dadurch zu erhöhen, daß die Kredite entsprechend gedeckt sind."[83]) Die Banken haben deshalb der persönlichen Eignung des Kreditnehmers, — so wie es der Personalkredit voraussetzt — bis jetzt nur wenig Bedeutung beigemessen und gaben demjenigen Geschäftsmann, dessen Tüchtigkeit nicht so groß ist, der aber genügend Sicherheiten bietet, viel eher und mehr Kredit als einem anderen, der sich als tüchtig erwiesen hat, aber keine Deckung für den Kredit beibringen kann. Eine Begründung für die bisherige Vernachlässigung des reinen Personalkredits durch die Banken gibt der Enquete-Bericht:[84])

„Der eigentliche Grundzug, nach dem der Kredit zur Zeit weniger Personalkredit im eigentlichen Sinne als in der Vorkriegszeit ist, wird dadurch verstärkt, daß die Banken durch die Konditionenregelungen weit weniger auf die persönlichen Wünsche der Kreditnehmer einzugehen vermögen, und diese mehr oder weniger gleichmäßig behandeln müssen, vor allem aber auch dadurch, daß gegenüber der Vorkriegszeit ein weit größerer Teil der Bankkredite durch verhältnismäßig unselbständige Bankleiter gewährt wird und die Kreditwürdigkeit vielfach schematisch festgestellt werden muß. In der Vorkriegszeit war es insbesondere der Privatbankier, der bei dem verhältnismäßig hohen Anteil der eigenen Mittel an seinen Gesamtmitteln zu größerer Initiative bereit war und bei seinen engen Beziehungen zur

[83]) Enquete-Bericht: 5. Untersuchungsausschuß. Der Bankkredit, 1930, S. 156.

[84]) Enquete-Bericht, a. a. O., S. 157.

Kundschaft der persönlichen Eignung des Kreditnehmers weiteren Raum geben durfte. Für den Filialleiter einer Großbank, der in vielen Fällen an seine Stelle trat, der nicht, wie der Privatbankier, seine eigenen, sondern die Mittel seiner Bank einsetzt und seiner Zentrale für Ausfälle verantwortlich ist, ist es nur in begrenztem Umfange vorteilhaft, größere Risiken auf sich zu nehmen". Außerdem entwickelte sich in der Nachkriegszeit bei den Banken das Streben, mehr und mehr den großen Kunden zu bevorzugen, was aus dem gehobenen Durchschnittskredit abzulesen ist.

Je zentralisierter das Bankensystem wurde, desto höher stieg der Durchschnittskredit und um so geringer wurde daher die Möglichkeit für den mittelständischen Einzelhandel, kleinere und mittlere Kredite zu erhalten.

Das soll an einer Übersicht gezeigt werden, welche aus den Ergebnissen der Enquete-Statistik und dem Zentralverband des Deutschen Bank- und Bankiergewerbes (der heutigen „Wirtschaftsgruppe Privates Bankgewerbe") über den Stand der Kreditverteilung per 31. Oktober 1933 ergänzend herausgebrachten Zahlenmaterial zusammengesetzt worden ist. Besonders zu beachten sind dabei die unterschiedlichen Durchschnittskredite einzelner Berliner Großbanken mit Filialnetz und derjenigen ohne Filialnetz:

Die Durchschnittskredite bei fünf Berliner Großbanken Ende 1928 und 1933 unter gleichzeitiger Angabe ihres Anteils an den Personalkrediten im privaten Bankgewerbe.[85])

	Erhebung per Ende 1928[86])				Erhebung per 31. 8. 33[87])			
	Zahl der Banken	Betr. in Mill. RM	%	Durchschn. Kredit in RM	Zahl der Banken	Betr. in Mill. RM	%	Durchschn. Kredit in RM
Berliner Großbanken								
mit Filialen	3	3665	54,3	35698	3	5584	59,9	25190
ohne Filialen	2	931	13,8	235056	2	574	6,2	223694
zum Vergleich:								
Provinzbanken	4	856	12,7	28057	123	1395	15,0	7449
mit Filialen	—	—	—	—	38	979	10,5	6516
ohne Filialen	—	—	—	—	85	416	4,5	13071
Branche- und Hausbanken	—	—	—	—	40	517	5,5	26899
Privatbankiers	19	1298	19,2	72784	435	1248	13,4	13616
Insgesamt	28	6750	100	43556	603	9318	100	18017

[85]) Bank-Archiv Nr. 22 vom Jahre 1934, Victorius: „Zur neueren Entwicklung des mittelständischen Kredits", S. 490.

[86]) Zahlen des Enquete-Berichtes 1930.

[87]) Zahlen des Untersuchungsausschusses für das Bankwesen 1933.

Die einzelnen großen Institute — ohne Filialnetz — beschränken sich, im Gegensatz zu den dezentralisierten Filialgroßbanken, sichtlich auf eine kleinere Anzahl großer Kredite, die leichter zu überwachen sind und vor allem niedrigere Kosten verursachen, im Verhältnis zu mittleren und kleinen Krediten im entsprechenden Betrage. Vergleicht man die Ziffern von 1933 mit denen von 1928, so ist eine Verringerung der Durchschnittskredite zu verzeichnen, die wiederum bei den Großbanken *mit* Filialnetz relativ weit größer ist als bei den zentralisierten Großbanken. Die ersteren können eben infolge ihres verzweigten Filialnetzes weit mehr das kleinere und mittlere Kreditgeschäft pflegen als die letzteren, wodurch der Durchschnittskredit stark herabgedrückt wird. Weit niedriger liegen jedoch die Durchschnittskredite der Provinzbanken und der Privatbankiers, die zum Vergleich gegenüber denjenigen der Großbanken angegeben worden sind. *Die Provinzbanken wie auch die Privatbankiers gehen, nach den Durchschnittskrediten zu urteilen, auf den Kreditbedarf des mittelständischen Einzelhandels weit mehr ein als die Großbanken!*

Besonders die mittleren und kleinen Privatbankiers sind, bevor sie fast endgültig von den Großbanken verdrängt wurden, eine der hauptsächlichsten bankmäßigen Kreditquellen gewesen, denn sie besaßen gerade für den mittelständischen Einzelhandel den Vorteil, daß infolge der engen geschäftlichen Beziehungen und des Vertrauens zwischen beiden eine Kreditgewährung ohne jegliche Stellung von Sicherheiten ermöglicht wurde. Mit zunehmendem Verschwinden der kleinen Privatbankiers wurde der Einzelhandel jedoch gezwungen, sich mehr und mehr an die Großbanken zu wenden, deren Anforderungen in bezug auf die Sicherstellung der Kredite er aber nicht nachkommen konnte. Gleichzeitig machte sich bei den Banken immer mehr die Tendenz zum Großkreditgeschäft, zur Bevorzugung einzelner Wirtschaftsgruppen und Unternehmungstypen in der Kreditversorgung bemerkbar, wodurch sie die Hergabe von kleineren Krediten, *die der mittelständische Einzelhandel infolge der im Verhältnis zu anderen Krediten (Lieferantenkredite) weit niedrigeren Kosten so dringend benötigt,* zusehens vernachlässigten.

Diese Kreditpolitik hat mannigfaltige Gründe, auf die hier nicht näher eingegangen werden kann. Sie hängen vor allem mit den wirtschaftlichen Verhältnissen der Nachkriegszeit, mit ihrer Ziellosigkeit der Wirtschaftspolitik, dem Drang nach Konzentration und Expansion eng zusammen. Auch mag die durch den alleinigen Verkehr der Banken mit großen Kreditnehmern hervorgerufene Vereinfachung der Geschäftsgestaltung ein Grund dafür gewesen sein, diesen Weg einzuschlagen.

Nachdem wir aus der Höhe des Durchschnittskredites den Charakter der einzelnen Bankinstitute und ihre Stellung im Rahmen des Kreditverteilungssystems ersehen und in Beziehung zu dem Kreditbedarf des mittelständischen Einzelhandels gesetzt haben, entsteht nun die Frage, in welchem Umfang die Banken diesem Kredite einräumen. Der mittelständische Einzelhandel hat Bedarf nach mittleren und kleinen Krediten. Es fragt sich deshalb, in welchem Umfang die Banken Kredite *in dieser Größenklasse* zur Verfügung stellen. Dazu muß man sich vorerst über den tatsächlichen Charakter und die Struktur des vom mittelständischen Einzelhandel benötigten Kredites Klarheit verschaffen und prüfen, ob die von den Banken als kleine und mittlere Kredite bezeichneten Summen ihrer Größe nach mit den vom Einzelhandel verlangten übereinstimmen, denn „Großkredit" und „Kleinkredit" sind relative Größen, d. h. die Frage, ob es sich im Einzelfall um einen Großkredit handelt, ist vom Standpunkt des Einzelhändlers ganz anders als von dem der Banken zu beurteilen.

Für das Verhältnis der von den Banken gewährten kleinen, mittleren und großen Kredite zueinander ergibt sich gemäß der vom Enquete-Ausschuß angestellten Untersuchungen, daß Kredite bis zu 10 000 Mark als kleine, von 10 000 bis 100 000 RM als mittlere und Kredite über 100 000 RM als große bezeichnet werden.

Wo aber ist die obere Grenze zu ziehen, d. h. wie hoch ist der Kreditbetrag, der von dem mittelständischen Einzelhandel in der Regel höchstens beansprucht wird? Zu dieser grundlegenden Frage gehen die Meinungen sehr stark auseinander.

Während *Schuster*[88]) sowie *Döring*[89]) die Grenze für den Mittelstandskredit bei 20 000 RM ziehen und *Gradl*[90]) nach genaueren Untersuchungen zu demselben Ergebnis kommt, will *Victorius*[91]) noch Kredite bis zu 100 000 RM in den Begriff einbeziehen. Diese letztere Auffassung[92]) ist — bezogen auf den klein- und mittelbetrieblichen Einzelhandel — unberechtigt und führt auch praktisch zu irreführenden Ergebnissen innerhalb der Versuche die Kreditverteilung statistisch zu erfassen. **Die vom mittelständischen Einzelhandel beanspruchten Kreditbeträge übersteigen kaum die Grenze von 20 000 RM und liegen vorwiegend innerhalb der Größenklasse bis 10 000 RM!**

---

[88]) Schuster: „Die Kreditversorgung des Einzelhandels" in „Zahlungsverkehr und Bankbetrieb" 1936, Nr. 4, S. 95.

[89]) Döring: „Kreditwirtschaft und Bankenreform". Berlin 1934. S. 169.

[90]) Gradl: „Größenordnung des Mittelstandskredits". Beitrag zur Frage der mittelständ. Kreditversorgung in: „Sparkasse" 1934, H. 19, S. 338.

[91]) Victorius: „Zur neueren Entwicklung des mittelständischen Kredits" im Bank-Archiv 1934, Nr. 22, S. 490.

[92]) Bei der Industrie mag dieser Satz berechtigter sein!

Das muß bei der Betrachtung der folgenden Zahlen berücksichtigt werden, welche zeigen, daß die Banken fast gar nicht auf die Kreditgewährung an die mittelständische Wirtschaft eingerichtet sind.

Die Kreditverteilung der deutschen Banken Ende 1928 nach „Kleinkrediten", „mittleren Krediten" und „Großkrediten" geordnet. In % des Gesamtbetrages bzw. der Gesamtzahl der von den einzelnen Gruppen gewährten Kredite.[93])

Gruppen	Zahl in % der Gesamtzahl			Betrag in % der Gesamtsumme		
	bis 10 000 RM	über 10 000 — 100 000 RM	über 100 000 RM	bis 10 000 RM	über 10 000 — 100 000 RM	über 100 000 RM
Berliner Großbanken ohne Filialnetz	37.6	32,7	29,7	0,4	5,9	93,7
Berliner Großbanken mit Filialnetz	70.1	24,7	5,2	4,2	23,8	72,0
Große Privatbankfirmen	62,8	23,6	13,6	2,5	10,9	86,6
Mittlere Privatbankfirmen	84,6	13 7	1.7	19,5	47,3	33,2
Zum Vergleich:						
Sparkassen	97,2	2,8	—	57.3	42,7	—
Kreditgenossenschaften	97,1	2,9	—	57,1	42,9	—

Die Banken pflegen danach den Kleinkredit bis 10 000 RM, der als Mittelstandskredit anzusehen ist, dem Betrage nach nur mit 0,4—4,2 % der Gesamtsumme aller ausgegebenen Kredite, was außerordentlich wenig im Vergleich zu den gleichzeitig mitangeführten Zahlen der Sparkassen und Kreditgenossenschaften ist. Etwas mehr fallen noch die mittleren Privatbanken bei der Ausgabe von Kleinkrediten ins Gewicht. Auch die Gewährung von sogenannten „mittleren" Krediten von 10 000 bis 100 000 RM wird dem Betrage nach zu urteilen ebenfalls stark von den Banken vernachlässigt; sie haben vielmehr hauptsächlich Interesse an Großkrediten, weil dadurch weniger Kosten bei der Bearbeitung entstehen als bei kleinen und mittleren Krediten und sich außerdem oft ertragreiche Nebengeschäfte besonders bei den langfristigen Finanzierungen ergeben, wobei allerdings zu bedenken ist, daß damit das Kreditrisiko stark vergrößert wird. Dieser Vorwurf kann noch durch zwei neuere Erhebungen bekräftigt werden, in-

[93]) Enquete-Ausschuß V. Der Bankkredit, 1930, S. 164.

dem dadurch bewiesen wird, daß die auf die Kredite bis zu 20 000 RM entfallenden Beträge nur einen relativ geringen Prozentsatz des Gesamtkreditvolumens der berichtenden Institute umfassen.

Der Zentralverband des Deutschen Bank- und Bankiergewerbes stellte von 87 Firmen mit einem Kreditvolumen von zusammen 8,17 Milliarden RM für den 31. Oktober 1931 hinsichtlich der Klein- und Mittelkredite fest, daß auf Kredite bis zu 20 000 RM nur 10,4 % der Gesamtsumme entfielen.[94])

Zu einem nicht viel günstigeren Ergebnis kam zwei Jahre später der Untersuchungsausschuß für das Bankwesen 1933, der die Größengliederung der Debitoren (einschl. Akzeptkredite, Warenvorschüsse, Reports und Lombards) für 664 Banken und Bankiers feststellte.

Von den 569 856 Kunden, die insgesamt 10,26 Milliarden RM Kredite benötigten, entfielen auf:[95])

Stand vom 31. 8. 1933	Kundenzahl in %	Betrag in %
Kredite bis zu 300 RM	36,75	0,23
„ über 300— 1 000 „	19,07	0,64
„ „ 1 000— 5 000 „	24,04	3,27
„ „ 5 000—20 000 „	12,15	6,77
bis zu 20 000 RM	92,01	10,91

Der Stückzahl nach umfassen die von den Banken gegebenen Mittelstandskredite bis zu 20 000 RM zwar den größten Teil der insgesamt gegebenen Kredite, aber der Prozentsatz der Beträge, gemessen am Gesamtkreditvolumen, ist mit 10,91 % doch sehr gering!

Diese Ergebnisse, welche eine äußerst mangelhafte bankmäßige Kreditversorgung des Einzelhandels vermuten lassen, werden bestätigt durch eine Untersuchung des Enquete-Ausschusses über die Höhe der Kredite der Banken an die einzelnen Wirtschaftsgruppen im Jahre 1928. Die von ihm erfaßten deutschen Banken gewährten dem gesamten Einzelhandel (einschl. Waren- und Kaufhäusern) einen Kredit von 86,51 Millionen RM bei einem Gesamtkreditvolumen von rund 8½ Milliarden RM, das sind etwa 1,02 %. Das ist ein sehr geringer

94) Bank-Archiv 1934, Nr. 22, Victorius: „Zur neueren Entwicklung des mittelständischen Kredits". S. 490.

95) Ausschnitt aus: Untersuchungsausschuß für das Bankwesen 1933, 2. Teil: Statistiken. S. 340.

Betrag, wenn man bedenkt, daß der Einzelhandel ungefähr für 30 Milliarden RM Umsatz hatte. Rechnet man noch den Anteil der Waren- und Kaufhäuser ab — er betrug allein 59 Millionen RM —, so bleiben für die mittleren und kleinen Betriebe des Einzelhandels nur noch 27,5 Millionen RM.

Einzelne Warenhauskonzerne haben also doppelt so hohen Kredit von den Banken erhalten wie der gesamte übrige Einzelhandel!

Von den Krediten aller Berliner Großbanken wurden nur 0,02 % an den Einzelhandel (ohne Waren- und Kaufhäuser) gegeben.

Diese Ergebnisse zeigen, wie wenig Bedeutung der Bankkredit für den Einzelhandel hat.

Über die Veränderungen im Umfang der Kreditgewährung der Banken an den Einzelhandel seit 1928 bis zur Jetztzeit lassen sich mangels Unterlagen vergleichbare Zahlenangaben nur schwer machen.

Gemäß der neuesten Untersuchung, die der Untersuchungsausschuß für das Bankwesen 1933 unternommen hat, entfallen bei einer Aufgliederung der Debitoren nach Wirtschaftszweigen nach dem Stand vom 31. 8. 1933 auf den Wareneinzelhandel:

Gliederung der Debitoren[96]) nach Wirtschaftszweigen.[97])
(einschl. Akzeptkredite, Warenvorschüsse, Reports und Lombards.)

Bankgruppen:	Anteil des Wareneinzelhandels an den Debitoren, angegeben nach:	
	Kundenzahl in %	Betrag in %
664 Banken und Bankiers	10,49	4,38
davon entfallen u. a. auf:		
3 Filialgroßbanken	9,16	5,33
2 filiallose Großbanken	1,15	1,19
5 Berliner Großbanken	9,07	4,95
8 besonders bedeutende Provinzbanken[98])	12,19	6,91
38 Provinzbanken mit Filialnetz ...	11 73	7,85
84 lokalbeschr. private Kreditbanken	9,95	5,92
40 Branche- und Hausbanken	9.68	4,35
16 Kommunal- und ähnliche Banken	12,83	9,57
12 besonders bedeutende Privatbanken	7,50	4,07
432 Privatbankiers	13,00	4,80

[96]) Die von ein und demselben Kunden in RM und in anderer Währung sowie in den verschiedenen Kreditarten in Anspruch genommenen Kredite sind in der Aufgliederung sowohl stückzahl- als auch betragsmäßig als ein Kredit behandelt worden.

[97]) Untersuchungen des Untersuchungsausschusses für das Bankwesen 1933, 2. Teil: Statistiken, S. 344/47.

[98]) In den entsprechenden Hauptgruppen (Provinzbanken mit Filialnetz und lokalbeschränkte private Kreditbanken) enthalten.

Diese neuere Erhebung hat leider den Nachteil, daß sich die Angaben auf den gesamten Einzelhandel — also einschl. der Großbetriebe wie Waren- und Kaufhäuser — beziehen und man den Anteil der mittleren und kleinen Betriebe des Einzelhandels daraus nicht entnehmen kann. Es läßt sich jedoch aus der Zunahme des Umfanges der Kreditgewährung an den gesamten Einzelhandel von 1928 bis 1933 (1,2 % gegenüber 4,38 % vom Gesamtbetrage) schließen, daß auch die mittleren und kleinen Einzelhandelsbetriebe dabei besser berücksichtigt wurden als vorher.

Aus den Jahresberichten der Banken ergibt sich ferner, daß in den darauf folgenden Jahren — um nach diesen Einzeluntersuchungen zu urteilen — eine weitere Zunahme zu verzeichnen ist.

Die Bank für Deutsche Industrieobligationen, die sich die Aufgabe gestellt hat, besonders der mittelständischen Wirtschaft Kredite zu geben, berichtet:

Verteilung der Kredite auf die Wirtschaftszweige.[99])

Wirtschaftszweig	Jahr	Anzahl	Betrag in Mill.	Anteile an der Gesamtzahl	in v. H. an dem Gesamtbetrag
Wareneinzelhandel	33/34	484	3,5	13,0	3,4
"	34/35	859	6,2	15,4	4,2
"	35/36	1091	**8,5**	**16,2**	**4,6**

Die von der Deutschen Bank und Diskontogesellschaft im Jahre 1936 gegebenen Kredite (einschl. Warenvorschüsse) von nahezu 1,05 Milliarden RM verteilen sich wie folgt:[100])

	1936	gegen		1935
	Stückzahl	Betrag RM.	Stückzahl	Betrag RM.
davon: Insgesamt:	98.367	1,045.718993	93.064	889.677501
von RM 300	25.929	3.972518	25.850	3.938502
" " 301 bis RM 1 000	23.717	14.959272	22.802	14.507331
" " 1 001 " " 5 000	27.494	69.787137	26.012	66.242261
" " 5 001 " " 20 000	13.885	143.232788	12.058	125.203447

In der prozentualen Aufteilung des Kreditgeschäftes dieser Bank nach Branchen wird für das „Handelsgewerbe" für 1936 18,55 % ange-

[99]) Zusammengestellt aus den Geschäftsberichten der laufenden Jahre.

[100]) Zusammengestellt aus dem Geschäftsbericht der DD-Bank zu 1936.

geben gegenüber 17,74 % im vorangegangenen Jahr. Inwieweit daran der Einzelhandel — speziell der mittelständische — beteiligt ist, kann zahlenmäßig exakt von den Banken nicht in Erfahrung gebracht werden. Die Tabelle zeigt aber, daß die mittelständische Wirtschaft in der Kreditverteilungspolitik auch der Großbanken schon eine bessere Berücksichtigung gefunden hat als bisher.

Dasselbe ist auch von der Dresdener Bank zu berichten. Sie teilt bereits in ihrem Geschäftsbericht zum Jahre 1934 mit „daß sich im einzelnen vor allem die Zunahme der Neubewilligungen von Mittel- und Kleinkredit erkennen läßt, und daß die dezentralisierte und selbständige Bearbeitung dieser Geschäfte in den einzelnen Kopffilialbezirken einem berechtigten Bedürfnis entgegenkommt". An dem gesamten Kreditengagement (einschl. Wechselobligo) hatte das „Handelsgewerbe" im Jahre 1936 einen prozentualen Anteil von 15,6 %.

Auf den Vorwurf von der Einzelhandelsseite hin, daß diese an das „Handelsgewerbe" gewährten Kredite nur zum geringen Teil — nur schätzungsweise 4 % — an den Einzelhandel, dagegen zum größten Teil an den Großhandel gegeben worden seien, antworten die Banken bzw. ihre Vertreter häufig, daß damit auch indirekt dem Einzelhandel geholfen sei, denn diese Kredite kommen über den Großhandel in Form des Lieferantenkredites dem Einzelhandel zugute.

Das ist natürlich eine völlige Verkennung des Problems von seiten der Banken.

Gerade deshalb, weil der Kredit den Weg über den Großhandel nimmt und sich damit sein Zinsfuß durch zusätzliche, in der Hauptsache durch die Übernahme eines Risikos und durch die Überwachung des Kredites seitens des Großhändlers entstehende Kosten zu sehr erhöht, ist es dem mittelständischen Einzelhandel aus Kosten-Gründen oft unmöglich, sich Kredit vom Lieferanten einräumen zu lassen!

Der Einzelhandel braucht zu seiner Finanzierung vielmehr billigere Kredite, und die kann er nur direkt an der Kreditquelle bekommen.

Diese dringende Forderung hängt mit der nach Aufgabenabgrenzung und Aufgabenzuteilung zum Zwecke der richtigen Lenkung und Abstimmung der Wirtschaft eng zusammen. Die Banken schieben gewissermaßen den Lieferanten als Zwischenstelle ein, damit sie sich nicht mit einer Vielzahl kleiner und den verschiedensten Branchen angehörigen Debitoren zu befassen brauchen.

Die Kreditgewährung sollte jedoch überwiegend Aufgabe der Kreditinstitute sein und von diesen direkt, also ohne Dazwischenschalten anderer Wirtschaftszweige an die Stellen des Kreditbedarfs erfolgen.

Zur Verwirklichung dieser Zielsetzung sind noch mannigfaltige Schwierigkeiten zu überwinden, deren Lösung vorwiegend davon abhängen wird, ob die dazu nötigen Voraussetzungen von seiten des Einzelhandels wie auch der Kreditinstitute erfüllt werden.

bb) Sparkassen.

Umfangreicher als die Kreditgewährung der privaten Kreditbanken an den Einzelhandel ist die der Sparkassen. In Erfüllung der hauptsächlichsten Aufgaben ihrer Kreditpolitik gewähren die Sparkassen Kredite vornehmlich an den gewerblichen Mittelstand und die wirtschaftlich schwachen Bevölkerungskreise. Es ist somit die Mittelstandsaufgabe der Sparkassenpolitik, die große soziale und kulturelle Bedeutung der wirtschaftlichen Selbständigkeit zu unterstützen insbesondere da, wo sie zu ihrer Schaffung und Erhaltung der Kredithilfe benötigt.

Es folgt eine Aufgliederung der Mittelstandskredite der Sparkassen nach dem Stande vom 31. Dezember 1933:

Kurzfristige Kredite der deutschen Sparkassen nach dem Stande vom 31. Dezember 1933.[101])

Größenklassen	Anzahl absolut	%	Betrag Mill. RM.	%	Durchschnittssatz in RM.
bis 200	440219	39,9	42988	2,4	98
201— 500	225386	20,4	76756	4,3	341
501— 1 000	137130	12,4	101950	5 6	744
1 001— 2 000	112675	10,2	164035	9,1	1450
2 001— 5 000	111048	10,1	351628	19,4	3166
5 001—10 000	45201	4,1	311205	17,2	6885
10 001—15 000	14806	1,4	179864	10,0	12140
15 001—20 000	6640	0,6	113504	6,3	17090
20 001—30 000[102])	5316	0,5	129351	7,1	24330
über 30 000	4665	0,4	336647	18,6	72150
Insgesamt	1103086	100	1807928	100	1639

Diese Zahlen bestätigen den Mittelstandscharakter der Kredite der Sparkassen. Ihre Gewährung erfolgt in billiger und zweckentsprechender

[101]) Deutsche Sparkassenzeitung vom 18. April 1935, entnommen aus: Lampe: „Der mittelständische Personalkredit der Sparkassen", „Die Betriebswirtschaft" 1935, H. 11, S. 253.

[102]) Die Grenze ist, wie es in der Sparkassenstatistik für Mittelstandskredite allgemein üblich ist, bei 30 000 RM festgesetzt.

Weise und zwar sowohl im Wege des Real- wie auch des Personalkredites, wobei die Sparkassen unter letzterem einen Kredit gegen Schuldschein, Wechsel oder Bürgschaft wie auch Faustpfand verstehen. Reine Personalkredite, die der Einzelhandel mangels Vorhandensein der verlangten Sicherheiten vor allem benötigt, geben auch die Sparkassen nur in geringem Umfange. Das zeigt folgende Tabelle:[103])

Jahr	Darlehen gegen satzungsmäßige Sicherheit[104])	Sonstige Darlehen (**ungedeckt**)	Darlehen an Genossenschaften	Gesamt	Darlehen gegen satzungsmäßige Sicherheit	Sonstige Darlehen (**ungedeckt**)	Darlehen an Genossenschaften
	in Millionen RM.				in v. H. der Gesamtsumme		
1928	1990,5	108,0	50,2	2148,8	92,6	5,0	2,3
1929	2095,2	101,1	63,1	2259,4	92,7	4,5	2,8
1930	2015,3	116,3	65,5	2197,1	91,7	5,3	3,0
1931	1833,3	102,4	53,5	1989,2	92,2	5,1	2,7
1932	1626,0	102,8	44,0	1772,8	91,7	5,8	2,5

Eine genaue zahlenmäßige Feststellung der Sparkassenkredite an den Einzelhandel speziell ist nicht möglich, da in den vorliegenden Statistiken nur nach großen Wirtschaftsgruppen gegliedert worden ist, d. h. nur Positionen wie „Kaufleute und Händler" oder die Gruppe „Handel" darin angegeben sind. Jedoch kann man sich durch diese Angaben einen gewissen Einblick in die Kreditgewährung der Sparkassen an den Einzelhandel verschaffen. An der Kreditgewährung der sechs vom Enquete-Ausschuß untersuchten Sparkassen waren im Jahre 1928 „Kaufleute und Händler" mit 29,3 % der gesamten Ausleihungen und mit einem Betrag von 11,57 Millionen RM beteiligt.[105]) Es ist bei diesen Ergebnissen mit Sicherheit anzunehmen, daß der größte Teil der unter der Gruppe „Kaufleute und Händler" aufgeführten Kreditnehmer Einzelhändler waren. Das würde ein Beweis dafür sein, daß die Sparkassen schon bedeutend mehr als die Banken auf den Kreditbedarf der kleinen und mittleren Betriebe der Wirtschaft und damit auch des Einzelhandels eingehen. *Van Norden schätzte den Anteil des Einzelhandels an der Gesamtkundenzahl aller Sparkassen auf etwa* ¼—⅓.[106])

[103]) Entnommen aus: Mellerowicz: „Die öffentlichen Banken in der deutschen Bankwirtschaft" Berlin 1934, S. 53.

[104]) 1928 und 1929 einschl. eines Teiles der durchlaufenden Kredite.

[105]) Enquete-Ausschuß, V. Unterausschuß, „Der Bankkredit", S. 171. Erfaßt wurden die Darlehen gegen satzungsgemäße Sicherheit und die Wechselkredite!

[106]) van Norden: Kreditverhältnisse im Einzelhandel. Vortrag im Einzelhandelsausschuß des Deutschen Industrie- und Handelstages. „Deutsche Handelswarte", Nr. 21, 1931, 465.

Schuster[107]) nimmt die Beteiligung des Einzelhandels an der kurzfristigen Kreditgewährung der Sparkassen in Höhe von ungefähr 10—12 % an.

cc) Kreditgenossenschaften.

Als die wichtigste Kreditquelle des Einzelhandels unter allen Kreditinstituten sind augenblicklich die Kreditgenossenschaften anzusprechen. Die Beziehungen zwischen Kreditgenossenschaften und Einzelhandel zwecks Beseitigung bzw. Minderung seiner Kreditnot sind enger als man im allgemeinen annimmt und lassen die Hoffnung aufkommen, daß es durch Fortsetzung und Ausweitung dieses gegenseitigen Zusammenwirkens einmal möglich sein wird, die Finanzierungsprobleme der kleineren und mittleren Betriebe des Einzelhandels zufriedenstellend zu lösen und damit seine Leistung innerhalb der mittelständischen Wirtschaft zu steigern.

Diese Hoffnung beruht auf Untersuchungen, — (den einzigsten, die es über die Beziehungen des Einzelhandels mit den Kreditgenossenschaften gibt) — die aus der Zusammenarbeit des Deutschen Genossenschaftsverbandes mit der Hauptgemeinschaft des deutschen Einzelhandels[108]) (der heutigen „Wirtschaftsgruppe Einzelhandel") entsprungen sind und den Anteil des Einzelhandels an der Kreditgewährung der einzelnen Kreditgenossenschaften angeben.

In welcher Form gewähren die Kreditgenossenschaften dem Einzelhandel Kredit, oder die Frage präziser ausgedrückt, berücksichtigen die Kreditgenossenschaften ebensowenig wie die Banken und zum Teil auch die Sparkassen den Umstand, daß es dem Einzelhandel meist unmöglich ist, bankmäßige Sicherheiten für die aufgenommenen Kredite zur Verfügung zu stellen?

Um zu dieser Frage Stellung nehmen zu können, müssen erst einige Zahlenangaben gemacht werden:

Art der Deckung der den Einzelhändlern eingeräumten Kredite[109])
(bei 76 berichtenden Kreditgenossenschaften).

Gedeckt durch:	Betrag in RM.	in v. H.
Realsicherheiten insbes. Hypotheken	26 993 243	67,0
Personalsicherheiten (insbes. Bürgschaften und Wechsel)	10 934 465	27,2
reine Personalkredite ohne besondere Deckung	2 327 909	5,8
	40 255 617	100

[107]) Schuster: „Die Kreditversorgung des Einzelhandels" in „Zahlungsverkehr und Bankbetrieb" 1936. Nr. 4, S. 96.

[108]) Lisnik: Einzelhandel und Kreditgenossenschaften. Berlin 1930.

[109]) Einzelhandel und Kreditgenossenschaften. a. a. O., S. 34.

Es herrscht also auch bei den Kreditgenossenschaften die Tendenz vor, nur gegen Deckung durch Realsicherheiten Kredite zu geben. Von den erfaßten 40 Millionen RM sind allein 27 Millionen RM durch Hypotheken gedeckt, das sind 67 %. Diese Tendenz ist bei Kreditgenossenschaften aller Größenklassen zu beobachten. Nur die größten Kreditgenossenschaften scheinen — wie aus den erwähnten Untersuchungen hervorgeht — außer hypothekarischen Sicherheiten auch der Bürgschaft und dem Wechsel eine größere Rolle zuzuweisen. 27,2 % der gesamten an den Einzelhandel gegebenen Kredite sind durch personelle Sicherheiten gedeckt, während nur 5,8 % reine Personalkredite sind. Der eigentliche Personalkredit, den der Einzelhandel benötigt, wird also auch von den Kreditgenossenschaften vernachlässigt. Doch das ist — wie aus folgender Übersicht hervorgeht — nicht bei den Genossenschaften aller Größenklassen der Fall, vielmehr wächst der Anteil von reinen Personalkrediten um so mehr, je kleiner die Genossenschaft ist.

Art der Deckung der den Einzelhändlern eingeräumten Kredite, geordnet nach der Größe der Genossenschaften (gemessen an Mitgliedern).[110]
(bei 76 berichtenden Genossenschaften.)

Gedeckt durch:	Kreditgenossenschaften mit . . . Mitgliedern		
	bis 1000	von 1001 – 2000	über 2000
Realsicherheiten	5.692.078 69,2%	6.976.899 72,6%	14.324.266 63.9%
personelle Sicherheiten	1.373.357 16,7%	1.994.758 20,8%	7.566.350 33,7%
ungedeckter Kredit	1.163 627 14,1%	630.134 6.6%	534.148 2,4%

Der Anteil des reinen Personalkredites in den kleinsten Genossenschaften wird mit 14,1 % angegeben, der der größten mit 2,4 % aller gegebenen Kredite. Es ist genau dieselbe Erscheinung, wie wir sie bei den Banken und besonders für das Verhältnis der Großbanken und etwa den Privatbankiers beobachten konnten. Die kleinen Kreditgenossenschaften haben wie beispielsweise die Privatbankiers engere Beziehungen mit den Einzelhändlern und kennen sie persönlich, was natürlich für die Beurteilung der Würdigkeit des Einzelhändlers für die Gewährung eines reinen Personalkredites ein großer Vorteil ist, den die großen Kreditgenossenschaften nicht aufweisen können. Aus dieser Tatsache heraus ist zu schließen, daß die Möglichkeit, in größerem Umfange reine Personalkredite an den Einzelhandel zu geben, besonders von den kleineren Kreditgenossenschaf-

[110]) a. a. O., S. 37.

ten — ebenso wie von den Privatbankiers und Sparkassen — verwirklicht werden könnte und daß diese, besonders aber die Kreditgenossenschaften, in dieser Hinsicht ein reiches Arbeitsfeld vor sich finden. Allerdings wird der Einzelhandel die Grundsätze, die für die Gewährung von reinen Personalkrediten gestellt sind, erfüllen müssen, dann erst wird dieser ausdehnungsfähiger sein, ohne damit die notwendige bankmäßige Sicherheit der erwähnten Institute zu gefährden. Dieser Hinweis möge hier genügen; die weitere Erörterung der aufgeworfenen Fragen wird im Teil II D S. 117 folgen.

Es muß an dieser Stelle die Eignung der Kreditgenossenschaften für die Beseitigung der Kreditnot des Einzelhandels noch weitergehend herausgestellt werden.

Die Kreditgenossenschaften können in bezug auf die Struktur der von ihnen an den Einzelhandel gegebenen Kredite gewissermaßen als die Bank des Einzelhandels angesprochen werden, denn sie sehen als Mittelstandsbanken ihre hauptsächlichste Aufgabe in der Gewährung wirklicher kleiner und mittlerer Kredite. Nach einer Untersuchung, an der sich 77 Kreditgenossenschaften beteiligten, wurden dem Einzelhandel Kredite in % des Gesamtkredites in folgender Größengliederung gegeben:[111])

Größenklasse der Kredite RM	Anzahl	Anteil an der Zahl der eingeräumten Kredite	Betrag in RM	Anteil an dem Betrag der eingeräumten Kredite
bis 1 000	4146	43.5 %	2 505.875	6,6 %
1 001— 5 000	3460	36,3 %	9.591.447	25,1 %
5 001—10 000	1075	11,3 %	7 922.414	20,7 %
10 001—20 000	556	5,8 %	7.998.767	21,0 %
20 001—50 000	253	2,7 %	7.268.315	19,0 %
über 50 000	37	0,4 %	2.898 276	7.6 %
Insgesamt	9527	100 %	38.185.094	100 %

Diese Angaben beweisen deutlich, daß die Kreditgenossenschaften in großem Ausmaß den Bedarf des Einzelhandels nach kleinen und mittleren Betriebskrediten decken, denn der Zahl nach wurden von insgesamt 9527 an den Einzelhandel gegebenen Krediten allein 8681 (rd. 90 %) in der Größenklasse bis zu 10 000 RM eingeräumt, davon waren allein 7606 (rd. 80 %) Kredite in der Größe bis 5000 RM, und 4146 von 9527

[111]) a. a. O., S. 31.

d. h. 43,5 % aller eingeräumten Kredite waren solche bis zu 1000 RM!

Der Summe der eingeräumten Kredite nach betrachtet, ergibt sich natürlich ein anderes Bild, denn da überwiegen mehr die Kredite der höheren Größenklassen, jedoch kommt es auf diese Angaben über die Summe im Rahmen der Betrachtung der Größengliederung der von den Genossenschaften an den Einzelhandel gegebenen Kredite nicht in dem Maße an, wie gerade auf die Angaben der Anzahl der gewährten Einzelhandelskredite, die vollends beweisen, daß die Kreditgenossenschaften tatsächlich am intensivsten von allen Kreditinstituten die Gewährung von mittleren und kleinen Krediten betreiben und damit als wichtigste Kreditquelle des Einzelhandels zu bezeichnen sind.

Diese Behauptung erscheint als vollauf berechtigt, wenn man sich die Größe des Kreditgeschäftes zwischen dem Einzelhandel und den Kreditgenossenschaften einmal zahlenmäßig vor Augen führt. Bei 78 erfaßten Kreditgenossenschaften waren von 128 814 Mitgliedern 17 155 Einzelhändler, d. h. 13,3 %, also 1/8 aller Genossen. Verallgemeinert auf die rd. 1360 dem Deutschen Genossenschaftsverband angeschlossenen Kreditgenossenschaften, die mehr als 1 Million Mitglieder haben, ergibt sich der Schluß, daß von den ca. 670 000 Einzelhandelsbetrieben allein 110 000 bis 140 000 kreditgenossenschaftlich organisiert waren.

Am Kreditgeschäft der berichtenden Kreditgenossenschaften ist der Einzelhandel stärker beteiligt, als es seiner Mitgliederzahl entsprechen würde:

Anteil der Einzelhändler an den Krediteinräumungen.[112])

Genossenschaften mit . . . Mitgliedern	Zahl der Krediteinräumungen des Einzelhandels in % aller Krediteinräumungen	Summe der Krediteinräumungen des Einzelhandels in % der gesamten Summe
bis 1 000	18,2	19,5
von 1 000—2 000	13,5	14,1
über 2 000	16,1	18.7
insgesamt	**15,8**	**17,5**

Die Zahl der Gesamteinräumungen an den Einzelhandel betrug 10 500, d. h. 15,8 % aller gegebenen Kredite — es waren 66 301 — fielen an ihn. Am Gesamtkreditvolumen der Kreditgenossenschaften war der Einzelhandel Ende 1928 sogar mit 17,5 % beteiligt. Das entspricht einem Betrag von rund 41 Millionen. Umgerechnet auf jeden Einzelhändler

112) a. a. O., S. 28/29.

ergibt sich die durchschnittlich gewährte Summe von etwa 3900 Mark. Das Verhältnis von 17,5 % übertragen auf alle an den Deutschen Genossenschaftsverband meldenden Kreditgenossenschaften mit einer Gesamtkreditsumme von 1,45 Milliarden, ergibt einen Betrag von 250 Millionen, der allein dem Einzelhandel als Kredit zur Verfügung gestellt wurde. Auch hier ist wieder zu beobachten, daß die kleineren Kreditgenossenschaften, die im Vergleich zu den großen mehr Einzelhändler als Mitglieder haben, diesen in größerem Umfange Kredite eingeräumt haben, als es die großen Genossenschaften taten. Allerdings sind die Differenzen nicht sehr erheblich.

dd) Absatzfinanzierungsinstitute.

Der Einzelhandel nimmt nicht nur Kredit zur Warenlagerfinanzierung auf, sondern auch zu dem Zwecke, um seinerseits Kredite an die Kunden gewähren zu können. Ein recht bedeutender Teil dieser Kreditgewährung vollzieht sich in unorganisierter Form (als offener Buchkredit). Das Wesen dieses Kredites besteht darin, daß der Einzelhändler seinen Kunden einen offenen Kredit einräumt, ohne einen genauen Zahlungstermin zu vereinbaren und meist auch ohne für diesen Kredit Zinsen oder sonstige Kosten besonders in Rechnung zu stellen („Anschreiben"). Diese Form ist insbesondere in ländlichen Bezirken und mittleren und kleineren Städten stark verbreitet, weil dort der Einzelhändler am häufigsten mit seinen Kunden in direkten persönlichen Beziehungen steht. Der Verkauf der Waren auf Kredit in unorganisierter Form zieht naturgemäß — da in der Regel überhaupt keine Zinsen dafür berechnet werden — eine beträchtliche Kostenbelastung des Einzelhandels nach sich, die auf die Handelsspanne-Kalkulation für den normalen Barverkauf sehr ungünstig einwirkt und damit die Konkurrenzfähigkeit des Einzelhandels noch mehr herabmindert!

Es ist deshalb angestrebt worden, — und die „Wirtschaftsgruppe Einzelhandel" setzt sich mit äußerster Kraft dafür ein — die Gewährung dieses unorganisierten Kundenkredits mehr und mehr in eine kontrollierte organisierte Form überzuführen, und zwar nur auf wichtige größere Anschaffungen von langlebigen Gebrauchsgütern zu beschränken.

Das fordert die „Wirtschaftsgruppe Einzelhandel" in den von ihr entworfenen „Richtlinien für Kreditverkäufe im Einzelhandel", die an dieser Stelle auszugsweise wiedergegeben seien:

I. Allgemeine Grundsätze.

Der Verkauf im Einzelhandel muß sich grundsätzlich gegen Barzahlung vollziehen. Denn der Barverkauf bildet das sichere Fundament des Einzelhandels und ist deshalb stets und mit allen Kräften anzustreben. Barverkauf im Einzelhandel ist der Verkauf gegen Zahlung Zug um Zug gegen Herausgabe der Ware. Die im Lebensmitteleinzelhandel vielfach eingeführte Warenentnahme gegen wöchentliche oder monatliche Zahlung (Wochen- oder Monatskonten) ist dem Barverkauf gleichzustellen.

Der Kreditverkauf soll die Befriedigung eines gegenwärtig vorhandenen Bedürfnisses in den Fällen ermöglichen, in denen der Käufer über die zur Anschaffung gegen Barzahlung erforderlichen Mittel nicht verfügt. Er ist daher auf wichtige größere Anschaffungen von Gebrauchsgütern zu beschränken. Unzulässig sind deshalb Kreditverkäufe von Gegenständen für den sofortigen Verbrauch oder von einzelnen Gebrauchsgegenständen.

Über die Arten des Kreditverkaufs gibt die „Wirtschaftsgruppe Einzelhandel" folgende Richtlinien:

Zum offenen Buchkredit: Der offene Buchkredit ist grundsätzlich abzulehnen und zu beseitigen, da er für den Einzelhandel und den Verbraucher gefährlich und volkswirtschaftlich schädlich ist.

Zum Verkauf gegen ein festes Ziel: Der Verkauf gegen ein festes Ziel ist im Rahmen der allgemeinen Grundsätze dann vertretbar, wenn zu dem vereinbarten Zahlungstermin mit entsprechenden Einnahmen des Käufers gerechnet werden kann.

Verkauf gegen ein festes Ziel liegt dann vor, wenn der Kaufpreis oder der nach Anzahlung verbleibende Restkaufpreis zu einem festen Termin vereinbarungsgemäß in einer Summe zu zahlen ist.

Zum Teilzahlungs- oder Ratenverkauf: Teilzahlungsverkäufe sind im Rahmen der allgemeinen Grundsätze dann vertretbar, wenn mit der Tilgung des Kaufpreises in angemessenen Raten aus den laufenden Einnahmen des Käufers gerechnet werden kann. Teilzahlungs- oder Ratenverkauf liegt dann vor, wenn der Kaufpreis oder der nach Anzahlung verbleibende Restkaufpreis vereinbarungsgemäß in mehreren Raten zu zahlen ist.

Über die **Grenzen des Kreditverkaufs** ist folgendes festgelegt worden: Die Gesamthöhe und die Laufzeit des Kredites müssen in einem angemessenen Verhältnis zu der wirtschaftlichen Leistungsfähigkeit des Käufers stehen; zu berücksichtigen sind hierbei Einkommens- und Vermögensverhältnisse, Sicherheit der beruflichen Stellung, Familienstand, aber auch die Art des Kaufgegenstandes. Die Laufzeit des einzuräumenden Kredits ist möglichst zu beschränken. Sie ist der wirtschaftlichen Nutzungsdauer des Kaufgegenstandes anzupassen und darf sie keinesfalls überschreiten.

Zu den **Kosten des Kreditverkaufs** sollen folgende Richtlinien maßgebend sein: Die Einräumung von Kredit an den Kunden ist eine zusätzliche Leistung des Einzelhändlers, deren Gewährung für ihn mit zusätzlichen Kosten verbunden ist. Darum sind die infolge der Krediteinräumung erwachsenen Kosten aller Art den Kreditnehmern entweder durch Kreditzuschlag oder durch Stellung eines besonderen Kreditverkaufspreises kenntlich zu machen. Dies gilt für alle direkten oder indirekten Formen des Kreditverkaufs, also auch für offene Buchkredite. Der Kreditzuschlag muß gemäß den Richtlinien der „Wirtschaftsgruppe Einzelhandel" folgende Kostenfaktoren berücksichtigen:

a) Die Zinsaufwendung für die kreditierten Beträge, gleichgültig, ob es sich um eigenes oder fremdes Kapital handelt;

b) die mit der Krediteinräumung, insbesondere Auskunftseinholung, der buchhalterischen Bearbeitung, dem Inkasso und der Kreditkontrolle verbundenen Verwaltungskosten. Hierbei ist zu beachten, daß diese Kosten von der Höhe und die Kosten der Krediteinräumung auch von der Dauer des einzelnen Kredits weitgehend unabhängig sind. Andererseits werden die Kosten der buchhalterischen Bearbeitung, des Inkassos und der Kreditkontrolle durch die Zahlungsweise des Kreditnehmers beeinflußt.

c) Die Risikoprämie. Das Risiko ist für den einzelnen Betrieb, je nach der Bonität und Zusammensetzung der Kundschaft, der Warenart und den Konjunkturverhältnissen in den einzelnen Bezirken verschieden.

Die weitgehende Verschiedenartigkeit der Teilzahlungskosten je nach der Höhe der Verwaltungskosten, der Zahlungsweise, der Länge des Zieles, der Höhe des Risikos, der Warenart (Wert des Eigentumsvorbehaltes), Finanzierungskosten (Selbstfinanzierung, direkter Bankkredit, Absatzfinanzierung, Kundenwechsel) machen es unmöglich, einheitliche Vorschriften über die Berechnungsart und -höhe zu geben.

Das Ziel der „Wirtschaftsgruppe Einzelhandel", die Kreditgewährung in unorganisierter Form vollkommen überzuführen in eine in organisierter Form, ist bei weitem noch nicht erreicht, es wird auch nie vollkommen zu erreichen sein; das ist erklärlich, wenn man das oft ganz persönliche Verhältnis zwischen Einzelhändler und Kunde (z. B. Einzelhändler und Hausfrau) in Betracht zieht.

Daß die *eigenen* Betriebsmittel zur Deckung des durch die Kreditgewährung an die Kunden in unorganisierter geschweige denn in organisierter Form entstehenden Kapitalbedarfes nicht ausreichen, ist bereits festgestellt worden.

Deshalb versuchte der Einzelhandel, — falls er in der günstigen Lage war, mit Kreditbanken in Geschäftsverbindung zu stehen — den Kapitalbedarf durch diese zu decken. Die gewöhnlichen Kreditbanken konnten jedoch die benötigten Mittel vielfach nicht in erforderlichem Umfange zur Verfügung stellen, zumal sie keinerlei praktische Erfahrung im Absatzfinanzierungsgeschäft besaßen.

Begünstigt durch die in großem Umfange nach Deutschland fließenden Auslandskredite und die im amerikanischen Teilzahlungsgeschäft gemachten Erfahrungen entstanden deshalb in Deutschland bankmäßige Spezialinstitute, die u. a. auch dem Einzelhandel die erforderlichen Mittel zur Verfügung stellten und dazu besondere Kreditsysteme entwickelten.

Diese müssen hier ganz kurz angeführt werden:

Je nachdem, wo die zusätzlichen Kapitalien eingesetzt werden, unterscheidet man die:

eigentliche Absatzfinanzierung, auch Händlerfinanzierung genannt, und die:

Konsumfinanzierung oder auch als Kundenfinanzierung bezeichnet.

Bei der Absatzfinanzierung werden dem Einzelhändler die zur Ergänzung seiner Betriebsmittel nötigen Kredite direkt gegeben, d. h. das betreffende Finanzierungsinstitut nimmt die Finanzierungslast von dem Einzelhändler, indem es ihm Mittel zur Verfügung stellt, die er wie seine eigenen Gelder zur Kreditgewährung an den Käufer verwendet. Es ist dann die Aufgabe des Einzelhändlers, die Kreditwürdigkeit des Käufers zu prüfen und die Raten einzuziehen.

Bei der Konsumfinanzierung dagegen wird unmittelbar dem Käufer ein Kredit vom Finanzierungsinstitut eingeräumt, mit dem er dann seine Einkäufe tätigen kann. Der Einzelhändler wälzt also die Finanzierungslast von sich auf das Finanzierungsinstitut ab, indem er einen Vertrag mit diesem schließt, auf Grund dessen dasselbe an seine Kunden Kredit gewährt. Es läuft hier gewissermaßen der Kreditvertrag vom Kaufvertrag getrennt. Das sind die hauptsächlichsten Formen, nach denen die sich in der Praxis herausgebildeten großen Absatzfinanzierungsinstitute arbeiten, wobei jede Gesellschaft wiederum ihr eigenes System der Durchführung im Rahmen dieser Formen entwickelt hat.

Diese verschiedenartigen Arbeitsmethoden der einzelnen Finanzierungsinstitute zu behandeln und die Höhe ihrer Kreditgewährung zum Zwecke der Absatzfinanzierung des Einzelhandels anzugeben, würde zu weit führen.

Es ist aber von der „Arbeitsgemeinschaft Deutscher Kundenkredit-Gesellschaften", die den überwiegendsten Teil der auf diesem Gebiete arbeitenden Institute vereinigt, neuerdings eine sehr genaue Zusammenfassung der Betriebsergebnisse aller Institute vorgenommen worden, die uns einen aufschlußreichen Überblick über die Größenentwicklung der fast ausschließlich über den Einzelhandel laufenden Kredite gewährt:

Die Entwicklung der Kreditumsätze bei den Mitgliedsinstituten der „Arbeitsgemeinschaft Deutscher Kundenkredit-Gesellschaften".[113])

Jahr	Anzahl der berichtenden Gesellschaften	Gesamtkreditumsatz RM.	Herausgegebene Kundenkredite Stück:
1926	1	400 000	
1927	3	2 911 000	
1928	3	3 237 000	
1929	7	6 453 000	
1930	9	12 695 000	
1931	10	16 006 000	
1932	10	8 662 000	
1933	10	9 803 000	
1934	10	15 745 000	201 434
1935	12	24 662 000	299 294
1936	13	rd. 35 000 000	408 000

Die Kreditumsätze sämtlicher Teilzahlungs-Kreditinstitute, die der „Fachgruppe Teilzahlungs-Kreditunternehmungen" angeschlossen sind, betragen vergleichsweise für 1936 rd. 60 Millionen RM, wobei jedoch die vorwiegend auf Wechselbasis arbeitenden Institute, d. h. insbesondere die Kraftfahrzeug- und Maschinenfinanzierung nicht erfaßt worden sind; der Umsatz dieser Institute kann für 1936 auf 200 Millionen RM geschätzt werden. Dazuzurechnen wären weiterhin noch die Kreditumsätze von rd. 90 Millionen RM, die über die Teilzahlungskreditabteilungen der Gas- und Elektrizitätswerke und ähnlicher Einrichtungen gehen dürften, so daß für die durch Institute organisierten Teilzahlungskredite insgesamt eine Höhe von 350 Millionen RM anzunehmen ist.

Die Differenz zwischen dieser Zahl und der auf S. 44 angegebenen Ziffer für den Umfang der organisierten Kreditverkäufe im Einzelhandel (1935: in Höhe von 2 Milliarden RM) zeigt uns ungefähr, daß diese Kreditgewährung zum großen Teil vom Einzelhandel selbst, d. h. unabhängig von den besonderen Instituten, durchgeführt wird, was allerdings nur Großbetrieben mit einer bestimmten Kapitalkraft möglich sein dürfte.

Der klein- und mittelbetriebliche Einzelhandel ist bei dem Streben nach der Überführung der unorganisierten Kreditgewährung in eine organisierte Form fast stets auf die besonders dazu geschaffenen Absatzfinanzierungsinstitute angewiesen. Diesen Einrichtungen steht daher noch ein

[113]) Jubiläumsbericht der Arbeitsgemeinschaft deutscher Kundenkredit-Gesellschaften: „Zehn Jahre Kundenkredit-Organisation 1926—1936". S. 6.

weites Feld für ihre Betätigung offen, indem sie die noch immer erheblichen Beträge der vom Einzelhandel gegebenen unorganisierten Kundenkredite (schätzungsweise 1 Milliarde RM) in eine organisierte Form überzuführen haben, um dem Einzelhandel wieder zu seiner ureigenen Aufgabe des „Verkaufs gegen bar" zu verhelfen. Da die Führer des Einzelhandels die Bedeutung dieser Bestrebungen anerkennen und sie jederzeit fördern, wird dieser Umwandlungsprozeß nach Erlaß bestimmter gesetzlicher Grundlagen (der Entwurf liegt bereits vor, s. S. 108 ff.), soweit als irgend möglich, verwirklicht werden.

c) Die Kreditgewährungsprinzipien der Kreditinstitute als Ursache für die mangelhafte Kreditversorgung des Einzelhandels.

Zusammenfassend läßt sich als Ergebnis der obigen Untersuchungen feststellen, daß die Kreditversorgung des Einzelhandels durch die Kreditinstitute — hier ganz abgesehen von den Sonderkreditinstituten zum Zwecke der Finanzierung des Absatzes —, verglichen mit dem Umfang der Lieferantenkredite, sehr mangelhaft ist.

Am wenigsten tragen die Banken — vor allen Dingen die Großbanken — zu seiner Finanzierung bei. Eine Ausnahme machen lediglich die Sparkassen und Kreditgenossenschaften, und zwar insofern, als sie es wenigstens versuchen, mit ihren verfügbaren Mitteln so umfangreich als möglich dem Einzelhändler Kredite zu geben. Sie werden deshalb zumeist als die Banken des Einzelhandels bezeichnet. Doch diese Bezeichnung ist übertrieben, denn auch sie erfüllen — wie wir feststellten — die Kreditwünsche des Einzelhandels nicht in dem Maße, wie es nötig wäre.

Das liegt an der Struktur der von den Sparkassen und Kreditgenossenschaften gegebenen Kredite. Die mittleren und kleinen Betriebe des Einzelhandels benötigen vor allen Dingen reine Personalkredite, da sie nur selten über Deckungsmöglichkeiten verfügen. Die Banken in erster Linie und auch die Sparkassen und Kreditgenossenschaften geben dagegen — wie zahlenmäßig nachgewiesen wurde — vorwiegend „realgedeckte Personalkredite", d. h. sie ändern bewußt den Charakter des „Personalkredites" ab, so daß von einem solchen oft kaum noch die Rede sein kann. Bei den Sparkassen waren 1932 rd. 94 %, bei den Kreditgenossenschaften 1930 67 % aller an den Einzelhandel gegebenen Kredite durch Realien gedeckt. Der mittelständische Einzelhandel verfügt aber nur selten über beleihungsfähige Grundstücke oder sonstige banktechnisch geeignete Sicherheiten. Sein Warenlager, das ständigem Wechsel und — in vielen Branchen — erheblichen Risiken (Mode, Verderb) unterworfen ist, kommt als Kreditunterlage nur in geringem Umfange in Frage. Auch seine Außenstände, die zwar ein wertvolles Aktivum darstellen, sind als Grundlage für eine Beleihung nur bedingt geeignet. Die starke Betonung der realen Deckung seitens der Banken, Sparkassen und Kreditgenossenschaften für die an den Einzelhandel gegebenen Betriebskredite verschärft daher seine Kreditnot aufs äußerste.

Dieses Ergebnis der Analyse der Struktur der von den Kreditinstituten gegebenen sogenannten Personalkredite wird bestätigt durch eine Untersuchung von der Einzelhandelsseite her, und zwar vom Drogeneinzelhandel aus, der, wie immer, so auch auf diesem Gebiet recht zuverlässige und verwertbare Angaben machte. Zu dieser Erhebung berichteten 285 Betriebe. 38 hatten davon am 31. 12. 1931 überhaupt keine Schulden. 48 Betriebe hatten vorübergehend nur ganz geringe Lieferantenschulden, die nicht als solche gezählt werden, 86 Betriebe sind im ganzen als schuldenfrei zu bezeichnen, folglich bleiben 199 verschuldete Betriebe übrig. Die Herkunft der von diesen 199 Betrieben aufgenommenen Kredite gliedert sich folgendermaßen:

Verschuldung bei einer Aufgliederung nach der Art der Kredite.[114])

Betriebe, bei denen die Geschäftsschulden vorwiegend bestanden:	Zahl der Betriebe		Geschäftsschulden am 31. 12. 31 in % vom	
	absolut	in %	Umsatz 1931	Lager Ende 1931
nur aus Lieferantenkrediten	63	31,7	4,8	20
aus Lieferanten- und Bankkrediten	35	17,5	19.8	87
aus ungesicherten Darlehen	59	29,6	14,8	75
aus hypothekarisch gesicherten Darlehen	42	21,2	25,4	88
	199	100	14,0	65,7

Danach stehen die Lieferantendarlehen mit 63 Betrieben = 31,7 % aller verschuldeten Betriebe an erster Stelle. Dann folgen mit 59 Betrieben = 29,6 % die ungesicherten Darlehen (meist Verwandten- und Freundesdarlehen), danach hypothekarisch gesicherte Darlehen mit 42 Betrieben = 21,2 % und schließlich zuletzt Lieferanten- und Bankkredite mit 35 Betrieben = 17,5 %.

„Hiermit wird — so fügt die FfH zur Tabelle hinzu — die allgemein verbreitete Annahme, daß der Bankkredit dem Einzelhandel in sehr beschränktem Maße zur Verfügung steht, in einem Zweig des Einzelhandels statistisch nachgewiesen.

[114]) FfH-Mitteilungen 1932, Heft 7, S. 50.

Die Höhe der Verschuldung bei dem Fünftel der berichtenden Betriebe, das vorwiegend Hypothekarkredit in Anspruch genommen hat, läßt erkennen, daß Hausbesitz einem Einzelhändler weit größere Kreditmöglichkeiten erschließt als sein Warenlager und das persönliche Vertrauen, das er genießt! Gerade bei einer im Verhältnis zum Geschäftsumfang starken Verschuldung liegen die Grundlagen des Kredits vielfach sozusagen außerhalb des Geschäfts, im Vorhandensein von Hausbesitz, vielleicht im Besitz von beleihbaren Effekten oder im persönlichen Vertrauenskredit von seiten der Verwandten und Freunde, also außerhalb des offenen Geld- und Kreditmarktes und erst recht außerhalb der Depositenkassen der Banken."[115])

Im Rahmen der Erhebung im Drogeneinzelhandel stellt die FfH in bezug auf die Sicherung der Bankkredite folgendes fest: „Von 35 Firmen, die Bankkredite in Anspruch nahmen, befanden sich 21, also ⅗, im eigenen Hause! Von der Gesamtheit der für die Statistik berichtenden Firmen betrieben 34 % ihr Geschäft im eigenen Hause (s. Tabelle auf S. 70).

Wenn also die Erlangung eines Bankkredites auch nicht unbedingt von dem Vorhandensein von Grundbesitz abhängig ist, so zeigt sich doch, daß es überwiegend Geschäfte mit eigenem Hausbesitz sind, die von einem Bankkredit Gebrauch machen können.

Von den in gemieteten Räumen befindlichen Geschäften berichteten 3 Firmen, daß ihr Kredit durch Effekten gesichert sei. 3 Firmen hatten eine Sicherungshypothek auf ein ihnen gehöriges Grundstück eintragen lassen. Die übrigen 8 Firmen machten keine Angaben über besondere Sicherheiten für ihren Bankkredit. Nur 14 Betriebe von insgesamt 193 Firmen wiesen neben ungedeckten Lieferantenschulden noch Wechselschulden für Warenlieferungen aus. Bei 7 Betrieben machten sie mehr als 15 % der Lieferantenschulden aus. Der höchste Wert lag bei 63 % der Lieferantenschulden. Es zeigt sich also, daß der Wechsel als Kreditinstrument im Verkehr zwischen dem Drogeneinzelhandel und seinen Lieferanten nur eine untergeordnete Rolle spielt."[116])

Die Grundlagen des Kredits liegen also größtenteils außerhalb des eigentlichen Einzelhandelsbetriebes, was nicht nur für den Hausbesitz gilt, sondern auch für den Besitz von beleihbaren Effekten.

Durch diese Feststellungen wird zusammenfassend bestätigt, daß der mittelständische Einzelhandel so gut wie keine Bankkredite erhält und

---

[115]) Ebenda, S. 51.
[116]) Ebenda, S. 52.

wenn, dann nur unter Hingabe von realen Sicherheiten, was aber dem Einzelhändler nur sehr selten möglich ist.

Die Kreditnot des Einzelhandels liegt demnach vorwiegend in strukturellen Elementen begründet, d. h. in den Grundsätzen der Kreditgewährung, die von den Banken und auch den Sparkassen und Kreditgenossenschaften zum Nachteil des Einzelhandels entwickelt worden sind.

Die Kreditinstitute überschätzen die Sicherheiten zu sehr, anstatt dem Personalkredit seinen wahren Sinn zu geben und unter Verzicht auf eine dingliche Deckung in erster Linie auf dem Vertrauen gegenüber der persönlichen Tüchtigkeit und Zuverlässigkeit des Kreditnehmers, die allerdings durch Aufzeichnungen bewiesen werden muß, aufzubauen.

Es ist einerseits die persönliche Vertrauenswürdigkeit des Einzelhändlers, die einwandfrei feststehen muß, andererseits aber haben auch seine Vermögensverhältnisse Berücksichtigung zu finden.

Nach der Inflation und in den darauf folgenden Jahren mit ihrer für den Mittelstand völlig verfehlten Wirtschaftspolitik war die Lage des Einzelhandels in beiderlei Hinsicht oft eine sehr schlechte, so daß man es den Kreditinstituten vielfach nicht verübeln konnte, wenn sie betonten, sie seien keine Wohltätigkeitsinstitute, sondern hätten fremdes Geld zu verwalten und seien daher zur dinglichen Sicherstellung des gewährten Kredites gezwungen.

Diese z. T. zutreffende Einstellung wurde aber von den Kreditinstituten zu sehr verallgemeinert und führte in der Nachkriegszeit zu einer übersteigerten Sicherungspolitik ohne Rücksicht darauf, ob der Einzelhändler die oben gekennzeichneten Merkmale besaß oder nicht!

In den letzten Jahren ist jedoch durch die mittelständische Wirtschaftspolitik des Nationalsozialismus am Einzelhandel fruchtbare Erziehungsarbeit geleistet worden, so daß an die Kreditinstitute die Forderung nach Abänderung ihrer Kreditgewährungspolitik zu stellen ist.

Es bleibt jedoch nicht nur Aufgabe der Kreditinstitute, ihre Politik zu ändern und zukünftig in verstärktem Maße dazu überzugehen, mehr reine Personalkredite zu gewähren, sondern auch der Einzelhandel muß von sich aus die Verhältnisse in seinem Betriebe klarzulegen versuchen, d. h. wenn er einen solchen Kredit erhalten will, muß er vorerst seine Kreditfähigkeit durch seine Geschäftsführung beweisen. Die Kreditinstitute werden sich mit Recht davor hüten, in das Extrem zu verfallen und dem Einzelhandel ohne Ausnahme Blankokredite gewähren, bloß weil dieser einen großen Teil der mittelständischen Wirtschaft einnimmt!

Diese kurz umrissenen Gesichtspunkte müssen im folgenden besonders berücksichtigt werden, wenn das Problem der Ablösung der teueren Lieferantenkredite durch die billigeren Bankkredite (Kredite der Kreditinstitute: Banken, Sparkassen, Kreditgenossenschaften) zu behandeln und die Möglichkeiten der Lösung dieses Problems und damit der Frage der zukünftigen Kreditversorgung des mittelständischen Einzelhandels zu betrachten sein wird.

D. Die Ablösung der Lieferantenkredite durch Bankkredite als Problem der zukünftigen Finanzierung des Einzelhandels.

Es ist versucht worden, die Gründe aufzuzeigen, die die Kreditversorgung des Einzelhandels durch die Kreditinstitute so mangelhaft gestalten.

Zusammengefaßt bestehen diese Hindernisse in der Unvereinbarkeit der Krediterfordernisse des Einzelhandels mit den bankpolitischen Grundsätzen. Deshalb muß zur Lösung des Problems der Ablösung der Lieferantenkredite durch Bankkredite versucht werden, diese Kluft zu überbrücken, was aber einzig und allein durch Gemeinschaftsarbeit zwischen allen Kreditinstituten und dem Einzelhandel zu erreichen ist.

Zunächst handelt es sich bei diesem Problem vornehmlich darum, inwieweit es dem Einzelhändler möglich ist, seinerseits zu der Schaffung des notwendigen Vertrauens zwischen ihm und dem Kreditgeber beizutragen und dazu die Verhältnisse in seinem Betriebe dem anderen, kreditgebenden Teil übersichtlich zu gestalten, d. h. sich ein ordnungsgemäßes Rechnungswesen aufzubauen.

Andererseits wird die Lösung des Problems der Einzelhandelsfinanzierung in hohem Maße davon abhängen, in welchem Umfange sich die Dezentralisierungsbestrebungen im deutschen Kreditbankwesen durchsetzen werden und sich überhaupt die Neuorganisation des Kreditwesens günstig für den Einzelhandel entwickeln wird.

1. Die Voraussetzungen auf seiten des Einzelhandels.

Die Frage nach der wirtschaftlichen Berechtigung der Kreditwünsche des Einzelhandels ist — den vorangegangenen Untersuchungen zufolge — durchaus positiv zu beantworten. Der Einzelhandel muß, um stark und gesund zu werden und seinen von ihm innerhalb der Gesamtwirtschaft zu erfüllenden wichtigen Aufgaben gerecht werden zu können, ausreichende und vor allem billige Kredite zur Verfügung gestellt bekommen. Darum gilt es nunmehr zu prüfen, wie die Voraussetzungen für eine Ablösung der teueren Lieferantenkredite durch die billigeren Bankkredite beschaffen sind, oder anders ausgedrückt, was von seiten des Einzelhandels dazu beigetragen werden muß, um dieses Problem zu lösen und seine Finanzierung für die Zukunft zu gewährleisten.

Eine stärkere Einschaltung des Bankgewerbes in die Kreditversorgung setzt zunächst voraus, daß den Kreditinstituten Maßstäbe an die Hand gegeben werden, die ihnen den Beweis der Kreditfähigkeit des Einzelhandelsbetriebes als Kreditnehmer erbringen.

a) Die allgemeine Kreditsicherheit des mittelständischen Einzelhandels.

Zur Klärung der Kreditbasis für die Kreditinstitute ist es notwendig, daß diese sich — trotz Mangels an Unterlagen — vorerst einen allgemeinen Überblick über die Verhältnisse speziell des mittel- und kleinbetrieblichen Einzelhandels hinsichtlich seiner Kreditsicherheit zu verschaffen versuchen. Eine solche Beurteilung — so schwierig sie durchzuführen scheint — ist schon deshalb gerechtfertigt, weil jetzt, entgegen jahrzehntelang herrschenden Auffassungen, die Lebensfähigkeit der kleinen und mittleren Wirtschaftsbetriebe gegenüber den Großbetrieben als erwiesen angesehen werden kann.

Die noch bis vor einigen Jahren von bestimmter Seite immer wieder verbreiteten Prognosen, daß die mittelständischen Betriebe — da auf die Dauer nicht lebensfähig — mit der Zeit zugunsten einiger weniger Großbetriebe verschwinden würden, waren nämlich mit ein Grund für die Kreditinstitute, das Mittelstandskreditgeschäft immer vorsichtiger zu tätigen, d. h. es vorwiegend gegen reale Sicherheiten durchzuführen, da man die allgemeine Kreditfähigkeit jener Wirtschaftsgruppen unter diesen Umständen nicht sehr hoch einschätzte.

Dadurch ist auch der mittelständische Einzelhandel allmählich vom Kreditstrom abgedrängt worden. Um diese Tendenz hinsichtlich ihrer Entwicklung wieder rückläufig zu gestalten, muß von allen Kreditgebern — in erster Linie aber den Banken — gefordert werden, sich von der wirklichen Kreditsicherheit des Einzelhandels zu überzeugen und bei dieser Betrachtung besonders die kleinen und mittleren Betriebe den Großbetrieben gegenüberzustellen und zu prüfen, wo die gegebenen Kredite im großen und ganzen am sichersten angelegt sind.

Die „Hauptgemeinschaft des Deutschen Einzelhandels" hat sich in dieser Hinsicht aufklärend betätigt und das „finanzielle Ergebnis der Zahlungseinstellungen im Einzelhandel in den Jahren 1928/31" festgestellt und in einer Denkschrift niedergelegt. Nach dieser unveröffentlichten Untersuchung — die dem Verfasser von der jetzigen „Wirtschaftsgruppe Einzelhandel" zur Verfügung gestellt wurde — betragen die

Gesamtverluste der Einzelhandelsgläubiger in den Jahren 1928—1931 ungefähr 910 Millionen RM, die sich wie folgt zusammensetzen:

Gesamtverluste der Einzelhandelsgläubiger in Millionen RM.[117])

	1928	1929	1930	1931
Mangels Masse abgelehnte Konkurse	20,7	23,9	35,4	47,9
beendete Konkurse	85,0	81,6	114,0	123,0
beendete Vergleichsverfahren	24,2	48,2	84,1	98,8
private Vergleiche	30,0	30,0	30,0	30,0 (geschätzt)
insgesamt rd.	160,0	185,0	265,0	300,0

Für das Jahr 1932 schätzte die „Hauptgemeinschaft" einen Ausfall von rd. 250 Millionen RM; (weitere vergleichbare Untersuchungen, die dieses Ergebnis bestätigen könnten, und Fortsetzung bis zur Jetztzeit in derselben Weise, sind von dieser Stelle nicht erfolgt).

Die Denkschrift gibt dazu folgende Erläuterungen:

„Die Annäherungswerte geben einen, wenn auch zum Teil nur schätzungsweise ermittelten Gesamtüberblick. In der Zeit 1928—1932, einer z. T. sehr krisenvollen Periode, sind also durch Zahlungseinstellungen aller Art im Einzelhandel offene Verluste von 1,2 Milliarden RM entstanden. Mehr als 40 000 Einzelhändler wurden von diesem finanziellen Zusammenbruch betroffen, denn allein die Zahl der statistisch ausgewiesenen Zahlungseinstellungen beläuft sich für diese Jahre schon auf rd. 38 000 Unternehmungen. Zum besseren Verständnis sei noch errechnet, daß die Einzelhandelsumsätze in diesen fünf Jahren die Gesamthöhe von rund 150 Milliarden RM erreichten."[118]) Der Verlust betrug also 0,8 % des getätigten Umsatzes zu Einzelhandelsverkaufspreisen.

„Die für die einzelnen Jahre angegebenen Insolvenzverluste im Einzelhandel sind nun keineswegs in ihrer vollen Höhe als reine Konjunkturverluste anzusehen. Stets werden Reibungsverluste auftreten, die auch bei der Bewältigung der Warenumsätze innerhalb der Volkswirtschaft unvermeidlich sind. Diese jährlichen, konjunkturabhängigen Verluste dürften im Einzelhandel mit 170—180 Millionen RM zu veranschlagen sein. Die angegebene Summe ist aus

[117]) Denkschrift über das „Finanzielle Ergebnis der Zahlungseinstellungen im Einzelhandel in den Jahren 1928—1931", S. 51.

[118]) Unveröffentlichte Denkschrift a. a. O., S. 51.

den Ergebnissen der Hochkonjunkturjahre 1928 und 1929 ermittelt. Unter Zugrundelegung des Satzes von 170—180 Millionen belaufen sich die Verluste der beendeten Konkursverfahren, die als reine Konjunkturverluste angesehen werden können, auf etwa:[119])

5— 15	Millionen	RM	im	Jahre	1929
85— 95	"	"	"	"	1930
120—130	"	"	"	"	1931
70— 90	"	"	"	"	1932.

Demnach hat die Krise in der Zeit von 1929 bis 1932 einen zusätzlichen Verlust von etwa 300—350 Millionen RM gefordert."[119])

Aus diesen Untersuchungen, die das Resultat umfangreicher statistischer Erhebungen darstellen, sind äußerst wichtige kreditpolitische Folgerungen zu ziehen, die die „Hauptgemeinschaft" wie folgt kurz zusammenfaßt:

„Wenn wir die Aufgabe der vorliegenden Untersuchungen dahin kennzeichnen, daß sie durch eine Analyse der finanziellen Ergebnisse der Zahlungseinstellungen ermitteln sollte, welche Wirkungen der Einzelhandel als typischer Mikrokosmos der Wirtschaft im Ernstfall der Zahlungsunfähigkeit für die Gläubiger auslöst, so können wir als Ergebnis folgendes festhalten:

Die Befriedigung der Konkursgläubiger ist im Einzelhandel günstiger als im Durchschnitt der übrigen Wirtschaftsgruppen.

Von den Gründen sind die wichtigsten: die Möglichkeit des schnelleren Zugriffs der Gläubiger, die leichtere Verwertbarkeit der in der Konkursmasse vorhandenen Waren und die relativ kurze Dauer der Abwicklung des Konkursverfahrens und im Zusammenhang damit die geringere Höhe der Massekosten und Masseschulden. So erklärt es sich, daß nicht nur das Verhältnis zwischen Teilungsmasse und Verbindlichkeiten, sondern auch die Deckungsquote für bevorrechtigte und nichtbevorrechtigte Forderungen im Einzelhandel wesentlich günstiger ist als im Durchschnitt des übrigen Gewerbes. Diese Vorteile sind nur zum Teil in der Eigenschaft des Einzelhandels als konsumnaher Verteiler von Verbrauchsgütern begründet.

Zum anderen Teil sind sie ein wesentliches Merkmal des Kleinbetriebes schlechthin, eine Tatsache, die trotz ihrer Selbstverständlichkeit gerade im letzten Jahrzehnt der Wirtschaftsentwicklung vielfach übersehen wurde.

---

[119]) Unveröffentlichte Denkschrift a. a. O., S. 52.

Auch innerhalb des Einzelhandels kommt sie deutlich in dem starken Zusammenschrumpfen der Deckungsquote bei den großen Betrieben zum Ausdruck."[120])

Die Teilungsmasse in % der Verbindlichkeiten der 1930 und 1931 beendeten Konkurse im Einzelhandel beträgt in den einzelnen nach der Höhe der Schuldenmassen gegliederten Gruppen:[121])

Jahr	bis 1000	1000–5000	5000–10000	10000–20000	20000–50000	50000–100000	100000–500000	500000–1000000
1930	46,2	25,9	26,4	23,7	24,8	23 8	17,0	9,4
1931	40,0	32,7	24,2	23,2	22,6	21,7	17,1	14,5

Das günstigste Deckungsverhältnis erzielte also in den beiden Jahren die Gruppe der kleinsten Betriebe mit einer Schuldenmasse bis zu 1000 RM.

In den anderen Gruppen ging die Teilungsmasse bei steigender Schuldenmasse langsam zurück!

Durch diese Analyse der finanziellen Ergebnisse der Zahlungseinstellungen im Einzelhandel ist eindeutig nachgewiesen, „daß innerhalb der in den krisenreichen Jahren 1930/31 beendeten Konkurse die Verluste der Gläubiger relativ um so größer waren, je größer der Schuldnerbetrieb war; umgekehrt konnten die Klein- und Mittelbetriebe die relativ größte Tilgungsquote aufbringen".[122])

Geht man von dem finanziellen Ergebnis der Konkurse als Maßstab der Kreditsicherheit aus, so tritt — trotz der Krisenjahre 1928/31, für die die Untersuchung gilt — eine vergleichsweise gute Kreditsicherheit der Klein- und Mittelbetriebe deutlich zutage; denn diese konnten einen größeren Prozentsatz des eingeräumten Kredits abdecken, als die Großbetriebe mit entsprechenden Schulden. Deshalb ist die bei den Kreditgebern — vor allem den Banken — zu beobachtende Abneigung, die kleineren und mittleren Betriebe des Einzelhandels mit Krediten zu versorgen, also auch hiernach völlig ungerechtfertigt. Eine Unterstützung dieser Betriebsformen durch Kredite — selbstverständlich unter der Voraussetzung, daß sie im Einzelfall berechtigt sind — dient der Erhaltung großer und bedeutsamer Teile der Wirtschaft. Im Verlaufe einer Krise (Juli 1931) hat sich beispielsweise nur zu deutlich heraus-

[120]) Unveröffentlichte Denkschrift a. a. O., S. 55.

[121]) Unveröffentlichte Denkschrift a. a. O., S. 14.

[122]) Unveröffentlichte Denkschrift a. a. O., S. 55.

gestellt, daß dingliche Sicherheiten, die die Banken verlangen, allein den in sie gestellten Erwartungen oft nicht entsprechen. Auch zeigte der große Bankenzusammenbruch ganz offensichtlich, wohin die falsche Kreditpolitik unserer Kreditinstitute, besonders der Großbanken, nämlich ganz einseitig nur an Großschuldner Kredite zu geben und diesen immer wieder neue Kredite nachzuwerfen, geführt hat. Auch hier müßte Wandel geschaffen werden, wie noch zu beweisen sein wird. Besonders zu betonen bleibt schließlich nochmals, daß der Einzelhandel nicht nach einer bloßen Ausweitung des Kreditvolumens innerhalb seines Wirtschaftszweiges strebt, sondern sich für eine Änderung der Kreditpolitik der Banken einsetzt, dergestalt, daß wieder eine bessere Zuteilung der Kredite an die kleinen und mittleren Betriebe zum Zwecke der Wiedererstarkung ihrer Kreditbasis erfolgt.

b) Die Kreditfähigkeit des Einzelhandelsbetriebes.

Wird einerseits von den Kreditinstituten verlangt, sich über die allgemeine Kreditsicherheit des Einzelhandels, speziell der der kleinen und mittleren Betriebe Gewißheit zu verschaffen, so muß andererseits von den Verfechtern der verstärkten Kreditgewährung an diese Betriebsgrößen die Notwendigkeit der genauesten Überprüfung der Kreditfähigkeit durch die Kreditinstitute im Einzelfall als eine Selbstverständlichkeit zugegeben werden.

Die Kreditfähigkeit des einzelnen Betriebes ist zunächst an bestimmte Voraussetzungen geknüpft, die einmal in der wirtschaftlichen Qualität der in ihm tätigen Personen und zum anderen in der Stärke seiner Eigenkapitalbasis bestehen. Außerdem muß die kreditwirtschaftliche Rentabilität des Vermögens berücksichtigt werden, d. h. es ist zu prüfen, ob der betreffende Einzelhandelsbetrieb wirtschaftlich in der Lage ist, das fremde Kapital zu verwalten und wertmäßig zu erhalten, wie auch seine Verzinsung nebst einer angemessenen des Eigenkapitals sicherzustellen und schließlich den Kredit zu den vereinbarten Zeitpunkten zurückzuzahlen.

Gesunde und rentable Betriebe wären z. B. bei billigerer und reichlicherer Versorgung mit Krediten imstande, ihr Warensortiment zu ergänzen und den Wünschen der Kundschaft anzupassen, wie auch den Umsatz zu steigern und somit die Kredite pünktlich zu verzinsen und zu tilgen. Betriebe dagegen, die unrentabel arbeiten, würden die Kredite niemals verzinsen und innerhalb der vereinbarten Frist zurückzahlen können, sondern sie zu Konsumtionszwecken benutzen. Solche Betriebe sind als kreditunfähig zu betrachten.

Es genügt also nicht, daß sich ein kreditsuchender Einzelhändler auf Grund eines allgemeinen Eindrucks seines Geschäftes dem Glauben hingibt, er werde zur Rückzahlung des Kredites schon in der Lage sein und im übrigen durch das ihm mit dem Kredit zufließende Betriebskapital in einem so hohen Maße Bewegungsfreiheit bekommen, daß er sich vermehrte Einnahmemöglichkeiten verschaffen kann.

Die wichtigste Zukunftsaufgabe des Einzelhandels bleibt es, die Voraussetzungen für die Kreditfähigkeit gegenüber den Kreditinstituten nachzuweisen. Wie sie bisher gelöst worden ist und welche Maßnahmen in Zukunft besonders von seiten der kleinen und mittleren Einzelhandelsbetriebe zur Erreichung des Zieles, eine bessere Berücksichtigung innerhalb der Kreditwirtschaft zu finden, noch zu treffen sind, soll nun betrachtet werden.

c) Der Nachweis der Kreditfähigkeit.

aa) Das betriebliche Rechnungswesen als Grundlage zur Prüfung und Kontrolle der Kreditfähigkeit.

Dem festgestellten Ergebnis, daß beim Einzelhandel weniger ein absoluter Mangel an Kreditmöglichkeiten vorliegt als der Fehler zu hoher Kreditkosten, und der Zielsetzung, daß durch die Ablösung der teueren Lieferantenkredite durch billigere Bankkredite die Kreditnot beseitigt werden könnte (ohne dabei das gesamte Kreditvolumen des Einzelhandels zu erhöhen), wird das Problemhafte genommen, wenn der Einzelhandel dieses Ziel selbst zu erreichen versucht, indem er von sich aus die Grundlagen dazu schafft, welche den Banken die Prüfung und Kontrolle der Kreditfähigkeit erleichtern.

α) Verbesserung und Vereinheitlichung des Rechnungswesens als Voraussetzung.

Diese Grundlagen bestehen in dem Ausbau bzw. der Verbesserung und Vereinheitlichung des Rechnungswesens im Einzelhandel sowie der Durchführung eines monatlichen Betriebsvergleiches und der dadurch ermöglichten Betriebsberatung und Betriebskontrolle.

Die Lösung dieser Aufgaben ist nur durchführbar, wenn der betreffende Einzelhändler, der Kredit aufnehmen will, eine zuverlässige, klare und übersichtliche Buchführung besitzt, die ihm und vor allem dem Kreditgeber über die wirtschaftliche Entwicklung des Betriebes, d. h. hinsichtlich Vermögen, Eigen- und Fremdkapital, Liquiditätsverhältnisse, Kostenverhältnisse, Lagerbewegung, Lagerumschlag usw. einen guten Überblick gestattet.

In diesem Zusammenhang muß die befürwortende Stellungnahme der Banken zu dieser Forderung hervorgehoben werden.

Die Banken begannen, nachdem sie sehr schlechte Erfahrungen mit den Großschuldnern gemacht hatten (Bankenkrise 1931), ihre Kreditpolitik zu ändern. Sie traten bereits 1932 mit dem damaligen obersten Organ des Einzelhandels, der „Hauptgemeinschaft", in Verbindung, indem der Zentralverband des Bank- und Bankiergewerbes (der heutigen „Wirtschaftsgruppe Privates Bankgewerbe") zusammen mit dieser „Richtlinien zur Prüfung der Kreditwürdigkeit von Einzelhandelsfirmen bei Gewährung von Personalkrediten" schuf, die von beiden Seiten im Jahre 1933 anerkannt wurden. Sie sollen zur Grundlage für die folgende Untersuchung dienen:

In den Richtlinien heißt es u. a.:[123])

„Der Zentralverband des Bank- und Bankiergewerbes und die Hauptgemeinschaft des deutschen Einzelhandels vertreten die Auffassung, daß die Gewährung von *Personalkrediten an Einzelhandelsunternehmen gefördert werden kann*, wenn

a) die *Buchführung* des kreditsuchenden Unternehmens so zuverlässig und aufschlußreich ist, daß sie einen zuverlässigen Einblick in die Lage des Unternehmens, insbesondere in seine *Liquiditäts-* und *Rentabilitäts*verhältnisse gestattet,

b) die Kreditwürdigkeit des Unternehmens durch besondere Prüfungen von objektiven Sachverständigen bejaht wird."

Durch die Aufstellung dieser Richtlinien ist der erste Schritt getan worden, den Einzelhandel nach betriebswirtschaftlichen Grundsätzen zu reorganisieren.

Mit der Buchführung des Einzelhandels lag es bisher im argen, da zumindest die meisten Kleinbetriebe des Einzelhandels Minderkaufleute sind und deshalb nicht unter die Buchführungspflicht des Handelsgesetzbuches fallen.

Zwar ist die Zahl der bereits vorliegenden Buchführungsverfahren für Kleinbetriebe des Handels ziemlich erheblich, und eine ganze Anzahl früherer Einzelhandelsverbände hat auf diesem Gebiet schon teilweise sehr wertvolle Arbeit geleistet. Es haben sogar die Hersteller der verschiedenen Arten von Durchschreibebuchführungen ein Mittel zur Absatzsteigerung darin gesehen, daß sie den Einzelhändlern neben der Buchführungseinrichtung noch praktische Anweisungen für den Gebrauch vermittelten. Dennoch besaß schätzungsweise mehr als die Hälfte aller Einzel-

---

[123]) Auf Grund einer Einsichtnahme in das Material der „Wirtschaftsgruppe Einzelhandel".

händler bis zum 1. Oktober 1935[124]) keinerlei Buchführung. An solche Betriebe konnten die Banken keinen Kredit ohne besondere Sicherheitsleistung gewähren. Darum hat sich die „Hauptgemeinschaft..." bemüht, innerhalb ihrer zahlreichen Versuche zur Verbesserung der Betriebsführung des Einzelhandels — besonders den mittleren sowie kleinen und kleinsten Einzelhandelsbetrieben — ein brauchbares und möglichst einfaches Buchführungsverfahren zu vermitteln, denn schließlich bleiben alle Erhebungen über die Kreditgewährung an den Einzelhandel ohne praktischen Nutzen, wenn es nicht gelingt, auf Grund dieser Unterlagen neue Wege für eine bessere Kreditversorgung zu finden.

aa) Der Kontenplan.

Ein von der „Hauptgemeinschaft" entworfener Kontenplan[125]) für den Einzelhandel und die Einschaltung von Buchstellen sollen dieses Ziel erreichen helfen. Damit sind ganz neue Wege beschritten worden. Während man in einigen Branchen, z. B. im Lebensmitteleinzelhandel wie auch Drogen- und Uhreneinzelhandel schon Einheitsbuchführungen zu entwickeln wußte, die aber meist nur für eine bestimmte Gruppe gleichartiger Betriebe, deren Leistung nach Art und Umfang wenigstens in den Grundzügen als ungefähr einheitlich zu bezeichnen ist, verwandt werden können, es demnach nicht möglich ist, eine solche Einheitsbuchführung für den gesamten Einzelhandel ohne Unterschied der Branchen, Betriebsformen und Betriebsgrößen aufzustellen, verließ man diesen Weg der Vereinheitlichung bestehender Buchführungen und versuchte einen völligen Neuaufbau des Rechnungswesens im Einzelhandel. Dabei entsteht sofort das Problem, ob es denn überhaupt möglich und angebracht sei, für den gesamten Einzelhandel einheitliche Buchführungsgrundsätze in Gestalt eines einheitlichen Kontenplanes aufzustellen. Die „Wirtschaftsgruppe Einzelhandel" nimmt dazu wie folgt Stellung:

> „Es ist unmöglich, einen Kontenplan zu schaffen, der als starres Schema in sämtlichen Einzelhandelsbranchen bei Firmen jeder Betriebsgröße anwendbar ist. Es ist aber auch ebenso verfehlt, einen Plan aufzustellen, der den Anforderungen des am häufigsten vertretenen Typus von Einzelhandelsgeschäften entspricht, weil mit diesen Arbeiten ja gerade eine einheitliche Grundlage für den gesamten Einzelhandel gegeben werden soll. Daraus ergibt sich folgendes: Der Kontenplan muß so vervollständigt sein, daß er alle in einem

---

124) Ab 1. Oktober 1935 wurde das Wareneingangsbuch gesetzlich vorgeschrieben und damit der Grundstein zu einer Buchführung gelegt.

125) Prieß: Der Kontenplan, Buchführungsgrundsätze für den Einzelhandel, Berlin 1935.

Einzelhandelsbetrieb vorkommenden Fälle berücksichtigt. Er muß aber ferner so straff gegliedert sein, daß die eben erwähnte Vollkommenheit nicht etwa seine Anwendung in kleinen Betrieben hindert. Er muß also nach jeder Richtung weitgehende Elastizität aufweisen. Er wird dadurch für Großbetriebe genau so verwendbar wie für Kleinbetriebe. Praktisch wird sich dies so auswirken, daß sich die Kleinbetriebe in ihrer Buchführung auf weniger Haupt- und Untergruppen des Kontenplans beschränken, während den größeren Betrieben in der Aufgliederung der Kontengruppen und Konten keine Grenzen gesteckt sind. Trotz dieser verschiedenen Anwendung des Kontenplans in kleineren und größeren Einzelhandelsbetrieben sind die Grundsätze der Verbuchung in allen Betriebsgrößen die gleichen, so daß eine weitgehende Vergleichbarkeit erreicht ist."[126])

Bei der Ausarbeitung des Kontenplans für den Einzelhandel ist man bewußt davon ausgegangen, die betriebswirtschaftlichen Grundsätze und Begriffe der von Schmalenbach geschaffenen industriellen Kontenrahmen nicht zu berücksichtigen. Zum einen wird das damit begründet, daß die Struktur eines Produktions- und eines Verteilungsbetriebes eine ganz verschiedene sei und zum anderen, daß man im Einzelhandel — besonders in den mittleren und kleinen Betrieben — bei weitem nicht im gleichen Umfange buchhalterische und betriebswirtschaftliche Kenntnisse und Erfahrungen voraussetzen könne wie in der Industrie.

Im Aufbau hält sich der Kontenplan eng an den Wirtschaftsablauf des Einzelhandels. Abweichend von der Schmalenbach'schen Einteilung in ruhende Konten, eingereiht unter 0, und in Bewegung befindliche Konten, laufend beziffert von 1—9, paßt man sich hier dem Betriebsablauf an, indem der Kontenplan in 8 Hauptgruppen eingeteilt wurde:

1. Geld,
2. Waren (Beschaffung und Absatz),
3. Kosten,
4. Forderungen und Schulden,
5. Anlagewerte,
6. Kapital- und Abschlußrechnung,
7. Nebenbetriebe,
8. Sondererträge.

Jede dieser 8 Hauptgruppen wurde dann den praktischen Bedürfnissen entsprechend nach dem Dezimalsystem wiederum in eine Anzahl von Untergruppen aufgeteilt.

---

[126]) Auf Grund einer Einsichtnahme in das Material über die Entwicklung des Kontenplans. Schriftstück vom 10. 11. 1932 bei der „Wirtschaftsgruppe Einzelhandel".

Dieser Überblick muß im Rahmen der vorliegenden Arbeit genügen. Weiteren Aufschluß über Aufbau, Inhalt und Abgrenzung der den Hauptgruppen untergliederten Konten, über die kalkulatorische Auswertung, über statistische Ergänzungen (Umsatzstatistik, Kostenstatistik), über die Möglichkeit und Grenzen einer kurzfristigen Erfolgsrechnung sowie Richtlinien über die Anwendung des Kontenplans in der Praxis — stets unter eingehender Berücksichtigung der besonderen Verhältnisse in Kleinbetrieben des Einzelhandels — zu geben, muß der erwähnten Schrift von Prieß überlassen bleiben.

Außerdem wird ein Bilanz-Schema[127]) von der „Wirtschaftsgruppe Einzelhandel" als Einheitsschema für den Einzelhandel herausgestellt. In Form und Inhalt einheitlich gestaltet, bedeutet es einerseits eine grundlegende Voraussetzung für die Durchführung des Betriebsvergleichs im Einzelhandel und daneben ermöglicht es zusammen mit der Gewinn- und Verlustrechnung eine leichtere Verwirklichung der Kreditprüfung durch den Kreditgeber.

Der Kontenplan ist als richtungweisende Grundlage zum Aufbau bzw. der Vervollkommnung und Vereinheitlichung der Buchführung im Rahmen der Schaffung eines geordneten Rechnungswesens im Einzelhandel bezeichnet worden. Dazu ist es notwendig zu wissen, wie dieser Kontenplan von seiten der Banken beurteilt wird, ob er insbesondere als geeignete Unterlage für Personalkredite angesehen wird. Dazu haben die damaligen Spitzenverbände, der

Deutsche Industrie- und Handelstag,
Centralverband des Bank- und Bankiergewerbes,
Reichsverband der deutschen Industrie,
Reichsverband des Groß- und Überseehandels und
die Hauptgemeinschaft des deutschen Einzelhandels

am 16. Mai 1933 folgende Entschließung über Personalkredit und Kontenplan abgegeben:

Die Spitzenverbände der Wirtschaft „vertreten die Auffassung", — wie sie auch schon oben zum Ausdruck gebracht wurde, — „daß die Sicherheit der Gewährung von Waren- und Bankkrediten an Einzelhandelsunternehmungen gefördert werden kann, wenn die Buchführung des kreditsuchenden Unternehmens so zuverlässig und durchsichtig ist, daß sie einen klaren Einblick in die Lage des Unternehmens, insbesondere in seine Liquiditäts- und Rentabilitätsverhältnisse gestattet. Für Aufbau und Gliederung — so heißt es in dieser Entschließung weiter — einer diesen Erfordernissen entsprechenden Buchführung und Bilanz bildet der von der „Hauptgemeinschaft des deut-

[127]) Prieß, a. a. O., S. 41.

schen Einzelhandels" ausgearbeitete Kontenplan eine geeignete Grundlage.

An Hand dieser Unterlage kann die Kreditfähigkeit der kreditsuchenden Einzelhandelsunternehmen durch die Kreditgeber und deren sachkundige Beauftragte jederzeit geprüft werden, wobei es den örtlichen Organisationen empfohlen wird, zur Durchführung solcher Betriebsprüfungen objektive, vom Vertrauen aller beteiligten Wirtschaftsgruppen getragene sachverständige Persönlichkeiten und Stellen zu bestimmen.

Die Spitzenverbände empfehlen ihren Mitgliedern, diese Bestrebungen zur Verbesserung der Kreditgrundlagen durch gemeinsame Arbeit der angeschlossenen Verbände und Firmen zu fördern".[128])

Auf diese Weise ist wenigstens schon ein weiterer wichtiger Schritt auf dem Gebiet der Beschaffung besserer Kreditunterlagen besonders für die kleinen und mittleren Einzelhandelsbetriebe getan worden. Weitere Verbesserungen des Inhalts des Kontenplans sind in Vorbereitung. Neuerdings sind die einzelnen Fachgruppen angewiesen worden, soweit noch nicht vorhanden, Einheitsbuchführungen, die die besonderen Erfordernisse der einzelnen Branchen berücksichtigen, auszuarbeiten und dazu den Kontenplan als Richtschnur zu Grunde zu legen.

Kontenplan und Buchführung sind ferner durch eine Betriebsstatistik zu ergänzen! Die Wege, welche zur allmählichen Durchsetzung dieser Forderungen beschritten worden sind, zu verfolgen, ist Aufgabe eines anderen Abschnitts.

Hier bleibt nur noch festzuhalten, daß sowohl die verantwortlichen Leiter der „Wirtschaftsgruppe Einzelhandel" als auch die der FfH beim RKW erst neuerdings auf eine Anfrage hin die praktische Durchführung der Vervollkommnung des Rechnungswesens im Einzelhandel durch die geschaffenen einheitlichen Grundlagen als günstig bezeichneten.

Es wurde im Teil II C, S. 83 ff. aus einer Erhebung der FfH festgestellt, daß gerade der Anteil der Wechselschuld der mittleren und kleinen Einzelhandelsbetriebe an der gesamten Lieferantenschuld außerordentlich gering ist. Die Gründe sind bereits an oben benannter Stelle aufgeführt worden; die hauptsächlichste Ursache dafür ist, daß der Einzelhandel sich nicht gern an Zahlungstermine bindet, die auf den Tag genau bestimmt sind. Doch diese Bedenken des Einzelhandels sind in dem Augenblick hinfällig, wenn die oben gekennzeichneten Voraussetzungen von ihm erfüllt werden, denn mittels einer geordneten Buchführung ist der Einzelhändler ohne weiteres in der Lage, den Zeitpunkt zu bestimmen, an dem

---

[128]) Prieß: Der Kontenplan. Buchführungsgrundsätze für den Einzelhandel, Berlin 1935. S. 60.

aus dem normalen Geschäftsverkehr Mittel zur Einlösung des Wechsels in den Betrieb fließen. Auch besteht dann für ihn noch die Möglichkeit, den Fälligkeitstermin so festzusetzen, daß eine kleine Bewegungsfrist für ihn bleibt, so daß die Gefahr der Nichteinlösung des Wechsels ziemlich herabgemindert ist. Schwierigkeiten in der Abwicklung des mit Vorsicht aufgestellten Kreditplanes könnten dann nur noch in ganz besonderen Fällen wie z. B. vollkommene Falscheindeckung mit Modewaren, völliges Ausbleiben der normalen saisonmäßigen Umsatzsteigerung auftreten.

Der andere Grund für die geringe Bedeutung des Wechsels im Einzelhandel, daß der Lieferant an diesem kein Interesse habe, weil die Diskontierung Schwierigkeiten mache und die Spesen, wie auch die Inkassoprovision bei den oft recht kleinen Beträgen zu hoch sei, läßt einen beträchtlichen Mangel im deutschen Bankwesen erkennen.

ββ) Das Wareneingangsbuch.

Während der Erfolg dieser von der „Wirtschaftsgruppe" geleisteten Arbeiten mehr oder weniger von dem Nachdruck der Forderung der Kreditinstitute an den Einzelhandel, einen überzeugenden buchhalterischen Nachweis seiner Kreditwürdigkeit zu führen, sowie von der betriebswirtschaftlichen Einsicht eines jeden Einzelhändlers abhängt, ist von anderer Seite aus zwangsweise der Anfang zum Aufbau eines Rechnungswesens im Einzelhandel gemacht worden:

Laut Verordnung vom 20. Juni 1935 ist seit dem 1. Oktober ds. Js. jeder nicht buchführende Einzelhändler dazu verpflichtet, ein Wareneingangsbuch zu führen.

Dieses verdankt zwar einer Verordnung des Reichsfinanzministers seine allgemeine Einführung, also steuerpolitischen Gründen, doch es wird bald darüber hinaus Bedeutung erhalten. Eine Ergänzung dazu bildet für einen Teil des Einzelhandels die am 20. Juni 1936 erlassene Warenausgangsverordnung, in welcher ab 1. Oktober 1936 in bestimmten Fällen die Aufzeichnung des Warenausgangs gefordert wird. Die Verpflichtung zur Verbuchung des Warenausgangs beschränkt sich zwar auf den Großhandel, da aber die Verordnung in Anlehnung an den Sprachgebrauch des Umsatzsteuergesetzes unter „Großhandel" alle gewerblichen Unternehmungen versteht, die an andere gewerbliche Unternehmungen Waren zur gewerblichen Weiterveräußerung liefern, werden von ihren Bestimmungen auch solche Einzelhandelsbetriebe erfaßt, die diese Voraussetzungen erfüllen (Lieferungen an Handwerker usw.).

Die Verordnung ergänzt also in gewisser Hinsicht die Führung des Wareneingangsbuches.

Das Wareneingangsbuch und zum Teil auch die Warenausgangsverbuchung mit dem damit verbundenen Belegzwang bedeuten für den Einzelhandel einen ersten Schritt zur Schaffung von zusätzlichen Unterlagen für die Beurteilung eines einzelnen Betriebes hinsichtlich seiner Kreditfähigkeit.

Mit dieser Maßnahme muß zum Zwecke ihrer Verwirklichung und vor allem ihrer weiteren Ausgestaltung zu einer vollwertigen Buchführung die diesbezügliche Ausbildung des kaufmännischen Nachwuchses innerhalb seiner Berufsschulung Hand in Hand gehen. Wenn das Gesetz zum Schutze des Einzelhandels für alle diejenigen Personen, die einen Einzelhandelsbetrieb eröffnen oder übernehmen wollen, den Nachweis der dafür erforderlichen Sachkenntnis verlangt, so zielt diese Prüfung auch auf Buchführungskenntnisse ab! Mit Hilfe der dadurch garantierten allmählichen Heranbildung qualifizierter Einzelhändler ist eine weitere Stufe zur Verwirklichung der praktischen Durchführung der Buchführung auch in den kleinen und mittleren Betriebsgrößen des Einzelhandels erreicht worden.

Einer Vervollkommnung und breiteren Anwendung aller dieser betriebswirtschaftlichen Arbeiten kommt ein kürzlich vom Reichs- und Preußischen Wirtschaftsminister herausgegebener Erlaß[129]) sehr entgegen, in welchem er — zwecks Erziehung der Betriebe zu größtmöglicher Wirtschaftlichkeit und Leistung zum Nutzen von Volk und Staat — die Wirtschaftsgruppen und Kammern u.a. anweist, die hierzu notwendigen Gemeinschaftsarbeiten insbesondere auf technischem und betriebswirtschaftlichem Gebiet (Normung, Buchhaltungs- und Kalkulationsrichtlinien, Betriebsvergleiche usw.) wie auch auf dem Gebiet der Statistik und Marktanalyse durchzuführen. Neben den zu lösenden Aufgaben auf technischem Gebiet zum Zweck der Durchführung des Vierjahresplans wird es den Leitern und Geschäftsführern zur Pflicht gemacht, die besonders dringlichen betriebswirtschaftlichen Arbeiten, d.h. die Verbesserung des Rechnungswesens und die Aufstellung einheitlicher Buchhaltungs- und Kalkulations-Richtlinien in den verschiedenen Wirtschaftszweigen in Angriff zu nehmen und möglichst schnell durchzuführen! Der Reichs- und Preußische Wirtschaftsminister mißt besonders dem Betriebsvergleich große Bedeutung zu und geht in seinem Erlaß davon aus, daß die Betriebe sich freiwillig dazu bereitfinden werden, die von den Wirtschaftsgruppen aufgestellten und von ihm gebilligten einheitlichen Richtlinien für das Rech-

---

[129]) Erlaß des Reichs- und Preußischen Wirtschaftsministers vom 12. November 1936 — II Pr. 27 258/36, IV 33 301/36 —, betr. „Zusammenarbeit mit der Organisation der gewerblichen Wirtschaft und ihr Verhältnis zu marktregelnden Verbänden“.

nungswesen zu übernehmen und anzuwenden und sich am Betriebsvergleich zu beteiligen.

Gegebenenfalls kann der Leiter der zuständigen Wirtschaftsgruppe — so bestimmt der Erlaß weiter — die Einführung dieser Richtlinien durch Verhängung von Ordnungsstrafen erzwingen!

Verfolgen wir daraufhin, welche Stellung der Betriebsvergleich im Einzelhandel erreicht hat und welche Bedeutung ihm für die Finanzierung der Betriebe zukommt.

β) Die Weiterentwicklung zum Betriebsvergleich.

Neben dem dringlichen Tagesproblem der Schaffung einer ordnungsmäßigen Buchführung im Einzelhandel richtet sich sofort ein zweites ebenso wichtiges auf, welches mit Hilfe des Kontenplans gelöst werden könnte. Es handelt sich dabei um die Durchführung des Betriebsvergleichs im Einzelhandel und der dadurch ermöglichten finanziellen Betriebsberatung und Betriebskontrolle als Grundlage für eine Vorprüfung von Kreditgesuchen.

αα) Die Aufgaben des Betriebsvergleichs im Einzelhandel.

Die allgemeinen Aufgaben des Betriebsvergleichs im Einzelhandel bestehen in der Schaffung von Maßstäben und Richtlinien zum Zwecke der laufenden Kontrolle der Betriebsgebarung wie auch der Herausbildung von zuverlässigem Zahlenmaterial für die gewerblichen Spitzengruppen der Wirtschaft zur Unterrichtung über bedeutende Vorgänge im Einzelhandel.

Beide Aufgabengebiete unterscheiden sich insofern voneinander als im ersteren Falle die Aufdeckung und Untersuchung betriebswirtschaftlicher Vorgänge erreicht werden soll, während es im zweiten Fall auf eine Auswertung des Zahlenmaterials zu Gunsten der Gesamtwirtschaft ankommt. Die Ergebnisse dieser gesamtwirtschaftlich ausgerichteten Beobachtung sind sodann richtunggebend für die Wirtschaftspolitik. Das wichtigere und gleichzeitig schwierigere von beiden Zielen des Vergleichs ist jedoch betriebswirtschaftlicher Natur und besteht darin, die mit Hilfe der Erfahrungen in allen Betrieben gleicher Größe und Eigenart gefundenen Betriebsdaten für jeden einzelnen Betriebsleiter dienstbar zu machen, um ihm dadurch eine Betriebskontrolle zu ermöglichen, ihm zu Verbesserungen seiner Betriebsleistungen zu verhelfen und damit letzten Endes eine allgemeine Steigerung der Wirtschaftlichkeit in den verglichenen Betrieben zu erreichen.

Eine richtig aufgestellte Bilanz eines Einzelhandelsbetriebes gibt zwar dem Einzelhändler darüber Auskunft, ob er nach seiner Meinung im

Laufe des Jahres gut oder schlecht gearbeitet hat, sie sagt aber nichts darüber aus, ob er nicht noch besser, wirtschaftlicher hätte arbeiten können.

Die Bilanzergebnisse stellen also einen viel zu unsicheren und zu spät zur Verfügung stehenden Maßstab dar.

Der Betriebsvergleich dagegen ermöglicht es dem Einzelhändler, den Stand seines Betriebes, ausgedrückt durch die verschiedenen Betriebsdaten in Form von absoluten Zahlen sowie Durchschnitts- und Beziehungszahlen systematisch, entweder jährlich oder sogar vierteljährlich und monatlich in Vergleich zu setzen:

1. mit dem Stand seines eigenen Betriebes an verschiedenen Zeitpunkten der Vergangenheit (Messung der Gegenwart an Hand der Vergangenheitsleistungen desselben Betriebes),
2. mit dem Stand der Betriebe, die ihm strukturell ähnlich sind,
3. mit dem Stand verwandter Betriebe abweichenden Aufbaus, um die Zweckmäßigkeit einer Änderung im Aufbau des eigenen Betriebes zu beurteilen und schließlich
4. mit dem Stand des als Durchschnitt festgestellten Betriebes der ganzen Branche.

ββ) Die Durchführung des Betriebsvergleichs
(unter Finanzierungsgesichtspunkten).

Diese Aufgaben, die der Betriebsvergleich sich gestellt hat, sind, sobald sie über den einzelnen Betrieb hinausgehen, nur durch Gemeinschaftsarbeit zu lösen.

Für den Bereich des Handels widmet sich dieser in erster Linie die Forschungsstelle für den Handel (FfH) beim RKW in Verbindung mit anderen Instituten wie u. a. dem Statistischen Reichsamt und dem Institut für Konjunkturforschung. Außer diesen Trägern der Handelsforschung nehmen neben den sich am Betriebsvergleich des Einzelhandels beteiligenden Betrieben noch die Wirtschafts- und Fachgruppen des Einzelhandels an der Gemeinschaftsarbeit teil. Augenblicklich wird der Betriebsvergleich der FfH in 35 Gruppen des Einzelhandels durchgeführt. Insgesamt sind 6—10 000 Betriebe daran beteiligt.

Worauf sich die Durchführung des Betriebsvergleichs der FfH erstreckt, soll mit Hilfe der folgenden Aufstellung kurz umrissen werden:

Was will der Betriebsvergleich für den Einzelhändler?[130])

1. Monatliche Schilderung der Betriebsergebnisse in Zahlen,
2. monatlichen Vergleich mit gleichartigen Betrieben der Branche. Dadurch Überwachung der

[130]) RKW-Nachrichten Oktober 1935, H. 10, S. 140.

Umsatzentwicklung
Wareneinkäufe und Lagerhaltung
Personalleistung und Kostengestaltung
Verschuldung und Kreditgewährung
Kapitalzusammensetzung.

Damit:

3. Aufdeckung von Fehler- und Verlustquellen,
Einsparung überflüssiger Ausgaben,
leichteres Disponieren, Zeitersparnis.
4. Durch Betriebsüberwachung und Erfahrungsaustausch höhere Umsätze, niedrigere Kosten und erhöhten Reingewinn.

Als Durchführungsmethode wird die monatliche, vierteljährliche bzw. jährliche Erfassung bestimmter Betriebsdaten aus den am Vergleich beteiligten Einzelhandelsbetrieben durch Fragebogenerhebungen zu Grunde gelegt. (Siehe beigefügten Fragebogen für den Facheinzelhandel mit Haus- und Küchengeräten S. 134—139.) Erfaßt werden danach neben den monatlich bzw. vierteljährlich zu berichtenden Umsätzen (möglichst in absoluten Ziffern), Wareneingängen, Kundenzahlen, Zahlen und Arten der beschäftigten Personen und den Kosten usw. auch die jährlich zu übermittelnden, den finanziellen Aufbau des Einzelhandelsbetriebes charakterisierenden Merkmale wie Lagerbestände, Lieferantenschulden, Eigenkapital und Außenstände.

Fachgeschäfte mit Haus- und Küchengeräten.

Kenn-Nr. . . . .

Fragebogen über Umsatz-, Lager- und Kostenentwicklung.

Es wird gebeten, ein Exemplar dieses Fragebogens mit den absoluten Zahlen ausgefüllt bis spätestens zum 20. April an die Verbandsgeschäftsstelle einzusenden. Das zweite Exemplar ist für Ihre Akten bestimmt. Falls es Ihnen nicht ohne erhebliche Mehrarbeit möglich ist, alle Fragen zu beantworten, wird gebeten, wenigstens die übrigen Angaben einzutragen.

1. Umsatz Ihres Betriebes im Jahre
   1934 . . . . . . RM 1935 . . . . . . RM
   Als Umsatz ist der Wert der Warenausgänge (Bar- und Kreditverkäufe), nicht die Summe der Zahlungseingänge anzugeben. Die erbetenen Umsatzangaben sind also nicht identisch mit den Umsatzsteuermeldungen.
2. Welcher Anteil des Gesamtumsatzes 1935 entfiel auf
   Glas und Porzellan . . . . . . RM
   Haus- und Küchengeräte . . . . . . RM
   Eisenwaren . . . . . . RM
   Sonstige Warenarten und zwar . . . . RM
   Es wird gebeten, gegebenenfalls die Umsatzanteile zu schätzen und geschätzte Zahlen durch einen entsprechenden Vermerk kenntlich zu machen.
3. Zahl der im Jahresdurchschnitt in Ihrem Geschäft tätigen Personen
   a) Inhaber . . . . .
   b) unentgeltlich mitarbeitende Familienangehörige . . . . .
   c) Angestellte, Arbeiter, Lehrlinge und gegen festes Entgelt arbeitende Familienangehörige . . . . .
   Nicht dauernd mitarbeitende Personen (z. B. gelegentlich mitarbeitende Familienangehörige) und Lehrlinge sind nur zu einem ihrer Arbeitszeit bzw. ihrer Arbeitsleistung entsprechenden Bruchteil zu zählen.
4. Wareneingänge einschl. Eingangsfrachten — und porti im Jahre
   1934 . . . . . . RM 1935 . . . . . . RM
5. Wieviel Kassenzettel bzw. Verkäufe wurden in Ihrem Betriebe gezählt im Jahre
   1934 . . . . . . RM 1935 . . . . . . RM
6. Inventurwert der Lagerbestände am 31. Dezember des Jahres
   1934 . . . . . . RM 1935 . . . . . . RM
7. Waren im Jahresdurchschnitt 1935 Ihre Lagerbestände
   höher — niedriger
   als am Jahresende? (Zutreffendes bitte unterstreichen.)
   Falls Sie Angaben über die Höhe Ihrer Lagerbestände für andere Stichtage als den 31. Dezember machen können, bitten wir, diese Zahlen gesondert mitzuteilen.

8. **Außenstände** Ihres Geschäftes (nach Abzug der Abschreibungen) am 31. Dezember 1935 . . . . . RM

9. (**Nach der neuen Erhebungsmethode wird bei der Erfragung der Höhe des im Betrieb arbeitenden Kapitals nach dem Stande vom 31. Dezember folgendes zusätzliche Schema zugrundegelegt:**)

A. **Gewerbliches Rohvermögen** (**Gesamtkapital**)

1. Kassenbestand, Bank- und Postscheckguthaben, Wechselbestand . . . . . RM
2. Wertpapiere (auch Beteiligungseffekten) . . . . . RM
3. Außenstände aus Warenlieferungen und Leistungen . . . . . RM
   davon:
   langfristig rückzahlbar (über 1 Jahr) . . . . . RM
   mittelfristig rückzahlbar (3 Mon. bis 1 Jahr) . . . . . RM
   kurzfristig rückzahlbar (bis 3 Monate) . . . . . RM
4. Sonstige Forderungen des Betriebes (einschl. vorausbezahlter Gehälter, Miete, Steuern usw.) . . . . . RM
   davon: fällig innerhalb eines Jahres . . . . . RM
   fällig nach einem Jahr . . . . . RM
5. Lagervorräte . . . . . RM
6. Bewegliche Anlagen . . . . . RM
   Geschäftseinrichtung . . . . . RM
   Fuhrpark . . . . . RM
   Werkzeuge, Apparate, Maschinen . . . . RM
7. Betriebsgrundstücke und Gebäude . . . . . RM

Gesamt . . . . . RM

B. **Schulden** (**Fremdkapital**)

1. Hypothekenschulden . . . . . RM
2. Sonstige langfristige Schulden (Darlehnsschulden an private Geldgeber, Verbindlichkeiten gegenüber anderen Gesellschaften) . . . . . RM
3. Bankschulden aus dem laufenden Kontokorrentverkehr . . . . . RM
4. Bankschulden (ausschl. der Schulden aus laufenden Kontokorrentverpflichtungen) . . . . . RM
5. Lieferantenschulden . . . . . RM
6. Wechselverbindlichkeiten . . . . . RM
7. Sonstige Geschäftsschulden (z. B. Miet- und Steuerschulden, Anzahlungen von Kunden, Lohn- und Gehaltsrückstände) . . . . . RM . . . . . RM
   von B 4—7 fällig ab 1. Januar:
   langfristig (über 1 Jahr) . . . . . RM
   mittelfristig (3 Mon. bis 1 Jahr) . . . . . RM
   kurzfristig (bis 3 Monate) . . . . . RM

Gesamt . . . . . RM

10. Kosten Ihres Geschäfts im Jahre 1935

a) Miete oder Mietwert ..... RM
Wird das Geschäft in eigenem Hause betrieben, so ist als Mietwert ein Betrag einzusetzen, der gezahlt werden müßte, wenn das Geschäft in fremdem Hause in gleichem Umfange und gleicher Lage betrieben würde

b) Licht, Kraft, Heizung ..... RM

c) Personalkosten

aa) als Bezahlung für die Arbeit des im Betrieb tätigen Inhabers ein Unternehmerlohn, der ungefähr dem Gehalt gleichkommt, das einem leitenden Angestellten mit entsprechender Tätigkeit gezahlt werden müßte ..... RM

bb) als Vergütung für unentgeltlich mitarbeitende Familienangehörige ein Betrag, der dem Gehalt gleichkommt, das die Angestellten in gleicher Stellung erhalten müßten ..... RM

cc) die Bezahlung der Angestellten, Arbeiter, Lehrlinge und der gegen feste Vergütung mitarbeitenden Familienangehörigen einschl. Soziallasten ..... RM

d) Reklame und Dekorationsmaterialien ..... RM

e) Zinsen für fremdes Kapital ..... RM

f) Umsatz- und Gewerbesteuer ..... RM

g) alle übrigen Kosten (ohne Abschreibungen) ..... RM

Gesamtkosten (Summe 10. a—g) ..... RM

11. Gesamtkosten Ihres Geschäfts im Jahre 1934 ..... RM

12. Wie hoch waren im Jahre 1935 Ihre Abschreibungen
auf die Geschäftseinrichtung ..... RM
die Außenstände (einschl. etwaiger bereits im Verlauf des Jahres abgeschriebener Forderungen) ..... RM

Forschungsstelle
für den Handel
beim RKW, Berlin

Auswertung für den Teilnehmer .....

Jahreserhebung 1935

Richtzahlen für Fachgeschäfte in Haus- und Küchengeräten.

	alle Betriebe	Betriebe mit einem Umsatz 1935		
		unter [5]) 60 000 RM.	v. 60 000 bis 150 000 RM.	über 150 000 RM.
Umsatz 1935 in % vom Umsatz 1934	108.0	103,4 [5])	107,0	113,0
Umsatz je beschäftigte Person RM	11 800	9 900	12 000	13 600
Umsatz je Kunde RM (nur Einzelhandel)	2,60	2,20	2,30	rd. 3,0
Kundenzahl 1935 in % von 1934 RM	100,0	97,7 [5])	99,4	103 3
Kundenzahl je beschäftigte Person	4 500	rd. 4500	5 100	—
Wareneingang 1935 in % vom Wareneingang 1934	106	100 [5])	105	112
Wareneingang 1935 in % vom Umsatz 1935	69	67	70	69
Lagerbestand am Jahresende 1935 in % vom Lagerbestand Jahresende 1934	105,0	rd. 105 [5])	104.0	104,4
Lagerbestand Ende 1935 in % vom Umsatz 1935	31,0	34	35	rd. 20
Lagerumschlag (wertmäßig)[1]) ...mal	3,4	3 [5])	2,8	4,8
Lagerumschlag (mengenmäß.)[2]) ...mal	2,3	2,0 [5])	2,0	3,4
Außenstände am Jahresende 1935 in % vom Umsatz 1935	8,4	rd. 5	7,8	11,5
Lieferantenschulden am Jahresende 1935 in % vom Umsatz 1935	9,8	9.5	9,0	10,6
Kosten in % vom Umsatz				
Miete oder Mietwert	4,7	5,7	5,2	3,1
Licht, Kraft und Heizung	1,1	1,2	1,1	0,8
Gehälter und Löhne	15,0	16,0	14.5	14.4
Reklame	0,7	0,6	0,5	1,1
alle übrigen Kosten	7,8	9,0	7,0	7,6
davon Steuern	2,2	2,3	2,1	2,0
Zinsen	1,2	—	1,5	0,7

[1]) Umsatz zu Verkaufspreisen geteilt durch durchschnittl. Lagerbestand (Jahresanfangs- u. Endbestand: 2) (zu Inventurwerten.)

[2]) Umsatz zu Einkaufspreisen geteilt durch durchschnittl. Lagerbestand (zu Inventurwerten).

	alle Betriebe	Betriebe mit einem Umsatz 1935		
		unter [5]) 60000 RM	v. 60 000 bis 150 000 RM	über 150 000 RM
Gesamtkosten[3])[4])	29,3	32,5	28,3	27,0
Gesamtkosten 1935 in % der Gesamtkosten 1934	104,3	102,2	100,0	110,3
Gesamtkosten je Verkauf RM	0,80	0,75	0,70	0,95
Abschreibungen in % vom Umsatz auf Geschäftseinrichtung	0,8	0,6	0,6	1,2
Außenstände	0,8	—	—	0,9
4 % Zinsen für Eigenkapital in % vom Umsatz	1,7	2,3	2,1	1,2

[3]) einschl. eines Unternehmerlohns und eines Entgelts für ohne feste Vergütung mitarbeitende Familienangehörige.

[4]) ohne Abschreibungen und ohne Zinsen für Eigenkapital

[5]) dazu sind die Auswertungsergebnisse der einzelnen Betriebe im Vergleich zu den Richtzahlen auf der folgenden Tabelle angegeben.

Beispiel aus
Jahreserhebung 1935
(auszugsweise)

Fachgeschäfte für Haus- und Küchengeräte

Die Betriebe sind nach der Umsatzhöhe 1935 geordnet

Kenn-nummer	Gesamtumsatz 1935 in 1000 RM.	Gesamtumsatz 1935 in % vom Umsatz 1934	Gesamtumsatz 1935 je beschäftigte Person RM.	Einzelhandelsumsatz je Kunde RM.	Wareneingang 1935 in % vom Wareneingang 1934	Wareneingang 1935 in % vom Umsatz 1935	Kundenzahl 1935 (Einzelhandel) in % der Kundenzahl 1934	Kundenzahl 1935 (Einzelhandel) je beschäft. Person	Lagerbestand Ende 1935 in % vom Lagerbestand Ende 1934	Lagerbestand Ende 1935 in % vom Umsatz 1935	Lagerbestand Ende 1934 in % vom Umsatz 1934	Lagerumschlag wertmäßig [1]) ... mal	Lagerumschlag mengenmäßig [2]) ... mal
I. Betriebe mit einem Umsatz 1935 unter 60 000 RM													
638 NS	15,0	150,0	10 000	—	149	71	—	—	117,1	25,0	32,0	4,3	2,9
533	22,7	114,4	11 330	—	114	72	—	—	—	—	—	—	—
827	30,5	76,9	5 440	—	65	57	—	—	—	—	—	—	—
46 N	32,1	107,9	10 690	2.66	116	80	97,5	4020	127,2	72,3	61,3	1,5	1,0
826	37,3	112,7	7 310	1,65	123	57	—	4410	—	—	—	—	—
119	38,2	98,9	9 550	—	94	67	—	—	—	—	—	—	—
409	39,0	131,8	9 740	—	116	66	—	—	111,1	26,3	31,2	4.0	2,6
481	39,5	122,6	13 150	1.46	161	71	115 3	9040	122,3	35,1	35,1	3,1	2,0
289	40,0	103,4	9 310	1,26	114	65	96,4	7360	99,0	24,3	25,4	4,1	2.7
426	41,2	88.0	8 240	3,95	84	63	98.3	2090	—	—	—	—	—
442	42,3	102,2	10 580	2,56	99	63	104,7	4130	114,3	31,8	28,4	3.4	2,0
758	42,7	105 3	—	0,80	92	65	96,5	—	95,7	40,1	39,1	2,4	1.6
usw.													
Richtzahlen für Betriebe mit einem Umsatz 1935 unter 60 000 RM													
		103,4	9 900	2,20	100	67	97,7	rd 4500	rd. 105	34	34	3	2,0

[1]) Umsatz zu Verkaufspreisen geteilt durch durchschnittl. Lagerbestand $\frac{\text{(Jahresanfangs- u. Endbestand)}}{2}$ (zu Inventurwerten).

[2]) Umsatz zu Einkaufspreisen geteilt durch durchschnittl. Lagerbestand $\frac{\text{(Jahresanfangs- u. Endbestand)}}{2}$ (zu Inventurwerten).

Neuerdings wird die Ermittlung des Eigenkapitals mit einer Frage verknüpft, die eine Beurteilung der Liquidität des Betriebes in gewissem Rahmen zuläßt (s. zusätzlichen Fragebogenentwurf der FfH). Mit dieser wertvollen Erweiterung des Fragebogens bezweckt die FfH, die Höhe des Eigenkapitals von den Teilnehmern nicht mehr in einem Gesamtposten mitgeteilt zu erhalten, sondern diese soll erst auf Grund der Einzelangaben über Gesamtkapital und Fremdkapital ermittelt werden. Diese Aufgliederung der einzelnen Bestandteile des Kapitals (sowohl des Eigen- als auch des Fremdkapitals) ergibt nicht nur richtigere Angaben, sondern vor allem eine weit bessere Grundlage für die Beurteilung der Kapitalstruktur des Betriebes.

Die Angaben auf den Fragebogen werden von der FfH rechnerisch ausgewertet und die erhaltenen Ergebnisse den beteiligten Einzelhandelsbetrieben in Form von Umdrucken zur Verfügung gestellt.

Diese Zahlenangaben geben außer den eigenen zueinander in Beziehung gesetzten Betriebsziffern unter Kenn-Nummern die entsprechenden Daten anderer bezüglich Struktur und Leistung hinreichend ähnlicher Betriebe an (s. beigefügte Auswertung einer Jahreserhebung für das Jahr 1935).

Der Mangel an aufschlußreichen Richtzahlen über das Eigenkapital, gesamte Fremdkapital sowie sonstige Geschäftsschulden in % vom Umsatz bzw. Lager in der Auswertung wird nach Durchführung der oben erwähnten neuen Erhebungsmethode der FfH bestimmt beseitigt werden können.

Die Vergleichszahlen sind für den einzelnen Betrieb um so wertvoller, je besser es gelingt, kleinere Gruppen von Vergleichsbetrieben zu bilden, die sich besonders ähnlich sind.

Weiterhin wird noch jedem Betrieb über die Lage sowohl des Durchschnitts einer möglichst eng gefaßten Gruppe verwandter Betriebe der gleichen Branche als auch über den Gesamtdurchschnitt des ganzen Handelszweiges Bericht erstattet.

Auf die formellen und materiellen Schwierigkeiten, die bei der Durchführung des Betriebsvergleichs zu überwinden sind, einzugehen, ist hier nicht möglich, das würde den Gedankengang stören.[131])

γγ) Die Bedeutung der Richtzahlenergebnisse.

Es müssen im folgenden die Ergebnisse des Betriebsvergleichs und ihre Bedeutung für die Einzelhandelsbetriebe — besonders hinsicht-

[131]) s. dazu die Ausführungen von Prieß: Die Problematik des Betriebsvergleichs im Einzelhandel in: Der praktische Betriebswirt, 1934, Nr. 6, S. 422 ff.

lich ihrer Finanzierung — näher gekennzeichnet werden. Die systematische Durchführung der Vergleiche läßt in dem einzelnen Betrieb mit der Zeit Vorstellungen von der regelmäßigen Wiederkehr bestimmter, absoluter wie auch Verhältnis-Ziffern entstehen. Diese für die betriebliche Erkenntnis wichtigen Kennziffern werden durch stetige Wiederholung des Betriebsvergleichs allmählich zu Richtzahlen, das sind objektive Meßziffern, die sich als Durchschnittswerte aus den Kennziffern vieler Betriebe der gleichen Branche ergeben — also branchetypische Richtwerte darstellen.

Diese Vergleichsziffern besitzen allerdings nur dann die nötige Zuverlässigkeit und Repräsentativität, wenn sie auf Grund der Angaben einer hinreichend großen Anzahl ähnlicher Betriebe gewonnen und von allen Zufälligkeiten bereinigt worden sind! Darum ist unter allen Umständen und mit allen Mitteln zu versuchen, die Zahl der sich am Vergleich beteiligenden Betriebe ähnlicher Struktur immer breiter zu gestalten, so daß deren Zahlenauswertung Anspruch auf die Ermittlung typischer Richtwerte erheben kann.

Die Richtzahlen geben dem Einzelhändler objektive Anhaltspunkte über die Stellung des eigenen Betriebes zu anderen hinsichtlich Form und Größe gleicher Betriebe derselben Branche, indem sie es ihm ermöglichen, festzustellen, ob und wieweit seine Ziffern von deren Durchschnittswerten (Richtzahlen) nach oben oder unten hin abweichen.

Bis in die letzte Zeit hinein war es leider der Fall, daß gerade von den kleinen und mittleren Einzelhandelsbetrieben jeder auf „eigene Faust" Handel trieb; d. h. seine Erfahrungen selbst und oft unter recht bitteren Mißerfolgen erwerben mußte. Ging nun ein einzelner Betrieb in einer Krise unter, so waren damit fast immer auch die bis dahin erworbenen, meist wertvollen Erfahrungen verloren, die anderen Betrieben hätten richtunggebend sein können. Das zeigt uns, wie sehr die Tätigkeit der Handelsforschung, besonders der FfH, diese Erfahrungen der einzelnen Betriebe zu sammeln und auszutauschen, im Sinne der durch den Erlaß des Reichswirtschaftsministers vom 12. November 1936 aufgestellten Forderungen liegt; sie kann daher nicht hoch genug bewertet werden.

Das Hauptziel ist es und muß es für die Zukunft sein, die Richtzahlen noch stärker als bisher auf die selbständigen Klein- und Mittelbetriebe praktisch zur Anwendung kommen zu lassen.

In diesem Zusammenhang ist auf die große Bedeutung der durch den Betriebsvergleich ermittelten Richtzahlen für die Kreditgeber des klein- und mittelbetrieblichen Einzelhandels hinzuweisen.

Verfolgen wir dazu, worauf sich die Richtzahlen, welche die Handelsforschung der Praxis übermittelt, im einzelnen beziehen:

Richtzahlen.

Im Rahmen des Betriebsvergleichs der Forschungsstelle für den Handel beim RKW werden den teilnehmenden Geschäften die folgend aufgeführten Richtzahlen zur Verfügung gestellt. Die in der Aufstellung angegebenen Richtzahlen können allerdings in der mitgeteilten Vielfältigkeit nicht für alle untersuchten Handelszweige ermittelt werden.

I. Umsatzentwicklung:
   a) monatlich 1. in % der Umsätze des entsprechenden Vorjahrsmonats,
      2. in % des durchschnittl. Monatsumsatzes eines Jahres (1933),
   b) jährlich 1. in % vom Vorjahr,
      2. in % von 1933.

II. Kasseneingänge (monatlich und jährlich); nur für kreditgebenden Einzelhandel und Lederhandel
   a) in % vom Vorjahr,
   b) in % vom Umsatz.

III. Kundenzahl (bzw. Zahl der Kassenzettel; monatlich und jährlich) in % vom Vorjahr.

IV. Personalleistung (monatlich und jährlich)
   a) Kundenzahl je beschäftigte Person (Kassenzettel),
   b) Umsatz je Kunde in RM (Kassenzettel),
   c) Umsatz je beschäftigte Person in RM.

V. Wareneingänge (monatlich und jährlich)
   a) in % vom Vorjahr,
   b) in % vom Umsatz.

VI. Lagerbestände am Jahresende
   a) in % vom Jahresbeginn,
   b) in % vom Umsatz.
   c) Lagerumschlagsgeschwindigkeit

$$1.\ \text{wertmäßig} = \frac{\text{Umsatz (Verkaufswert)}}{\text{durchschnittl. Lager (Inventurwert)}}$$

$$2.\ \text{mengenmäßig} = \frac{\text{Umsatz (Einkaufswert)}}{\text{durchschnittl. Lager (Inventurwert)}}$$

   d) Das Alter des Lagers.

VII. Außenstände am Jahresende
   a) in % vom Umsatz,
   b) in % vom Jahresbeginn.

VIII. Lieferantenschulden am Jahresende
   a) in % vom Umsatz,
   b) in % vom Lagerendbestand,
   c) in % vom Jahresbeginn.

IX. Leihkapital am Jahresende in % vom Umsatz.
X. Gesamtes Fremdkapital in % vom Umsatz.
XI. Eigenkapital in % vom Umsatz.
XII. Kosten (monatlich und jährlich)
a) in % vom Vorjahr,
b) in % vom Umsatz.
1. Personalkosten einschl. Unternehmergehalt,
2. Miete und Mietwert,
3. Sonstige Raumkosten,
4. Reklame,
5. Steuern,
6. Zinsen für Leihkapital,
7. Zinsen für Eigenkapital (nur jährlich),
8. Abschreibungen auf Inventar und Außenstände (jährlich),
9. alle übrigen Kosten (gelegentlich noch weiter aufgeteilt in Porti, Beiträge usw.),
10. Gesamtkosten,
c) Kosten je Kunde in RM (nur jährlich).

Zur Charakterisierung der Betriebe werden untersucht:

1. Die Zusammensetzung des Warenkreises.
2. Die Zusammensetzung der Kundschaft.
3. Die Zusammensetzung der Lieferanten.
4. Die Zusammensetzung des Personals.
5. Art des Vertriebs (Anteil der Verkäufe durch Reisende und der Lagerverkäufe).
6. Der Anteil von Großhandelsumsätzen.
7. Der Anteil von Kreditverkäufen (Teilzahlungsverkäufen, Zugehörigkeit zu einer Kreditgemeinschaft).
8. Der Anteil von gewerblichen Arbeiten.
9. Zahlungs- und Lieferbedingungen der Lieferanten.
10. Zahlungs- und Lieferbedingungen an die Kunden.
11. Art der Werbung.
12. Der Standort.
13. Kommissionslager, Umfang, Anteil.
14. Anteil des Automatenverkaufs, Markthandels, Versandhandels (je nach Handelszweig).

Diese Richtzahlen stellen den Vergleichsmaßstab dar, der dem einzelnen Betrieb anzeigt, ob seine Zahlenergebnisse über oder unter dem Durchschnitt der betreffenden Branche liegen. Damit wird aber nicht nur dem Betriebsinhaber Kontrolle über den Betriebsablauf gewährt, sondern auch für den Kreditgeber ergibt sich die Möglichkeit, die Richtzahlen für die Auswertung der bei der Analyse des Kapital- und Vermögensaufbaus des betreffenden Einzelhandelsbetriebes gefundenen Einzelzahlen zum Zwecke der Beurteilung seiner Kreditfähigkeit heranzuziehen. Da die Ermittlung und Veröffentlichung von Richtzahlen laufend (monatlich bzw. jährlich) erfolgt, werden etwaige Konjunkturschwankungen, die sich beispielsweise auf die Umsätze, Lagerbestände, Eigen- und Fremdfinanzierung, Außenstände usw. ändernd auswirken könnten, annähernd berücksichtigt und somit gewissen Mängeln der Vergleichbarkeit abgeholfen.

Darum kann die einmalige Analyse zu einer fortlaufenden Analyse und Beobachtung erweitert werden, die den Kreditgeber in den Stand versetzt, zu prüfen, ob sein hingegebener Kredit — falls sich der betreffende Einzelhandelsbetrieb auf Grund der einmaligen Durchprüfung als kreditfähig herausgestellt hat — auch nicht dazu verwandt wird, infolge einer Überschätzung der zukünftigen Umsatzmöglichkeiten, einer übermäßigen Auffüllung des Lagers wie auch einer überspannten Gewährung von Kundenkredit zu dienen. Das würde nämlich eine Verlangsamung der Umschlagsgeschwindigkeit des Lagers, d. h. eine Abweichung von der für seine Branche als normal festgestellten Ziffer nach sich ziehen, woraus sich für den Einzelhändler ein vermehrtes Risiko aus der Lagerhaltung ergibt und die bisher gegebenen Kredite als gefährdet anzusehen sind, was für den genau beobachtenden Kreditgeber eine Warnung vor weiterer Gewährung von Krediten an diesen Einzelhandelsbetrieb ist. Besonders bei den kleinen und mittleren Einzelhandelsbetrieben, die eine verbilligte Kreditaufnahme vorwiegend zum Zwecke der Finanzierung des Lagers wie auch der Kundenkreditgewährung von seiten der Banken anstreben, ist es von größter Wichtigkeit, neben anderen Finanzmerkmalen vor allem die Lagerbestände, die Umschlagsgeschwindigkeit des Lagers, die Außenstände und die Verluste an diesen dauernd zu beobachten und an Hand von Richtzahlen zu kontrollieren.

bb) Die Einzelhandelstreuhandstellen als Organ zur Durchführung eines geordneten Rechnungswesens.

α) Treuhandstellen und Einzelhandel.

Zur Erfüllung der bisher gekennzeichneten Voraussetzungen bedarf besonders der klein- und mittelbetriebliche Einzelhandel einer tatkräftigen Hilfe in vielerlei Hinsicht!

Den Bestrebungen der „Wirtschaftsgruppe Einzelhandel", dem Einzelhandel durch Schaffung geeigneter Grundlagen zu einer ordnungsmäßigen Buchführung zu verhelfen, würde zumindest in der Breite kein Erfolg beschieden sein, wenn sie sich darauf beschränken würde, diese Arbeiten nur von außen an die Betriebe heranzutragen und diesen die Verwertung selbst zu überlassen.

Die praktische Verwirklichung dieser Arbeiten durch den Einzelhändler erfordert verhältnismäßig viel Verständnis und bestimmte Fähigkeiten, was im klein- und mittelbetrieblichen Einzelhandel zum größten Teil fehlt und erst allmählich durch Heranbildung eines buchführungskundigen Nachwuchses erreicht werden kann. Für den Fall, daß der gute Wille zur Einrichtung einer Buchführung vorliegt, die Fähigkeit dazu aber nicht vorhanden und ihre Durchführung sowie Überwachung des Betriebsablaufs den Einzelhändlern nicht möglich ist, hat die „Wirtschaftsgruppe Einzelhandel" Vorsorge getroffen, indem sie gemeinsam mit der Berufsorganisation der Wirtschaftstreuhänder „Einzelhandelstreuhandstellen" schuf bzw. zukünftig schaffen will, die den Einzelhändler zum Aufbau eines ordentlichen Rechnungswesens anhalten sollen.

Um das zu gewährleisten, ist in einem „Abkommen zwischen der ‚Wirtschaftsgruppe Einzelhandel' und dem ‚Bund National-Sozialistischer Rechtswahrer' (NSRB), Reichsfachgruppe Wirtschaftsrechtler" u. a. folgendes vereinbart worden:

„Mit Wirkung ab 1. Oktober 1935 wird eine

Arbeitsgemeinschaft
der Einzelhandelstreuhandstellen

gebildet mit der Aufgabe, die Erziehung des Einzelhandels zu verantwortungsbewußter Betriebsführung gegenüber Staat und Gefolgschaft durch tatkräftige Hilfe auf dem Gebiete der betriebswirtschaftlichen, buchhalterischen und steuerlichen Betreuung zu unterstützen, die Steuerehrlichkeit und kaufmännische Leistung zu fördern und dem mittelständischen Einzelhandel die Wege zu diesem Ziel zu ebnen."

Die äußeren Zusammenhänge sollen hier nicht weiter beachtet werden; es sind vielmehr die Aufgaben der Einzelhandelstreuhandstellen näher zu umreißen. Ihre Arbeit beginnt dort, wo die Wurzel für den Aufbau und die ständige Verbesserung des Rechnungswesens im Einzelhandel zu suchen ist, nämlich bei den Fragen der Buchführung.

In den „Richtlinien der Arbeitsgemeinschaft der Einzelhandelstreuhandstellen" heißt es u. a., daß die Durchführung buchhalterischer Arbeiten für den Einzelhändler von den Treuhandstellen in zweckmäßiger, jedoch einfacher und übersichtlicher Weise zu erfolgen hat und dazu als Kontensystematik der Kontenplan der „Wirtschaftsgruppe Einzelhandel" zu Grunde zu legen ist. Sind Einheitsbuchführungen und Kalkulationsrichtlinien in den einzelnen Zweigen des Einzelhandels als richtunggebend für den Aufbau des Rechnungswesens aufgestellt und von der „Wirtschaftsgruppe" anerkannt worden, so ist die Bearbeitung der

Betriebe eines solchen Einzelhandelszweiges nach diesen Grundsätzen vorzunehmen (laut Punkt 23 und 27).

Die Einzelhandelstreuhandstellen haben sich zu diesem Zweck über alle Geschäftsvorfälle ihrer Auftraggeber zu unterrichten, während diese wiederum verpflichtet sind, die Grundaufzeichnungen ordnungsgemäß und die Belege lückenlos zum Führen der Bücher zur Verfügung zu stellen. Laufende Kontrollen und regelmäßige Revisionen der Betriebe durch die Stellen sollen die Ordnungsmäßigkeit der von ihnen geführten Bücher und ihre Übereinstimmung mit den tatsächlichen Geschäftsvorfällen und betrieblichen Ereignissen garantieren (laut Punkt 25 und 26 der Richtlinien).

Solche Hilfestellung wird d e n Einzelhandelsbetrieben geleistet, die bisher überhaupt keine oder eine in ihren Teilen unbrauchbare Buchführung besitzen. Diese Funktion der Einzelhandelstreuhandstellen — soweit sie sich auf mechanische Buchführungs- und Revisionsarbeiten bezieht — ist nicht neuartig, sondern schon seither von den sogenannten Einzelhandelsbuchstellen ausgeübt worden. Den Einzelhandelstreuhandstellen sind aber — wie der Begriff „Treuhandstelle" schon ausdrückt — Aufgaben zugewiesen, die über den bisher üblichen Rahmen der Tätigkeit einer Buchstelle weit hinausgehen!

Die erwähnte Hilfsfunktion soll gleichzeitig den Charakter einer S c h u l u n g s - u n d E r z i e h u n g s f u n k t i o n erhalten, so daß die buchhalterischen Arbeiten in d e m Maße auf den Einzelhändler überführt werden können, als er zu deren Ausführung in der Lage ist. Diesen Zeitpunkt zu bestimmen, muß der Treuhandstelle überlassen bleiben.

Gemäß den Richtlinien der „Arbeitsgemeinschaft" — als der zentralen Führungsstelle für die Sachaufgaben der Einzelhandelstreuhandstellen — soll neben dieser rein buchhalterischen Betreuung auch die b e t r i e b s w i r t s c h a f t l i c h e B e r a t u n g v o n E i n z e l h ä n d l e r n v e r f o l g t u n d h i e r b e i d i e E r g e b n i s s e d e r v o n w i s s e n s c h a f t l i c h e n I n s t i t u t e n, z. B. d e r F o r s c h u n g s s t e l l e f ü r d e n H a n d e l, d u r c h g e f ü h r t e n B e t r i e b s v e r g l e i c h e v e r w e r t e t w e r d e n. Weiter wird angeordnet, daß die einzelnen Stellen die von ihnen betreuten Einzelhändler auf Unterschiede und wesentliche Abweichungen von den Durchschnittszahlen ihres Zweiges (Richtzahlen) hinzuweisen, sie über die Bedeutung von Betriebsstatistiken zu unterrichten und zur Beteiligung am Betriebsvergleich anzuhalten haben (laut Punkt 28).

Diese Zielsetzung beweist uns, daß es sich bei den Treuhandstellen um Einrichtungen handelt, die nach Umfang, Inhalt und Art ihrer Leistung dazu geeignet erscheinen, die angestrebte Betriebsberatung und Betriebskontrolle im Einzelhandel zu verwirklichen und damit die Vorarbeiten zur Prüfung der Kreditfähigkeit der einzelnen Betriebe zu leisten.

Die betriebswirtschaftliche Beratung soll direkt auf der buchhalterischen Betreuung aufbauen, da die durch die Treuhandstelle ermittelten Buchhaltungsergebnisse dieser wichtige Aufschlüsse über die wirtschaftliche Lage des betreffenden Einzelhändlers gibt. Zur genaueren Auswertung dieser Ergebnisse sollen die durch Betriebsvergleich festgestellten Richtzahlen als Vergleichsmaßstäbe herangezogen werden. Ergeben sich ungünstige Abweichungen, so soll die Ursache ermittelt und dem Einzelhändler mitgeteilt werden, um etwaige Fehler in der Betriebspolitik rechtzeitig zu unterbinden.

Sich selbst überlassen, würde der klein- und mittelbetriebliche Einzelhandel — selbst wenn er eine ordnungsmäßige Buchführung hat und sich am Betriebsvergleich beteiligte — diese Betriebskontrolle durchzuführen oft nicht in der Lage sein.

Für diese Betriebe ist die „Verdolmetschung" der Richtzahlen durch die Einzelhandelstreuhandstellen von größter Bedeutung, denn schließlich würde das Vorhandensein einer Buchführung bzw. eines vollständigen Rechnungswesens sowie die Teilnahme am Betriebsvergleich ohne entsprechenden Nutzen für den Betrieb sein, wenn es nicht gelänge, aus ihren Ergebnissen heraus für eine Betriebsüberwachung wertvolle Schlüsse zu ziehen.

β) Die Funktionen der Einzelhandelstreuhandstellen als Verbindungsglied zwischen dem Einzelhandel und den Kreditinstituten.

Die Einzelhandelstreuhandstellen werden im Rahmen der ihnen zugewiesenen Arbeiten u. a. die wichtige Aufgabe zu erfüllen haben, zwecks Förderung des Personalkredites den Kreditinstituten — insbesondere den Banken — die Überprüfung der Kreditfähigkeit der Einzelhandelsbetriebe zu ermöglichen.

Zu diesem Zweck könnten — wenn auch nicht die gesamte Kreditprüfung — so doch mindestens die Vorbereitungen dazu und die Vorprüfung der Kreditfähigkeit des Kreditnehmers aus den Banken herausgenommen und den Treuhandstellen übertragen werden. Die Treuhandstellen würden dann die zur abschließenden Kreditprüfung nötigen Unterlagen liefern und den Banken dadurch die ihnen als Träger des Risikos zustehende letzte Entscheidung über die Kreditfähigkeit des kreditsuchenden Einzelhändlers erleichtern.

Mit Hilfe der ständigen Betriebsberatung und Betriebskontrolle wären die Einzelhandelstreuhandstellen weiterhin in der Lage, nicht nur die Prüfung der Kreditfähigkeit des Einzelhandelsbetriebes zu unterstützen, sondern auch die laufende Kontrolle über die Verwendung der Kredite auszuüben. Das würde gleichzeitig die Gefahren einer mechanischen Kreditausweitung im Einzelhandel vermindern und Kapitalfehlleitungen vorbeugen.

Dazu hat die „Hauptgemeinschaft des Deutschen Einzelhandels" „Richtlinien für Betriebsprüfer zur Prüfung der Kreditwürdigkeit von Einzelhandelsfirmen bei Gewährung von Personalkrediten" entworfen, die die wichtige Aufgabe der Einzelhandelstreuhandstellen bei Kreditprüfungen deutlich erkennen lassen. Diese Richtlinien stellen — wie gesagt — nur einen Entwurf dar, sollen aber trotzdem mit Erlaubnis der „Wirtschaftsgruppe Einzelhandel" im Auszug an dieser Stelle wiedergegeben werden:

Die Einzelhandelstreuhandstelle muß dem Kreditinstitut auf Anforderung folgende Fragen beantworten:

1. „Wie haben sich während des letzten Bilanzjahres und in der darauffolgenden Zeit verändert:

a) das Verhältnis von Eigen- und Fremdkapital,
b) das Fremdkapital in Prozent des Vermögens,
c) der Gesamtumsatz,
d) die Gesamtkosten und die einzelnen Kostenarten in Prozent vom Umsatz,
e) der Reinertrag in Prozent vom Umsatz,
f) die Außenstände und deren wahrscheinlicher Wert.

Bei der Prüfung dieser Betriebszahlen sind Vergleichsmaßstäbe (Richtzahlen), soweit die monatlichen Betriebsvergleiche der Branchen solche bieten, heranzuziehen.

2. Wie setzen sich die in den beiden Bilanzen ausgewiesenen Verbindlichkeiten des Unternehmens zusammen, wenn man der Aufteilung zu Grunde legt:

a) die Deckung,
b) die Fälligkeit?

3. Wie ist die Bewertung der Lagervorräte in den vorgelegten Bilanzen und in dem Status zu beurteilen? Ist vor allem die Bewertung so vorgenommen, daß Wertverluste am Lager unter den zur Zeit bestehenden Verhältnissen nicht zu erwarten sind?

4. Entspricht die Zusammensetzung des Warenlagers und die Art der Waren in bezug auf Sortiment, Qualität und Preis der Kaufkraft und den Kaufbedürfnissen des Abnehmerkreises dieser Firma?

5. Wie entwickelten sich — falls genaue Unterlagen hierfür vorliegen — die Zahl der Kunden, der Umsatz je Kunde und der Umsatz je beschäftigte Person? Bei der Prüfung dieser Betriebszahlen sind Vergleichsmaßstäbe (Richtzahlen), soweit die monatlichen Betriebsvergleiche solche bieten, heranzuziehen.

6. Wie sind die Konkurrenzverhältnisse?

7. Entsprechen in dem geprüften Betrieb Buchführung, Statistik, Organisation des Unternehmens den bei ordnungsgemäßer Betriebsführung zu erwartenden Voraussetzungen?

8. Wie ist die Kostengestaltung des Unternehmens im Vergleich zu ähnlichen Einzelhandelsunternehmen der gleichen Branche zu beurteilen?

9. Darf nach dem durch die Prüfung gewonnenen Eindruck unter Berücksichtigung der Unternehmerpersönlichkeit des Inhabers die weitere Entwicklung des Unternehmens günstig beurteilt werden, und ist die Einräumung eines Personalkredites in der gewünschten Höhe zu empfehlen?"

Der Inhalt obiger Richtlinien kennzeichnet deutlich den Aufgabenkreis der Einzelhandelstreuhandstellen bei Kreditprüfungen!

Es werden darin alle oben entwickelten Möglichkeiten zum Nachweis der Kreditfähigkeit von Einzelhandelsbetrieben den Banken gegenüber ohne Ausnahme vorausgesetzt!

Schafft sich der mittelständische Einzelhandel die Voraussetzungen selbst, dann wird sich auch das erforderliche Vertrauen bei den Kreditinstituten einstellen, allmählich wieder zum reinen Personalkredit zurückzukehren!

Dabei muß der Einzelhandel sich aber immer bewußt sein, daß jeder Kredit, den ihm eine Bank zur Verfügung stellt, nicht aus dem Eigentum der Banken kommt, sondern Kapital ist, das diese für die Gesamtheit zu verwalten haben. Auf Grund dieser Erkenntnis muß er so wirtschaften, daß das Vertrauen, welches ihm die Banken entgegenbringen sollen, in seiner Geschäftsführung begründet ist.

Daß in gewissem Umfange schon Erfolge auf diesem Gebiete zu verzeichnen sind, beweist ein Artikel, der unter dem Titel: „So helfen Einzelhandelstreuhandstellen"[132]) u. a. folgendes anschauliche Beispiel bringt: „Ein Textilwarengeschäft erhielt durch Vermittlung einer Einzelhandelstreuhandstelle einen Bankkredit von 3500 RM und kann jetzt Skonti ausnutzen. Der Inhaber erspart dadurch jährlich 220 RM und wird als Kassezahler von seinen Lieferanten jetzt viel besser bedient!"

Die Einzelhandelstreuhandstellen sollen in Form eines Netzes über das ganze Reichsgebiet errichtet werden. Bis zum 1. 6. 1937 sind rd. 700 von insgesamt 7000 geplanten Treuhandstellen geschaffen wor-

---

[132]) Entnommen aus: Der Einzelhandel. Mitteilungsblatt der Detailistenkammer Hamburg. Nr. 10 vom 15. Okt. 1936, S. 87.

den. Pro Stelle können bei einer Kapazität von einem Leiter, einem Bürovorsteher, einer Buchhalterin und einem Lehrling etwa 120 Einzelhandelsbetriebe angeschlossen werden. Es besteht kein Zweifel darüber, daß die weitere Entwicklung dieser Neueinrichtung abgewartet werden muß. Zusammenfassend muß nochmals betont werden, daß durch die Treuhandstellen eine Erweiterung der Beurteilungs- und Kontrollmöglichkeit erreicht werden kann, und daß man auch vom Standpunkt der Kreditinstitute diesen Dingen wird besondere Beachtung schenken müssen.

Zum Abschluß muß noch die berechtigte Frage nach den Kosten dieser Neueinrichtung gestellt werden. Über ihre Höhe kann noch nichts ausgesagt werden. Es steht jedoch zweifellos fest, daß die anteilmäßigen Kosten für die Kreditbetreuung innerhalb der Überwachung des gesamten Betriebes, zugeschlagen auf den bekannten Bankkreditsatz, insgesamt eine Kostenbelastung ergibt, die noch *so* weit unter den Kosten des Lieferantenkredites liegt (in Prozent per anno), daß es sich lohnen dürfte, diesen Kreditumwandlungsprozeß durchzuführen!

Damit schließt sich die Kette der Untersuchungen über die Voraussetzungen, die von seiten des Einzelhandels zum Zwecke der Lösung des Problems der Ablösung der teuren Lieferantenkredite durch die billigeren Bankkredite erfüllt worden sind bzw. noch ihre Verwirklichung erfahren müssen.

Eine grundlegende Besserung der Kreditversorgung des mittelständischen Einzelhandels wird jedoch nicht gelingen, wenn die Voraussetzungen lediglich von der Einzelhandelsseite erfüllt werden. Deshalb ist es erwähnenswert, daß diesen Entwicklungen innerhalb des Einzelhandels seit dem Jahre 1933 wichtige Vorgänge auf seiten der Kreditgeber, vorzüglich der Banken, sehr entgegenkommen. Damit entsteht sofort ein anderer Fragenkomplex, von dessen endgültiger Lösung es ebenfalls vorwiegend abhängen wird, ob zukünftig eine bessere Kreditversorgung des mittelständischen Einzelhandels von seiten der Kreditinstitute aus gesichert sein wird.

2. Die Voraussetzungen auf seiten der Kreditinstitute.

a) Banken.

Die Gründe dafür, warum die Banken als Kreditgeber eine so geringe Rolle spielen, sind bereits hinreichend dargelegt worden. Sie hängen mit dem Problem des Personalkredits eng zusammen; auch sind Rentabilitätsgesichtspunkte maßgebend dafür.

Die Zurückhaltung der Banken gegenüber dem Einzelhandel als Kreditnehmer aus diesen Gründen ist als ungerechtfertigt und unüberlegt zu bezeichnen und erwiesen, weil die Kredite an den Einzelhandel meist kleine oder mittlere Beträge sind, die den Banken zum Kreditausgleich dienen können und außerdem kurzfristig angelegt sind, — zwecks Finanzierung des Betriebes —, so daß bei ihnen für die Banken auch keinerlei Gefahr des „Einfrierens" besteht, da sie sich sehr schnell und leicht liquidieren lassen. Was die Frage der Deckung der Kredite durch Sicherheiten betrifft, so erweist sich ein Großteil dieser Sicherheiten in Zeiten des wirtschaftlichen Niedergangs bestimmt als wenig wertbeständig, wenn nicht gar wertlos!

„Die Stellung von Sicherheiten durch den Kreditnehmer sollte nur Notbehelf sein!"[133])

Diese und noch andere schon erwähnten Gegenargumente, die für eine gesündere Kreditgewährung der Banken an den klein- und mittelbetrieblichen Einzelhandel sprechen, mußten nach der Bankenkrise 1931, in welcher schließlich die furchtbaren Nachteile der „Großkreditpolitik" und der „Sicherheiten-Psychose" der Banken ganz offensichtlich wurden, bei einer als notwendig erkannten grundsätzlichen Änderung der Bankpolitik — wie der Neuordnung des deutschen Bankwesens — Berücksichtigung erfahren.

Erst im nationalsozialistischen Staat wurde angesichts dieser Mißstände eine solche Neuordnung des Kreditwesens angebahnt. Das grundlegende Material zur Durchführung lieferten die Verhandlungen des Untersuchungsausschusses für das Bankwesen im Jahre 1933. Das Ergebnis war das Reichsgesetz über das Kreditwesen vom 5. Dezember 1934, welches die Ausrichtung der allgemeinen Kredit- und Bankpolitik nach der Gesamtwirtschaft und Beseitigung aller Mißstände im Kreditwesen zum Endziel hat. Die Erörterung der uns im einzelnen interessierenden Regelungen dieses Gesetzes, die unmittelbar und mittelbar Einfluß auf die Kreditverteilung nehmen, muß zunächst unterbleiben.

Vorausgenommen seien hier die Forderungen auf Änderung der äußeren und inneren Organisation des Kreditapparates.

Eine der hauptsächlichsten Voraussetzungen für unseren Bankapparat, welcher die Kreditversorgung auch der kleinen und mittleren Betriebe der Wirtschaft nachhaltig fördern soll, ist es, seine Konzentration aufzulockern.

Die Ursache der bis vor einigen Jahren noch sehr unzureichenden Kreditversorgung des mittelständischen Einzelhandels durch die Banken liegt vorwiegend in der Konzentration des Bankgeschäfts in den Händen

---

[133]) Fischer, O. Chr.: „Das Bankwesen im nationalsozialistischen Staat". Berlin 1934, S. 42.

der Großbanken begründet, da dadurch naturgemäß ein Rückgang der Zahl und der Bedeutung der mittleren Provinzbanken und Privatbankiers verbunden war, wodurch vor allem die kleinen und mittleren Kreditgeschäfte vernachlässigt wurden.

Je mehr also das Bankensystem wieder dezentralisiert werden würde, um so besser stünde es auch um die Kreditversorgung des mittelständischen Einzelhandels.

Aus dieser Erkenntnis heraus sind im deutschen Kreditwesen in letzter Zeit Bestrebungen im Gange, die auf Dezentralisation abzielen, indem die Filialen der Großbanken verselbständigt, d. h. ihre Befugnisse in ihrem örtlichen Wirkungskreis gestärkt werden sollen, denn man kann den Grund für die schlechte Kreditversorgung des Einzelhandels auch oft in der Tatsache suchen, daß die Leiter der Filialen der Großbanken den Bedürfnissen der Kunden bei weitem nicht in dem Maße entgegenkommen konnten, wie sie es auf Grund ihres Vertrauens zu deren Tüchtigkeit oft ohne weiteres getan hätten; sie sind aber viel zu sehr an Reglementierungen gebunden worden, welche die den Einzelfall nicht übersehende Zentrale ihnen vorschrieb.

In dieser Hinsicht hatte früher besonders der Privatbankier eine bedeutungsvolle Stellung; er befand sich mit seinem Kunden in einem persönlichen Vertrauensverhältnis; der Einzelhändler gewährte ihm gern Einblick in seine geschäftlichen Verhältnisse und befragte ihn um Auskunft über geschäftliche Dinge, kurzum, der Privatbankier war oft richtunggebend für die Führung des von ihm mit Krediten versorgten Einzelhandelsbetriebes. Er gab seine Kredite weitab von einem Schema und konnte das nur auf Grund seiner Vertrauensstellung zu den Kunden. Das verschaffte dem Privatbankier in früheren Zeiten die großen Vorzüge, die die Großbanken mit ihren Filialen — und hätten sie unter einer noch so einsichtigen und tüchtigen Leitung gestanden — niemals erreichen konnten.

Aus diesem Grunde sind auch in der inneren Organisation der Banken in der Vergangenheit entstandene Mängel zu beseitigen. Bei den Großbankfilialen mangelte es an Beweglichkeit, weil ihre Leiter zu stark abhängig waren von den Anweisungen der Zentralen. Darin ist in der letzten Zeit Wandel geschaffen worden. Der Anfang dazu wurde vom Untersuchungsausschuß für das Bankwesen 1933 gemacht, der sich u. a. auch mit der Frage der Abgrenzung der Initiative und Verantwortung der Bankleiter beschäftigte. Im Schlußbericht der Bankenenquete heißt es, daß „die private Initiative mit eigener Verantwortlichkeit die zweckmäßigste Organisation der Kreditinstitute sei". Das Reichsgesetz über das Kreditwesen, welches auf den Erkenntnissen und Erfahrungen, die der Untersuchungsausschuß für das Kreditwesen gesammelt hat, beruht, gibt deshalb keine starren Vorschriften für die allgemeine Kredit- und Bankpolitik und für die Geschäftsführung der Kreditinstitute, sondern strebt zu einer Reglementierung, die so elastisch sein soll, daß die Erfordernisse einer verschärften Staatskontrolle über das Bankkreditgewerbe mit dem Grundsatz der eigenen Initiative und Verantwortung des Bankleiters verbunden werden.

In der letzten Zeit sind offenbar diese Voraussetzungen teilweise erfüllt worden. Es sind mit zunehmender Beruhigung der Wirtschaft auf dem Gebiet der Herstellung einer größeren Selbstverantwortlichkeit der Filialleiter Fortschritte zu beobachten, wenngleich die endgültige Lösung aller dieser Fragen noch aussteht. Wie in der Politik so soll also auch auf dem Gebiete des Bankwesens das Führerprinzip durchgeführt werden. Dadurch lastet auf den Filialleitern zwar ein hohes Maß von Verantwortung gegenüber der höheren Stelle, aber sie besitzen dafür eine größere Freiheit und Beweglichkeit gegenüber ihren Kunden und können ähnlich, wie der Privatbankier, das persönliche Vertrauen und die Kenntnis der geschäftlichen Verhältnisse der Kreditnehmer berücksichtigen und diesen — natürlich immer im Rahmen der vom Staat vorgezeichneten Grenzen — Kredite gewähren.

Dazu besteht — worauf Fischer in seinem Buch[134]) u. a. ausdrücklich hinweist — die Notwendigkeit, daß diejenigen Mitarbeiter in den Banken, welche den Verkehr mit dem Publikum besorgen, besonders aber diejenigen, die mit der Kundschaft über Kreditgesuche verhandeln, unmittelbare persönliche Beziehungen zur Kundschaft haben und die Fähigkeit, sich ein eigenes Urteil über die Kreditwürdigkeit zu bilden, besitzen müssen. Er will das auch auf die Stellen ausgedehnt wissen, welche die letzte Entscheidung über die Kreditanträge haben. Weiterhin ist eine tiefere Kenntnis des mit Kredit zu versorgenden Wirtschaftszweiges — in unserem Fall des klein- und mittelbetrieblichen Einzelhandels — zu fordern. Das kann erreicht werden, indem der Kreditgeber sich intensiver mit den Fragen des Einzelhandels beschäftigt und sich auf Grund der vorbereitenden betriebswirtschaftlichen Erziehungsarbeit der Einzelhandelstreuhandstellen, anstelle der Beurteilung von realen Sicherheiten, ein Bild zu machen versucht über die Persönlichkeit, berufliche Tüchtigkeit und Zuverlässigkeit des Einzelhändlers.

Diese Vorteile für die mittelständische Wirtschaft, die die Privatbankiers schon immer aufweisen konnten, aber infolge ihrer bereits vor dem Kriege innerhalb der Konzentrationsbewegung einsetzenden Dezimierung bis jetzt geltend zu machen nicht in der Lage waren, sollten jetzt dazu Veranlassung geben, im Interesse der Förderung und Stärkung der mittleren und kleinen Betriebe der Gesamtwirtschaft auch dem Privatbankier

---

[134]) Fischer, a. a. O., S. 67.

wieder seine alte, starke Stellung in der deutschen Kreditwirtschaft zu verschaffen. Wenn auch — wie es im Schlußbericht des Untersuchungsausschusses für das Bankwesen[135]) heißt, — „in der Struktur des deutschen Kreditwesens organische Fehler nicht vorhanden sind", so könnten die angedeuteten, zweifellos vorhandenen Mängel in seiner äußeren und inneren Organisation doch im Laufe der Zeit in vorgeschlagener Weise ausgemerzt werden, so daß — wie Fischer[136]) sich zu der Klage der mangelhaften Versorgung der Wirtschaft durch Mittelkredite ausdrückt — „solchen Klagen in Zukunft die Berechtigung entzogen wird, denn es wäre mit dem Geist des neuen Deutschland nicht vereinbar, wenn das Kreditwesen, speziell das Bankwesen, dessen Aufgabe und Existenzberechtigung auf dem Dienst am Ganzen beruht, wichtige Teile des Ganzen unberücksichtigt ließe"!

Zu diesem Zwecke müßte auch eine Änderung der Kreditverteilungspolitik der Banken erfolgen, denn wenn man bedenkt, daß Banken es vorziehen, aus Gründen der Verringerung der Verwaltungskosten ihre Gelder in Form von Großkrediten an wenige große Kreditnehmer zu vergeben, ohne den Kreditbedarf lebensfähiger Klein- und Mittelbetriebe zu berücksichtigen, oder die Kreditgesuche dieser Betriebe von den Banken wegen Mangels an Sicherheiten abgelehnt werden, weil ihnen die speziell gesicherten Kredite risikoloser erscheinen als reine Personalkredite, so läuft das den gesamtwirtschaftlichen Interessen zuwider.

Wohin diese bisherige Einstellung der Banken im einzelnen führen kann und bereits geführt hat, ist schon klargelegt worden, die Richtung, in welcher sich die Änderung der Kreditverteilungspolitik der Banken zu vollziehen hat, damit der mittelständische Einzelhandel — wie auch die ganze mittelständische Wirtschaft — in der Lage ist, in engere Verbindung mit diesen zu treten und die Kredite direkt zu erhalten anstatt auf dem Umweg über die Lieferanten ist ebenfalls wiederholt gezeigt worden, sie läßt sich nochmals wie folgt kennzeichnen: Neuorientierung der Sicherungspolitik!

Die Grundlagen zur Erfüllung dieser Forderung wurden zum Teil im Reichsgesetz über das Kreditwesen § 13 Satz 1 gegeben: Es heißt dort, daß „bei Einräumung von ungedeckten Krediten, die in der Gesamtsumme einen Betrag von 5000 RM bei einem Kreditnehmer überschreiten, das Kreditinstitut verpflichtet ist, von dem Kreditnehmer die

---

135) Untersuchungsausschuß für das Bankwesen 1933: Untersuchung des Bankwesens, Berlin 1934, Teil III.

136) Fischer, a. a. O., S. 28.

Offenlegung[137]) seiner wirtschaftlichen Verhältnisse oder die Einsicht in seine Bilanzen zu verlangen".

Damit ist gleichzeitig das selbstverständliche Recht jedes Kreditinstituts, von seinem Kunden, der einen reinen Personalkredit in Anspruch nehmen will, Offenlegung seiner Verhältnisse zu fordern, gesetzlich zu einer Verpflichtung für das Kreditinstitut ausgestaltet worden, da die Banken in der vergangenen Zeit vielfach aus Konkurrenzgründen von ihrem Recht auf Offenlegung der Verhältnisse des Kreditnehmers keinen Gebrauch gemacht haben und alsdann auf Grund der sich daraus notwendig ergebenden Rückschläge eine unerwünschte Abkehr von dem Personalkreditgeschäft eintrat. Diese gesetzliche Vorschrift des § 13 gilt zwar formal für Kredite unter 5000 RM nicht, doch sollte sie gerade bei der Gewährung von ungedeckten Kleinkrediten unter 5000 RM aus dem eigenen Antrieb der Banken hin strengste Anwendung finden, indem sie, wenn nicht schon dingliche Sicherheiten, so doch mit Recht Unterlagen über die Geschäftsführung des Kreditnehmers verlangen.

Um die Banken möglichst vor Kreditbetrug zu schützen, schreibt der § 50 des KWG dazu schärfste Ahndung aller der Fälle vor, in denen „vorsätzlich zur Erlangung oder Erweiterung eines Kredites oder Erzielung günstigerer Kreditbedingungen unwahre Bilanzen, Gewinn- und Verlustrechnungen oder Vermögensübersichten einem Kreditinstitut eingereicht oder einem solchen gegenüber wissentlich falsche Erklärungen über seine wirtschaftlichen Verhältnisse abgegeben werden, auch wenn es nicht zur Kreditgewährung kommt".

Was die kleinen und mittleren Einzelhandelsbetriebe betrifft, so müssen diese ihrerseits, wie es bereits gefordert wurde, die im KWG § 13 verlangten Voraussetzungen zu erfüllen versuchen, d. h. der Verpflichtung, ihre wirtschaftlichen Verhältnisse offenzulegen oder ihre Bilanzen einsehen zu lassen, nachkommen, um in der Kreditverteilung der Banken mehr als bisher Berücksichtigung zu finden und zwar auch dann, wenn keine Sicherheiten beigebracht werden können!

An die Stelle einer fortlaufenden Kontrolle der Deckungsunterlagen müßte nach der Prüfung der Kreditfähigkeit des kreditsuchenden Betriebes eine Kreditverwendungskontrolle treten.

Das würde zwar eine erhebliche Erhöhung der Verwaltungskosten der Banken nach sich ziehen und es ist auch zuzugeben, daß die Kosten dieser notwendigen Prüfung und laufenden Kontrolle besonders zu der Höhe der benötigten Kleinkredite nicht in einem angemessenen Verhältnis

---

[137]) s. Jessen, J.: „Kreditwesengesetz", Berlin 1935, S. 51 Anm. zu §13: „Die Offenlegung der wirtschaftlichen Verhältnisse ist von dem Ausschuß mit Rücksicht auf die Erleichterung des Kleinkredits als ausreichend angesehen worden. Ursprünglich hieß es statt „oder" „und"!"

stehen, so daß ihre Durchführung aus Rentabilitätsgründen nicht möglich ist, aber diese Gründe dürfen kein Hindernis für die Gewährung berechtigter, ungedeckter Kleinkredite sein. Die Banken müßten vielmehr in Verbindung treten mit den Einzelhandelstreuhandstellen, die für sie eine eingehende Vorbereitung zur Kreditprüfung — in der bereits beschriebenen Form — treffen könnten, so daß die Banken an Hand der nötigen Unterlagen neben etwaigen geringfügigen Ergänzungen nur noch eine Überprüfung und Entscheidung über die Kreditfähigkeit vorzunehmen hätten.

Für eine Erneuerung der natürlichen Kreditsicherheit dürfte auch eine Wiederausdehnung des Wechselkredites im Einzelhandel von großer Bedeutung sein. Darum gehen von der Reichsbank Bestrebungen aus, die darauf hinzielen, zum Zwecke einer allgemeinen Intensivierung des Wechsels als Kreditinstrument die Lieferanten- und Bankkredite in der Form von echten Warenwechselkrediten zu verbinden.

Zwischen dem Lieferanten und dem Einzelhändler soll an die Stelle des offenen Buchkredits in größerem Umfange als bisher der Wechselkredit treten und zwar soll dabei der Lieferant die Möglichkeit erhalten, den Wechsel schon vor Eintritt der Dreimonatsfrist — der Reichsbankfälligkeit — bei einer Privatbank zum Zwischendiskont zu präsentieren. Dadurch würde der Lieferant mindestens für einen Teil der Kaufsumme eher zu barem Gelde gelangen, was auch dem Einzelhändler zum Teil gutgebracht und seinen Einkauf als Basis der Kalkulation und der Verkaufspreise verbilligen könnte.

b) Sparkassen.

Ebenso ist es sehr im Interesse des klein- und mittelbetrieblichen Einzelhandels, daß ihm von seiten der öffentlich-rechtlichen Banken, besonders von den Sparkassen, wie bisher so auch in Zukunft noch weitgehender Personalkredite eingeräumt werden, um dadurch ein gesundes Gegengewicht gegen die durch die Konzentration bedingte Kreditpolitik der privaten Kreditbanken zu schaffen.

Die Klagen des privaten Bankgewerbes gegen das Personalkreditgeschäft der Sparkassen mit dem Inhalt, daß dieses einen Eingriff in ihre Sphäre bedeute, sind unberechtigt, denn das Personalkreditgeschäft der Sparkassen besitzt einen ganz besonderen Charakter. Das wird durch die folgende Zusammenfassung, die Mellerowicz als Ergebnis einer umfangreichen Analyse des Personalkreditgeschäftes der Sparkassen gibt, klar bewiesen. Sie kann gleichzeitig als Ergebnis der auf S. 102 ff. dieser Arbeit durchgeführten Untersuchungen gelten:

„Zusammenfassend ergibt sich für die Eigenart und die Bedeutung des Sparkassenbetriebskredites folgendes:[138])

Er ist:

1. ein Kleinkredit; diesen pflegen die Banken nicht ausreichend, ihnen obliegt vielmehr das Großgeschäft;

2. ein ständisch beschränkter Kredit, beschränkt auf den Mittelstand und die sozial schwächeren Schichten (diese aber sind zugleich Kunden im Passivgeschäft, so daß ein homogener Kundenkreis entsteht);

3. ein lokal begrenzter Kredit (so daß die persönliche Fühlungnahme und die persönliche Kenntnis der Vermögensverhältnisse und der Betriebsführung möglich ist);

4. ein in seinem Risiko und der zeitlichen Beanspruchung bestens ausgeglichener Kredit (die einzelnen Wirtschaftszweige in ihrer Verschiedenheit ergeben die beste Risikomischung und zeitliche Beanspruchungskompensation im Gegensatz zu Stände- und Branchebanken);

5. der billigste Kredit,[139]) billiger als der Privatbanken- und Genossenschaftskredit;

6. der Größenordnung nach einer der wirtschaftlich wichtigsten Mittelstandskredite. Er ist in der Kreditsumme dem Genossenschaftskredit etwa gleich und übertrifft den vergleichbaren Betriebskredit der privaten Kreditbanken;

7. ein mit dem genossenschaftlichen Betriebskredit nahe verwandter Kredit (woraus sich ein besonderes Problem der Kreditorganisation für den Mittelstand ergibt)".

Also Erhaltung bzw. Fortentwicklung des Personalkreditgeschäftes der Sparkassen!

Das ist eine der Voraussetzungen, die erfüllt werden müssen, um die klaffenden Lücken in der Kreditversorgung der mittleren und kleinen Betriebe der Wirtschaft und damit auch des Einzelhandels auszufüllen. Ohne auf die zum Zwecke dieser Fortentwicklung notwendige Neuordnung des Gesamtaufbaues der öffentlich-rechtlichen Banken im Rahmen dieser Arbeit näher eingehen zu können, muß dazu im Interesse gerade der mittleren und kleinen Betriebe des Einzelhandels eine Forderung berücksichtigt werden und das ist, zukünftig eine andere Einstellung zu der Frage der Bewertung von Sicherheiten im Personalkreditgeschäft einzunehmen.

---

[138]) Mellerowicz: Die öffentlichen Banken in der deutschen Bankwirtschaft. Berlin 1934. S. 60.

[139]) was die langfristigen Darlehenskredite betrifft.

Das kann natürlich nur in dem Falle verlangt werden, wenn der betreffende Einzelhändler als Kreditnehmer die zwecks Schwächung des Risikos des Kreditgebers nötigen Voraussetzungen erfüllt, d. h. sich die betriebswirtschaftlichen Unterlagen schafft und dadurch seine Kreditfähigkeit nachweist.

Die oben gestellte Forderung soll also keineswegs bedeuten, daß generell auf jegliche Sicherstellung verzichtet werden soll, dazu ist die Verantwortung, die die Sparkassen wiederum ihren Gläubigern gegenüber haben, zu groß und würde zu schweren Schäden führen, falls sich die reinen Personalkredite als nicht einbringlich erweisen würden.

Nur wenn sich der Einzelhändler als kreditfähig erweist, soll er Kredit ohne Sicherheitsleistung bekommen. Das ist auch der Grundsatz des Reichsgesetzes über das Kreditwesen § 13!

Es muß eben — um das zu erreichen — jeder der beiden Teile, der Einzelhändler als Kreditnehmer und die Sparkasse als Kreditgeber — die an ihn gestellten Voraussetzungen erfüllen. Bis dahin ist aber noch ein weiter Weg, dessen Verkürzung von der betriebswirtschaftlichen Vervollkommnung der beiden Teile, Kreditgeber wie auch Kreditnehmer, in gleichem Maße abhängig ist.

c) Kreditgenossenschaften.

Dasselbe wie für die Sparkassen gilt auch für die Kreditgenossenschaften; auch sie werden infolge ihres sehr dezentralisierten Banksystems für die künftige Kreditversorgung des mittelständischen Einzelhandels unentbehrlich sein. Auf Grund der guten Erfahrungen, die der Einzelhandel mit genossenschaftlichen Kreditorganisationen in bezug auf seine Finanzierung gemacht hat, wird diese auch weiterhin stark gefördert werden müssen.

Doch dazu wird, ebenso wie bei den anderen Kreditinstituten, die schon erwähnte zu starke Betonung der dinglichen Sicherheitsleistung bei Gewährung von Personalkrediten wegfallen müssen.

Die Forderung von Sicherheiten vereinigt sich nicht mit der Haftpflicht, die mit dem Genossenschaftsanteil von dem einzelnen Genossen übernommen wird.

Die Übernahme der Haftung und außerdem noch zusätzliche dingliche Sicherheitsleistung ist eine zu weitgehende Kreditsicherung und für den Einzelhändler nicht sehr günstig. Allerdings würde bei Wegfall der Sicherheitsleistung der Einzelhändler als Mitglied einer Kreditgenossenschaft verpflichtet sein, seinen Mitgenossen, d. h. unter Umständen seinen

Konkurrenten noch besser und klarer als bisher seine Verhältnisse aufzudecken, wenn er einen Kredit ohne jegliche Deckung erhalten wollte. Das trägt in hohem Maße dazu bei, den Einzelhändler zu kaufmännischem Denken anzuhalten und sich ein geordnetes Rechnungswesen zu schaffen, was schon als unbedingte Voraussetzung für eine bessere Kreditversorgung des mittelständischen Einzelhandels in der Zukunft erkannt worden ist.

d) Weiterentwicklung bzw. Schaffung neuer Organisationsformen im Kreditgewerbe

(Erörterung der Lösungsformen).

Innerhalb der letzten zehn Jahre sind im Rahmen der Neuordnung der Kreditsicherheit Versuche unternommen worden, die auf eine organisierte Sicherheitsbeschaffung hinausgehen und an denen auch der Einzelhandel ein Interesse gezeigt hat.

aa) Haftungsgemeinschaften.

Erwähnt werden müssen in erster Linie die Haftungsgemeinschaften, die in Form von Arbeitsgemeinschaften zwischen Sparkassen und Kreditgenossenschaften hauptsächlich in Sachsen gegründet worden sind. Die Kreditgenossenschaften verzichten danach auf einen eigenen Geschäftsbetrieb und übernehmen dafür die gesamte Prüfung und Überwachung der Kredite, welche an ihre Genossen aus den Sparkassenmitteln gegeben werden. Die Kreditgenossenschaften haben also — unter Aufgabe ihrer bankmäßigen Funktionen — nur Kreditprüfungs- und Haftungsfunktionen auszuüben, während die Annahme von Einlagen und die Kreditgewährung an die Genossenschaftsmitglieder durch die Sparkassen erfolgt.

Der Umfang der Geschäftstätigkeit dieser Arbeitsgemeinschaften geht aus folgenden Zahlen hervor:[140]) Ende 1933 verfügten die 75 Kreditinstitute (davon 73 Kreditgenossenschaften, 1 AG. und 1 GmbH) über 11 813 Mitglieder mit 3,685 Millionen RM eingezahltem Geschäftsguthaben bzw. Kapital, wozu noch 1,42 Millionen RM Reserven kommen und 4,747 Millionen RM gesetzliche Haftsumme. Ende 1933 waren 33,031 Millionen RM Kredit bewilligt. Hiervon entfielen auf Kontokorrentkredite 7905 Stück mit 29,85 Millionen RM und Wechselkredite mit 9892 Stück und 3,18 Millionen RM. Der Durchschnitt eines Genossenschaftsbarkredites betrug Ende 1931 vom bewilligten Kredit 3776 RM, vom beanspruchten Kredit 3403 RM. Die in Anspruch genommenen Kontokorrent-Kredite waren ausgeliehen gegen

[140]) Entnommen aus Heyer, E.: „Mittelstandskredite durch Haftungsgenossenschaften" in: Sparkasse vom 15. Mai 1934, Nr. 10, S. 188.

hypothekarische Sicherheiten mit	17,6	Mill.
Bürgschaft mit	1,5	„
Faustpfand, Warenverpfändung, Abtretung u. dgl. mit	2,6	„
börsengängige Wertpapiere mit	0,3	„
ohne Sicherheiten mit	4,7	„

Besonders zu beachten ist dabei die Höhe der gewährten ungedeckten Kredite! Es liegt bei diesen nur die Haftung der Genossenschaft als Sicherheit zu Grunde.

Die Kredite verteilten sich Ende 1931 wie folgt auf die einzelnen Wirtschaftszweige:

	Kreditfälle	Kreditsumme
Landwirtschaft	40 %	22 %
Industrie	8 %	19 %
Gewerbe	27 %	24 %
Handel	**11 %**	**16 %**
Beamte und Privatpersonen	11 %	4 %
Körperschaften	3 %	15 %

Die für den Handel insgesamt angegebenen Prozentsätze dürften sich zum größten Teil auf den Einzelhandel beziehen!

Noch kurz vor Erlaß der Verordnung über eine Gründungssperre für Kreditinstitute vom 4. September 1934, wo im § 1 in Verbindung mit § 3 u. a. auch für die Unternehmungen, die Haftungen und Garantien für Dritte übernehmen, die Neuerrichtung bis auf weiteres verboten wurde, sind außerhalb Sachsens — in Schlesien — mit Unterstützung der NS.-Hago 8 neue Haftungsgemeinschaften im Anschluß an Kreis- und Stadtsparkassen gegründet worden.

Die Existenzberechtigung dieser Haftungsgemeinschaften ist sehr umstritten. Besonders von Genossenschaftsseite wird — was nicht sehr erstaunlich ist — diese Einrichtung vollkommen abgelehnt, während ihr von den Sparkassen aus Förderung zuteil gelassen worden ist. Es kann hier nicht Aufgabe sein, in diesem Streit der Meinungen Partei zu ergreifen. Hervorzuheben bleibt noch, daß diese besondere Organisationsform eine Möglichkeit darstellt, auch dann kreditfähigen Gliedern der mittelständischen Wirtschaft — wenn auch nur in bestimmtem Umfange und örtlichen Grenzen — Personalkredite ohne Gewährung von Sicherheiten zuzuführen, wenn andere Institutionen des Kreditapparates solche aus kreditpolitischen Gründen nicht geben. Die bis zum Erlaß des erwähnten Gesetzes gebildeten Arbeitsgemeinschaften arbeiten — besonders was Sachsen anbelangt — seit vielen Jahren zur Zufriedenheit aller Beteiligten. Es ist aber zu erwarten, daß — abgesehen von den Maßnahmen des Gesetzgebers gegen eine Übersetzung des Bankwesens (KWG § 3: Einführung der

Konzessionspflicht für alle Kreditinstitute) — eine weitere Ausdehnung solcher besonderen Kreditorganisationen nicht mehr notwendig sein wird, indem unser bestehender Kreditapparat die ihm vorgezeichneten Aufgaben in Zukunft voll erfüllt.

bb) Garantieverbände.

Dasselbe gilt für eine andere Organisation zum Zwecke der Sicherheitsbeschaffung: den Garantieverbänden. Sie sollen ihre Mitglieder aus Handwerk, Einzelhandel und Hausbesitz usw. durch gemeinsame Bürgschaft kreditfähig machen. Solche Verbände sind vor einigen Jahren in verschiedenen Gebieten Deutschlands entstanden, wovon der Rhein-Mainische, der Berliner und Kurmärkische Garantieverband am bekanntesten geworden sind. Es handelt sich meist um Gesellschaften mit beschränkter Haftung, welche auf Grund von Garantiezusagen öffentlich-rechtlicher und privater Kreditinstitute, Genossenschaften, Kommunalverbänden sowie privater Kreise den Kreditgebern durch Übernahme von Garantien das Risiko der Kreditgewährung vollkommen oder nur zum Teil abnehmen wollen. Die Garantien werden von den Industrie- und Handelskammern des Bezirks in Form von Ausfallbürgschaften gegeben.

„Im allgemeinen werden für die Kredite Sicherheiten verlangt, doch ist Personalkredit nicht ausgeschlossen. Natürlich sind unter Sicherheiten keine bankmäßigen Sicherheiten zu verstehen. Wollte der Garantieverband ebenso strenge Anforderungen an die Sicherheiten stellen, wie dies die Banken tun, so wäre er überflüssig, denn dann könnte die Bank den Kredit auch ohne den Verband gewähren.“[141])

cc) Branchebanken.

Neben diesen in begrenztem Umfang durchaus zu verwirklichenden Hilfsorganisationen taucht von Zeit zu Zeit immer wieder die Idee auf, die Kreditnot des Einzelhandels im Wege der organisierten Sicherheitsbeschaffung durch Errichtung besonderer, auf genossenschaftlicher Basis beruhender Branchebanken zu beseitigen bzw. zu vermindern.

Es muß auf diese Möglichkeit eingegangen und geprüft werden, ob dieses Ziel durch solche zu schaffenden Institutionen überhaupt zu erreichen ist.

Die Branchebanken sollen das zur Kreditgewährung nötige Kapital zu einem bestimmten Zinssatz aus öffentlichen Mitteln und zwar aus den Fonds der Angestellten- und Krankenversicherung erhalten, und es dann an die Klein- und Mittelbetriebe des Einzelhandels in Form von Per-

---

141) Trumpler, H.: „Die Garantieverbände für den mittelständischen Kreditbedarf“, Rhein-Mainische Wirtschaftsztg. v. 20. 10. 34, Nr. 20, S. 689.

sonalkrediten abgeben. Zur Sicherheit sollen die Gelder nicht direkt an den Einzelhändler gegeben werden, sondern ein Kollektivum müßte, wenigstens in Form von Ausfallgarantien, Bürgschaft leisten. Neben der Branchebank müßte also eine Form des gewerblichen Zusammenschlusses gefunden werden (durch Bildung von Kleinhändlergenossenschaften), die eine Gesamthaftung ermöglicht.

Die Errichtung solcher Branchebanken des Einzelhandels ist aber undurchführbar.

Die Kreditbedürfnisse innerhalb eines Geschäftszweiges im Einzelhandel sind durch die Saison bedingt — wie im Teil II A S. 32 ff. nachgewiesen wurde —, und da bei fast allen Einzelhandelszweigen die Saisonschwankungen zur gleichen Zeit auftreten, wie auch innerhalb der einzelnen Geschäftszweige immer gleichmäßig wiederkehren, wird die Branchebank niemals in der Lage sein, den Einfluß der Saison dadurch auszunutzen, indem sie überschüssige Gelder des einen Zweiges für die Deckung des Bedarfs anderer Branchen benützt.

Perioden stärkster Kreditnachfrage (z. B. zur Weihnachtszeit) würden abgelöst von solchen absoluter Geldfülle. Das dadurch entstehende Risiko ist untragbar, dagegen würde auch die Kollektivhaftung der zu bildenden Gewerbegenossenschaften nichts nützen. Im übrigen benötigt der mittelständische Einzelhandel nicht neue Bankinstitute, sondern eine bessere Kreditversorgung innerhalb des bestehenden — schon sowieso als übersetzt anzusehenden Bankapparates!

Die Wege, die den Kreditinstituten unseres jetzigen Bankapparates zwecks Verbesserung der Kreditversorgung des mittelständischen Einzelhandels vorgezeichnet sind, können und werden von diesen verfolgt werden, dazu ist die Schaffung von neuen Instituten nicht notwendig. Es kommt dabei auch nicht darauf an, von welcher bankmäßigen Quelle die Kredite fließen, die Hauptsache ist, daß sie fließen und daß sie unter den wiederholt gekennzeichneten, für den mittelständischen Einzelhandel tragbaren Grundsätzen fließen.

III. Die Aussichten für die Lösung des Finanzierungsproblems.

Gelingt es zukünftig, eine dauernde Förderung der Zusammenarbeit zwischen dem mittelständischen Einzelhandel und denjenigen Kreditinstituten, die diesen in der Kreditversorgung bisher vernachlässigt haben, zu erreichen, so würden daraus nicht nur große Vorteile für den Einzelhandel erwachsen, indem er bedeutend billigere Kredite bekäme, sondern auch für die Kreditinstitute und die gesamte Wirtschaft wäre eine solche Verbindung günstig, weil dann der Einzelhändler mehr als bisher seine Tag für Tag aus dem Umsatzgeschäft eingenommenen Gelder, statt sie brachliegen zu lassen, an die Kreditinstitute einzahlen würde, wodurch diese dann wiederum in der Lage wären, ausgedehnter als bisher kurzfristige Kleinkredite zur Finanzierung des Einzelhandels zu geben.

Eine stärkere Einschaltung des Einzelhandels im Kreditgeschäft der Banken würde der fortgesetzten, durch mannigfaltige Gründe verursachten Debitorenschrumpfung bei diesen wirksam entgegentreten und damit wieder zur Hebung des Bankgeschäftes beitragen.

Gleichzeitig würde das für die Banken einen zu wünschenden Risikoausgleich bedeuten, denn diese kleinen in größter Mannigfaltigkeit gegebenen Kredite fließen mit größerer Sicherheit zurück als z. B. einige wenige Großkredite. Gewiß ist bei der Ausgabe der Kleinkredite keine so hohe Rentabilität pro Geschäft für die Banken zu erwarten, der Verwaltungsaufwand pro einzelnes Geschäft ist zu hoch, doch sollte auch hier, wie es beispielsweise die Sparkassen erreicht haben, eine Senkung durch technische und wirtschaftliche Rationalisierungsmaßnahmen möglich sein.

Bis zu dem hoffentlich nicht mehr so fernen Zeitpunkt, wo alle diese Ziele erreicht sind, und in der Kreditversorgung des mittelständischen Einzelhandels eine grundlegende Besserung eingetreten ist, man also von einer endgültigen Lösung des Problems der Ablösung der teuren Lieferantenkredite durch die billigeren Bankkredite sprechen kann, werden die Lieferanten des Einzelhandels, Großhandel und Industrie, auch weiterhin noch in umfassendem Umfang die Einzelhandelsfinanzierung übernehmen. Der Großhandel besonders wird sich — um einer Ausschaltung zu entgehen — diese Funktion nur schwer nehmen lassen wollen. Befaßt er sich aber ausschließlich mit der Finanzierung, ohne andere wichtige Funktionen zu erfüllen, so ist er in Zukunft ausschaltbar, indem dafür die Kreditinstitute umfassender eintreten.

Bei einer zweckentsprechenden Loslösung der Kreditfunktion vom Großhandel kann es sich niemals um einen Ausschaltungsversuch dieses so wichtigen und funktionenreichen Handelszweiges handeln, sondern nur um eine allmähliche Wiedereinführung des normalen Zustandes d. h. des Barzahlungsprinzips zwischen diesem und seinem Hauptabnehmer — dem Einzelhandel. Mit wiedererstarkender Kapitalbasis würde es dem Einzelhandel ermöglicht werden, die dem Großhandel gezwungenermaßen aufgedrängte Kreditfunktion überflüssig zu machen, und zwar in erster Linie dort, wo Warengeschäfte zu — dem Großhandel artfremden — Finanzierungsgeschäften führen, die dann eine ungesunde Einkaufsbindung des Einzelhandels im Gefolge haben.

Der Erfolg der weiteren Fortentwicklung in dieser Richtung hängt letzten Endes von der Einsicht und dem Können des Einzelhandels ab, die Skonti auszunutzen und die Ware beim Lieferanten bar zu bezahlen. Eine solche Entwicklung aufzuhalten, würde — wie auch von den Verfechtern der Aufrechterhaltung der Kreditfunktion des Großhandels zugegeben werden wird, — dem Streben zum idealen Zustand der Aufgabenabgrenzung und richtigen Funktionszuteilung mit dem Ziel der Erreichung von Höchstleistungen sehr zuwiderlaufen.

Hier einmal abgesehen von allen Voraussetzungen, die zur Erreichung dieses Zieles noch zu erfüllen sind, scheint es, daß durch alle bisher durchgeführten Maßnahmen die Möglichkeiten für die Ablösung der Lieferantenkredite durch Bankkredite in der letzten Zeit günstiger geworden sind und gesunde und rentable Einzelhandelsbetriebe schon jetzt in der Lage sind, statt des teuren Lieferantenkredites billigere Bankkredite aufzunehmen, um dadurch alle Vorteile der Barzahlung beim Einkauf der Waren vollends ausnutzen zu können und damit konkurrenzfähiger gegenüber den kapitalistischen Großbetrieben zu werden.

Nur wenn also der Finanzierung des mittelständischen Einzelhandels in Zukunft noch mehr Beachtung als bisher geschenkt wird, insbesondere von seiten der Kreditinstitute — besonders der Banken —, wird er die von ihm verlangte, höchstmöglichste Leistung vollbringen können und der Einzelhändler selbst eine angemessene Existenz finden und gleichzeitig auf Grund seiner produktiven Leistung ein vollwertiges Glied unserer Volkswirtschaft werden.

Die Rettung und gleichzeitige Stärkung des Einzelhandels kann niemals auf gesetzgeberischem Wege allein durchgeführt, sondern nur Hand in Hand mit einer Leistungssteigerung aus der eigenen Kraft des Einzelhandels selbst heraus gewährleistet werden.

Verzeichnis der benutzten Schriften.

Ausschuß zur Untersuchung der Erzeugungs- und Absatzbedingungen der deutschen Wirtschaft.

Die Grundlagen der Handelsenquete. Verhandlungen und Berichte des Untersuchungsausschusses für Gewerbe, Handel und Handwerk. III. Untersuchungsausschuß Berlin 1929.

Der Bankkredit. Verhandlungen und Berichte des Untersuchungsausschusses für Geld-, Kredit- und Finanzwesen. V. Untersuchungsausschuß. Berlin 1930.

Aust, Hans: Die Kredite des Einzelhandels und ihre Finanzierung. Die Bank 1935, Nr. 46.

Beinhorn, Hans: Studien zum Kreditproblem. Diss. Würzburg 1932

Bielfeldt, Hans: Einheitsbuchführung im Einzelhandel? Feinkost- und Kolonialwarenhändler, Hamburg 1933, Nr. 14 u. 16.

— Kreditprobleme der kleinen und mittleren Unternehmen im Einzelhandel. Schriften der Arbeitsgemeinschaft des Einzelhandels. Groß-Hamburg E. V. Nr. 3, Hamburg 1933.

Brauns, Richard: Die Geheimnisse um den Lagerumschlag im Einzelhandel. Stuttgart 1933.

Demharter, Mathias: Die betriebswirtschaftliche Organisation des Ratenzahlungsgeschäftes im deutschen Einzelhandel mit Ausstattungswaren. Diss. München 1930.

Deutsch, Paul: Die finanzielle Führung der Handelsbetriebe. 1. Aufl. Leipzig 1936.

Döring, Franz: Kreditwirtschaft und Bankenreform. München-Berlin 1934.

Eberhardt, Eugen: Der organisierte Kundenkredit. Diss. Köln 1932.

Effer, Franz: Der deutsche Einzelhandel in Staat und Wirtschaft. Düsseldorf 1926.

— Mittelstand wird Stand (Einzelhandel u. Handwerk im neuen Staat), Düsseldorf 1934.

Eisfeld, Curt: Das Personalkreditgeschäft der Sparkassen. Sparkasse 1933. Heft 2.

Fischer, O. Chr.: Das Bankwesen im nationalsozialistischen Staat. Berlin 1934.

Forschungsstelle für den Handel: Schriftenreihe der Forschungsstelle Nr. 3: Richtzahlen für den Eisenwareneinzelhandel. — Nr. 10: Richtzahlen für den Schuheinzelhandel. — Nr. 2: Richtzahlen für den Wäscheeinzelhandel. — Nr. 6: Richtzahlen für den Einzelhandel mit Damen- und Mädchenkleidung. — Nr. 16: Richtzahlen für den Einzelhandel mit Funkgeräten, sowie alle bisher erschienen FfH-Mitteilungen (Einzelheiten und weitere Literaturangaben in den Fußnoten des Textes).

Gradl: Größenordnung des Mittelstandskredites. Beitrag zur Frage der mittelständischen Kreditversorgung; in: Sparkasse 1934, H. 19, S. 338.

Graner, Ludwig: Die Konsumfinanzierung. Diss. Breslau 1929.

Hauptgemeinschaft des Deutschen Einzelhandels E. V. Berlin: Gegenwartsfragen des Einzelhandels I 1928. — Gegenwartsfragen des Einzelhandels II 1929. — Gegenwartsfragen des Einzelhandels III 1929. — Unveröffentlichte Denkschrift: Das finanzielle Ergebnis der Zahlungseinstellungen im Einzelhandel in den Jahren 1928—1931. Berlin 1933.

— Richtlinien zur Prüfung der Kreditwürdigkeit von Einzelhandelsfirmen bei Gewährung von Personalkrediten.

— Richtlinien für Betriebsprüfer zur Prüfung der Kreditwürdigkeit von Einzelhandelsfirmen bei Gewährung von Personalkrediten.

Institut für Konjunkturforschung: Sonderheft 10: Die Umsatzschwankungen des Einzelhandels als Problem der Betriebspolitik. Berlin 1928.

— Sonderheft 22: Kapitalbildung und Investition in der deutschen Volkswirtschaft. 1925—1928.

— Sonderheft 32: Umsatz, Lagerhaltung und Kosten im deutschen Einzelhandel. 1924—1932. Berlin 1933.

— Die deutschen Einzelhandelsumsätze in Kurven und Zahlen. Hamburg 1935.

Internationale Handelskammer: Kennzahlen zur Handelsforschung. Berlin 1935.

Jahrbuch des deutschen Genossenschaftsverbandes 1933/34/35/36.

Kaminsky, Walter: Der Kundenkredit in Deutschland. Unveröffentlichte Denkschrift.

Lampe, Hans: Der mittelständische Personalkredit der Sparkassen. Die Betriebswirtschaft 1935, Heft 11. S. 253.

Leitner, Friedrich: Wirtschaftslehre der Unternehmung. 5. Aufl. Berlin-Leipzig 1926.

— Finanzierung der Unternehmungen. Berlin-Leipzig 1927.

Lisnik: Einzelhandel und Kreditgenossenschaften. Eine Erhebung der Hauptgemeinschaft des deutschen Einzelhandels und des deutschen Genossenschaftsverbandes über die Beziehungen zwischen Einzelhandel und Kreditgenossenschaften und die Möglichkeiten ihrer Ausweitung. Berlin 1930.

Lohmann: Der Wirtschaftsplan. 2. Aufl. Berlin-Wien 1930.

Mellerowicz, Konrad: Allgemeine Betriebswirtschaftslehre. Berlin 1932.

— Kosten und Kostenrechnung. I. Buch. Theorie der Kosten. Berlin-Leipzig 1933. — II. Buch. 1. u. 2. Teil. Kostenrechnung. Berlin-Leipzig 1936.

Mellerowicz, Konrad: Die öffentlichen Banken in der deutschen Bankwirtschaft. Berlin 1934.

— Zur Finanzierung des Einzelhandels. Der praktische Betriebswirt. 13. Jahrgg. Nr. 12. 1933.

— Die Warenverwaltung der Einzelhandels-Betriebe. Handbuch d. Einzelhandels. Stuttgart 1932. S. 417.

Mellinger, Ludwig: Mittelstandskredit. Die Bank 1933. Heft 1.

Nicklisch, Heinrich: Handwörterbuch der Betriebswirtschaft. Stuttgart 1926.

— Die Betriebswirtschaft. 7. Aufl. Stuttgart 1932.

Die Finanzierung der Einzelhandelsbetriebe. Handbuch des Einzelhandels. Stuttgart 1932. S. 146.

Norden, J. van: Kreditverhältnisse im Einzelhandel. Vortrag im Einzelhandelsausschuß des Deutschen Industrie- und Handelstages. Deutsche Handelswarte. Nr. 21. 1931. S. 465.

Prieß, Friedrich: Der Kontenplan. Buchführungsgrundsätze für den Einzelhandel. Berlin 1935.

Prinzhorn: Über die finanzielle Führung kaufmännischer Geschäfte und Unternehmungen. Berlin 1902.

Riemer, Hans: Einzelhandel im Aufbau. Köln 1935.

Ruberg, Karl: Bankkredit für den mittelständischen Einzelhandel. Bankwissenschaft. 9. Jahrgg. H. 15. S. 455.

— Lieferantenkredit und Absatzgroßhandel, in: Wirtschaft und Betrieb (Betriebswirtschaftl. Monatsschau als Beilage zu: Der deutsche Unternehmer) Nr. 3 v. 30. Juni 1935.

— Lagerumschlag und Kreditbedarf des mittelständischen Einzelhandels. Der praktische Betriebswirt 1933. Nr. 8. S. 598.

Rudloff, Wilhelm: Die Kreditpolitik der Sparkassen nach der Stabilisierung der Währung. Berlin 1932.

Schmalenbach: Die Aufstellung von Finanzplänen. Leipzig 1931.

Schriften der Handelshochschule Königsberg/Pr.: Heft 2: Beiträge zur mittelständischen Wirtschaft. Eine Vortragsreihe. Königsberg 1935. — Heft 4: Fragen der Handelswirtschaft. Eine Vortragsreihe. Königsberg 1935.

Schuster, Walter: Die Kreditversorgung des Einzelhandels, in: Zahlungsverkehr u. Bankbetrieb. 1936. Nr. 4. S. 95.

Sombart, Werner: Moderner Kapitalismus. 3. Aufl. Lpz. 1919.

Sommerfeld, Heinrich: Absatzfinanzierung. Handbuch des Einzelhandels. S. 554 ff.

Statistisches Reichsamt: Betriebsstruktur und Besteuerung im Einzelhandel und im Handwerk. Eine Sammlung von Richtzahlen. Einzelschriften zur Statistik d. Deutschen Reiches Nr. 30 I. Berlin 1935.

Tiburtius, Joachim: Struktur und Leistungen der Teilzahlungssysteme und ihrer Finanzierung, in: Jubiläumsbericht der Arbeitsgemeinschaft

Deutscher Kundenkreditgesellschaften (10 Jahre Kundenkredit-Organisation 1926—36). Berlin 1936.

Untersuchungsausschuß für das Bankwesen 1933. Untersuchung des Bankwesens. Teil I—III. Berlin 1934.

Victorius, Kurt: Zur Kreditverteilung im privaten Kreditgewerbe. Bank-Archiv 1932. Nr. 7.

— Zur neueren Entwicklung des mittelständischen Kredits. Bank-Archiv 1934. Nr. 22. S. 490.

Winkler, Horst: Das Personalkreditgeschäft und die Liquiditätspolitik der Sparkassen. Berlin 1934.

Wirtschaftsgruppe Einzelhandel: Richtlinien für Kreditverkäufe im Einzelhandel.

— Richtlinien der Arbeitsgemeinschaft der Einzelhandelstreuhandstellen.

Zeitschriften:

Die Bank.
Bankwissenschaft.
Bankarchiv.
Die Betriebswirtschaft.
Der Einzelhändler, Bremen.
Der Einzelhandel, Hamburg.
Einzelhandelsmitteilungen, Köln.
Handelswarte, Nürnberg.
Der praktische Betriebswirt.
Deutsche Sparkassenzeitung.
Sparkasse.
Der deutsche Ökonomist.
Die deutsche Volkswirtschaft.
Der deutsche Volkswirt.
Vierteljahreshefte zur Statistik des Deutschen Reiches.
Vierteljahreshefte für Konjunkturforschung.
Wirtschaft und Statistik.
Wirtschaftsbl. der Industrie- und Handelskammer Berlin.
Geschäftsberichte der Dedi, Dresdner Bank und Bank für Industrieobligationen.

Kolibri 360 GmbH
Ferdinand-Jühlke-Straße 7
99095 Erfurt, Deutschland
produktsicherheit@kolibri360.de